明治維新という時代

不羈独立の精神はどこへ消えたのか

深草徹

花伝社

明治維新という時代——不羈独立の精神はどこへ消えたのか◆目次

第三章　ニワトリからアヒルの帝国軍隊　213

補論三　自衛隊について考える　253

第四章　明治憲法制定史序説　295

凡例

・史料からの引用文は、筆者において適宜、片仮名を仮名に変換し、旧漢字を新漢字に改めたり、文章を読みやすく変えたり、要約したりした。

・暦は原則として新暦を用い、必要に応じて括弧内に旧暦を記した。

まえがき

不羈独立という言葉は、明治という時代を通してさまざまな人々に広く使われたとの指摘がある。このことを敷衍して明治という時代の時代精神を不羈独立という言葉で言い表すことができるのではないかと考える人がいるかもしれない。

だが、ある時代を特徴づける不羈独立の精神も、みずみずしい光を失い、陳腐化し、頑固、傲慢の類に転化してしまうのが人の世の常である。明治時代を見ても、みずみずしい不羈独立の精神が光彩を放った時期と、陳腐化し、頑固、傲慢の類に転化してしまった時期とに区分けすることができる。先行する欧米先進諸国と切り結び、眼前にふさがる障壁を乗り超えながら、幕藩封建体制にピリオドを打ち、近代国家への道を進んだ「明治維新という時代」は、前者の時期にあたると言ってよいと筆者は考える。

では、その「明治維新という時代」とはいつ頃からいつ頃までのことだろうか。名著として定評のある『明治維新』（岩波文庫）の著者遠山茂樹は、同書の中で、「歴史的画期としての明治維新は天保十二（一八四一）年の幕政改革に始まり、明治十（一八七七）年の西南の役をもって終わる」と述べている。
しかし、同時に、遠山は、西南の役後「明治十四の政変」を経て明治憲法制定に至るまでの状況を以下のように描写している。

「……中農層の擡頭を中核に、地主・貧農層を含めて全農民層の協同戦線が、地租軽減のスローガンの下に結成され、これに、小ブルジョア化した士族・退職官吏・教員、また都市商工業者、すなわち全人民層の参政要求の運動がもりあがったのである。ここに始めて絶対主義政権は、己れの真の敵を発見した。それは日本的な歪みを少なからずもったとはいえ、またいくばくもなく分岐解体を余儀なくされる弱みを内部に包含していたとはいえ、ブルジョア民主主義勢力であった。この後の絶対主義は、すでに形成途上のものではなく、この敵対勢力に対抗し、これを圧伏しつつ、己れを保持してゆく過程である。明治二十二（一八八九）年の大日本帝国憲法発布は、立憲制によって絶対主義を粉飾したものにほかならないが、法の防壁によって己れを守らなければならなかったのは、近代的革命勢力の洗礼を受けたからであった。」

この言に従うならば、一八八一年一〇月末ころまでを「明治維新という時代」に含めてよいと思われる。すなわちこの時期、「明治十四年の政変」によって薩長藩閥政権が確立され、そのもとでフランス、イギリス、アメリカなどの民主主義、自由主義的な立憲主義に立つ憲法構想は全て排斥されるとともに、絶対君主制をとるプロシア（ドイツ帝国）に倣い、外見的立憲主義の憲法を制定するとの政府方針が確定し、絶対主義的天皇制国家の地歩が固められた。かくして「明治維新という時代」は「明治十四年の政変」によって幕が引かれたのである。

※注：遠山茂樹『明治維新』は、一九五一年岩波全書版で刊行され、その後岩波同時代ライブラリー版、岩波現代文庫版を経て現在は岩波文庫におさめられている。自ら反共産主義者に分類されていると言い、戦後日本史学のアウトサイダーだと言う三谷博は、「本書を通読してみて、その広汎な資料研究を基礎においた、大振りな思考の展開には、あらためて感銘を受けざるを得なかった。いまこれに匹敵しうる、斬新な単著を著しうる維新史家はいるであろうか。少なくとも。私はまだできない。」と語っている（『明治維新を考える』岩波現代文庫）。

明治維新をどう見るのか、これは古くから論争テーマであった。戦前、岩波書店から刊行された『日本資本主義発達史講座』を執筆したグループ及びこれを継承した人たちは絶対主義国家（封建地主階級と資本家階級の両者に基礎を置きつつ、それらからは相対的に自立した天皇制官僚が支配層を形成する半封建国家）への転化であったと説き、戦前の雑誌『労農』の寄稿者グループ及びこれを継承した人たちは、不徹底なブルジョア民主主義革命であり、金融・産業資本家が支配層を形成する資本主義国家への転化であったと説く。

筆者は、そうした論争がどれほどの意味があるのか理解し得ていないので、これに深入りするつもりはない。ただ言えることは、通例言われる革命とは、フランス革命やロシア革命、あるいは中国革命のように、民衆の決起による社会変革というものであり、一片の天皇の布告、いわゆる王政復古の大号令とともに始まった上からの変革という歴史的経過を持つ明治維新は、そのイメージから遠いということだ。しかし、土地に緊縛され領主に隷属した農民の解放、旧支配階級である武士と封建領主の廃絶、四民平等と自由、法治主義への巨大な変革は、上からなされたとはいえ、農民、都市民衆の下からの要求と運動なくしてはあり得ないものであった。その意味でごく素朴に明治維新は革命であった、もしくは「明治維新という時代」は革命の時代であったと言ってよいだろう。

遠山茂樹も、かの論争では前者の系譜に属し、明治維新を絶対主義国家の成立過程と見るのであるが、幕府倒壊期に頻発した百姓（農民）一揆、民衆のうちこわし、下級武士層の諸藩藩政改革への参画、明治維新政府による上からの諸改革になにがしかの影響を及ぼした農民、没落士族の抵抗、窮乏化する都市下層民衆の叫び、自由民権運動、これらの革命性を的確に捉えており、「明治維新という時代」が革命の時代であったことを当然のこととしているものと思われる。

そのような革命の時代こそ不羈独立の精神が最もみずみずしく輝く時代なのだ。高名な歴史家E・H・カーは、「歴史とは……過去と現在の終わりのない対話なのです。」と述べている（『歴史とは何か　新版』岩波書店、四三頁）が、本書で書き綴られる四つの物語は、このひそみにならい、そのような「明治維新という時代」と現在との対話を試みたものである。

これら四つの物語は、相互に連続性はなくオムニバスに過ぎないが、不羈独立の精神がみずみずしい光を放ち、やがて伸びきった光芒の先で頑固・傲慢に転化し、「明治維新という時代」が終わりを告げる様をひとわたり見ることができるだろう。

第一章は、西郷隆盛の物語である。西郷は、一般に士族の権益擁護と勢力温存を第一義とした保守反動の人物だとして、歴史物語や英雄伝説のページを飾るにはふさわしいが、歴史学上はあまり研究対象となる人物とは見られていない。しかし、筆者は、少数派の西郷異伝に従い、西郷を、急進的変革を進めようとした人、すなわち革命家と見て、一八七一年一二月、岩倉使節団が旅立った後、西郷を筆頭参議とする留守政府が推し進めた急進的改革、岩倉使節団帰朝前後の征韓論論争の沸騰、「明治六年の政変」などを通観することにより西郷が何をめざしたのか、そして西南の役を死に場所と定めた西郷は何を考えていたのか探り、この物語の問いである「西郷隆盛は永続革命をめざしたのか」に対する答えを最後に示した。この答えを見てから読み始めるのも一興であろう。手前味噌かもしれないがここで語られる西郷の物語は、本書劈頭を飾るにふさわしいものとなったと思う。読者は、きっと、西郷、征韓論、「明治六年の政変」などに関する教科書等のとおりいっぺんの記述で知り得た出来事の奥に、さまざまな絵模様を発見し、「明治維新という時代」をもっと掘り下げてみたいという誘惑に駆られるのではないだろうか。過去との対話はこうして始まる。

第二章は、明治維新政府が進めた不羈独立外交の物語である。この物語は本論と二本の補論からなる。本論では、幕末に幕府が駐留を認めた英仏駐屯軍に関する物語が書かれている。補論一では、今日の外国軍隊問題について語り、補論二では、幕末に幕府が結んだ（一部やむを得ず倒幕後に発足した新政府が結んだものもあるが）米欧諸国との不平等条約改正の闘いについて語った。明治維新政府は、断固として外国軍隊を撤退させるべく当時の超大国イギリスに果敢に談判に及び、また欧米諸国を相手に果敢に不平等条約改正を挑んだ。それとは対照的に、現在の日本に駐留する米軍とその地位及び活動を保障する日米地位協定がいかに歪なものであるか明々白々であるにもかかわらず、戦後八〇年にもなんなんとする今日、日本政府はいまだに奴隷の言葉しか持たない。この圧倒的なコントラストに筆者は目を奪われる。こうして「明治維新という時代」と現在との対話は、現在の私たちの営みを変える端緒となる。

第三章は、草創期の帝国軍隊の物語である。明治維新政府が「内国の保護」、「専守防衛」、各鎮台の「管内の守衛」（治安の維持）を銘打ち、「四民平等と自由」をその存立根拠とした帝国軍隊が、やがて近隣諸国を威嚇し、ついには蹂躙する外征軍となって行ったさまを批判的な目で追ってみた。そしてまとめにおいて帝国軍隊がそのような成り行きをたどった外的要因と内的要因を検討してみた。さらに、現在のわが国に存在している自衛隊――日本国憲法第九条の下で本来は存在しえぬ自衛隊――について、補論三で考察した。帝国軍隊について語った以上は自衛隊についても触れ、比較対照しておくことが筋だと思った次第である。これにより「明治維新という時代」と現在における軍隊をめぐる対話が成立し、有意義なものになったのではないだろうか。

第四章は、「明治維新という時代」そのものの最終章をなす物語である。概要を述べると、以下のとおりである。

明治維新政府内部では、フランス流、イギリス流、アメリカ流の民主主義と自由を保障する実質的意味の立憲主義に立つさまざまな憲法を翻訳し、研究し、外国人御雇顧問も偏狭なプロシア（ドイツ帝国）流憲法研究者に特化していたわけではない。政府内部で起草された憲法草案もそれらを反映するものであったし、在野の人々からは、それら諸国の憲法をモデルにした私擬憲法案が多数発表され、一八八〇年から一八八一年にかけて、政府の中枢をなす筆頭参議大隈重信、参議伊藤博文とその盟友である参議井上馨らはそのレベルや制定の時期についてニュアンスの差はあるものの、イギリス流の立憲主義に立脚するという点では一致する憲法意見を上奏していた。その状況を一変させ、プロシア（ドイツ帝国）型憲法オンリーにしたのが「明治十四年の政変」である。そこでその顛末を少し突っ込んで語ってみた。筆者に言わせれば、これは「明治六年の政変」の二番煎じの陰謀劇である。そのことは第一章の「明治六年の政変」と比較しながら読んで頂くと、了解していただけると思う。

様々な私擬憲法案は、「明治十四年の政変」で政府内における回路を失い、完全に政府・国家の対立物とされ、抑圧・無視され続けた。それらは埋火《うずみび》として体制の底に沈殿し続け、明治憲法で荘厳に飾り付けられた大日本帝国・帝国陸海軍が、無法な侵略戦争に敗北し、崩壊するとともに解き放たれ、再び燃え上がって日本国憲法を制定する大きな力となった。物語の最後をハッピーエンド風に締め括ったが、本当は、こう問いかけるべきであったかもしれない。

その日本国憲法は、完全履行されるには至っていないどころか、その重要な部分について改正の動きに直面している。そのような政治を許していることは、「明治維新という時代」に私擬憲法案を世に問うた先覚者、抑圧・無視された状況下でも火を絶やさず営々と守り続けた人々に申し訳が立たないことではないだろうか。

読者は、これらの物語を、或いは筆者の意図したところと異なる読み方をされ、異なる意味合いを感じ取られるかもしれない。それは読者の自由である。ただ願うことは、これら四つの物語を通して読んで頂くことにより、「明治維新という時代」から閉塞した現在を変革する何がしかのヒントをつかみ取って頂きたいということである。

これら四つの物語を書くにあたって参照した文献のうち主なものを巻末にあげておいた。

これらのうち、萩原延壽『遠い崖――アーネスト・サトウ日記抄』朝日文庫全一四冊（特に必要な場合を除き、以下、萩原『遠い崖』と略称する）は、幕末・明治初期に在日本イギリス公使館日本語通訳・書記官として活躍したアーネスト・サトウの日記四五冊と関連するイギリス外務省文書などを丹念に読み込み、サトウの日記を追いながら幕末・明治初期のわが国の政治外交史をまるで大河小説のように描き切ったもので、筆者はこの書を繰り返し読み、「明治維新という時代」と現在とを対照させ、対話を試みるという着想を得たのであった。この書にはサトウやその同僚たちが残したイギリス本国外務省への報告書類をはじめ幕末、明治初期の貴重な史料が多数引用されている。そうした史料を各所で利用させて頂いた。

また稲田政次『明治憲法成立史』は、上下巻あわせて二〇〇〇頁近くに及ぶ大著で、明治憲法制定に関わった人たちの保管文書、公文書、書簡、新聞・雑誌等の記事など二〇余年にわたって収集した膨大な史料に基づき、明治初年から明治憲法制定に至るまでの政治史と憲法起草過程を、読みにくい漢文、文語ないしは文語・口語混淆文による史資料を紹介しつつ、詳細に記述した明治憲法制定史の決定版である。四つの物語、とりわけ第四章の物語は、この書がなければ到底書き得ないものであった。

先人の偉業に感謝する次第である。

それでは、早速一つ目の物語にとりかかることにする。

第一章　西郷隆盛は永続革命をめざしたのだろうか

1　はじめに

西郷隆盛は、士族の権益擁護と勢力温存を第一義とした保守反動の人物だと言う人は多い。しかし、それは果たして本当であろうか。これに対する答えはこの物語の展開によっておのずと明らかとなることであるが、まず手始めに旧藩主の父島津久光の、西郷が中心となって進める明治維新政府の施策への怒り、西郷自身への人心攻撃ともいうべき糾弾の声を拾っておくこととしよう。

素材となるのは久光の「建言書」と「罪状書」である。「建言書」は、一八七二年八月、天皇が西国巡幸で鹿児島を訪れた際に差し出された文書、「罪状書」は同年一二月、帰郷して久光に恭順の意を表している西郷につきつけられた文書である。

前者において、久光は、西郷が筆頭参議をつとめる政府によって推し進められている近時の施策を、「方今の御政体にては、御国運日を追って御衰弱、万古不易の皇統も共和政治の悪弊に陥らせられ、終には洋夷の属国と成らせらるべき形成、鏡に掛けて拝する如く、嘆息流涕の外御座なくそうろう」と激しく攻撃した。また後者において、西郷の罪状を全一四か条に及び書き連ねている。その中には、士族から武器をとりあげたのはけしからん、脱刀・散髪を認め、士族・庶人間の通婚を自由にしたことは風俗を乱す、四民平等としたことは国威に影響すること大なる重大問題であるなどという条項がある（萩原『遠い崖』10「大分裂」）。

岩倉遣欧使節団が発った後の西郷率いるいわゆる留守政府は、経済的基盤を奪う究極の士族の切り捨ての策だと言われている「秩禄処分」を、急いで完遂しようとした。西郷が、アメリカに滞在しているものと思いこんで、大久保利通に送った一八七二年三月二三日（明治五年二月一五日）付書簡を見れば、そのことは明らかである。この書簡において、西郷は、廃藩置県の事後処理である藩札消却がうまく進んだこと、この機会に華族・士族に給付している秩禄の消却もやり終えるべくアメリカから三〇〇〇万ドルの外債借入れを決めたことを伝え、「この機会を失するべからず、両全の方法と存じ奉りそうろう」と自画自賛し、暗に、右起債のため派遣した大蔵少輔吉田清成への側面的協力を、依頼している（『大西郷全集第二巻』平凡社）。

※注：① 一八七二年三月二三日というと、大久保も加わった岩倉使節団一行が、一八七一年一二月二三日横浜を発ち、一八七二年一月一五日サンフランシスコに到着、その後陸路でアメリカ大陸を横断し、同年二月二九日、ワシントンに到着した後のことである。当然のことながら、西郷は、副使として使節団に加

わっている大久保が当然ワシントンに滞在しているものと思い、同地宛てにこの書簡を送ったのであった。しかし、これは空振りになってしまった。使節団がなり行き上、その目的を逸脱して条約改正交渉に入ってしまい、日本国元首たる天皇の委任状をもらい受けることが必要となり、大久保と伊藤が、同年三月二〇日、アメリカを発って、一時帰国の途についていたからである。

※注：② 廃藩置県後、華族・士族は国から家禄を受けることになった。また戊辰戦争で官軍に加わり功績のあった者には賞典禄が与えられていた。この両者あわせて秩禄というのであるが、この秩禄は、一八七二年当時の歳出の約三割を占め、政府にとって財政上、大きな負担となっていた。

その対策として、大蔵大輔として大蔵省の事実上トップの地位にあった井上馨が発案し、西郷も賛同して、同年二月、政府は「秩禄処分」の実施を決定した。これは、秩禄の額を減じた上、六年分を公債として交付し、以後の分は打ち切るという極めて急進的なものであった。

その財源を確保するために政府は、鉄道建設、鉱山開発など殖産興業の費用と抱き合わせで、アメリカ等から三〇〇〇万円を上限とする外債を起債することを決め、外債起債交渉のため大蔵省から吉田を長とする使節団が派遣された。吉田らは、同年三月一二日にサンフランシスコに到着、そこから陸路をとってワシントンに着いたときには、頼みとする大久保、伊藤は、既に日本に向かっており、不在であった。その上、森有礼駐米代理公使（少弁務使）が、この「秩禄処分」計画を激しく攻撃、岩倉も森も外債導入に不同意であるとする記事を現地の新聞に掲載させるなどの妨害活動をした。このため外債導入交渉は難航した。留守政府内でも慎重処理を求める声が強まり、この急進的「秩禄処分」は後退を余儀なくされた。

要するに西郷は、一八七一年八月一一日、参議として政府に加わって以後、廃藩置県を実現し、封建制度の抜本的改革に手を付け、近代化政策を推し進める明治維新政府の筆頭参議たる重責を担う者として、封建制度を守護し、士族の権益擁護と勢力温存を第一義とする保守反動の久光から、共和主義者、士族の権益と勢力を掘り崩し続ける者だとして、激しく糾弾されたのである。

さて、この物語において、筆者は、西郷がどのような抱負、展望を持って明治維新政府に参画したのか、西郷が参画した当初の政府内での対立の様相と西郷の立ち位置、一八七二年初めから留守政府が進めた急進的改革のあらましと留守政府内の対立の様相、留守政府と岩倉使節団の軋轢・対立、征韓論論争と「明治六年の政変」の顛末を順次語り、最後に自ら発した「西郷隆盛は永続革命をめざしたのだろうか」なる問いに答えることにするが、その中でも征韓論論争と「明治六年の政変」の顛末に多くのページをさくことにする。この問題に関する大いなる誤解によって、これまで西郷像がゆがめられてきたように思うが故である。

征韓論論争と「明治六年の政変」を解明する上で、筆者にとって決定的な意味を持った文書がある。それは右政変後二年も経ない一八七五年一〇月八日、西郷が篠原冬一郎こと国幹に送った書簡である。西郷が江華島事件の報を聞くやただちに、同事件に対する所感をしたためたものである。少し長くなるが全文紹介したい（『大西郷・2』）。

「朝鮮の儀は数百年来交際の国にて、御一新以来、その間に葛藤を生じ、既に五、六ヶ年談判に及び、今日その結局に立ち至りそうろうところ、全く交際これなく人事尽くしがたき国と同様の戦端を開きそうろう儀、まことに遺憾千万に御座そうろう。たとい戦争を開くにもせよ、最初測量の儀を相断り、彼方承諾の上発砲に及びそうらえば、我が国へ敵する者と見なし申すべくそうらえども、左もこれなくそうらいて発砲に及びそうろうとも、いちおうは談判致し、何らの趣意にてかくの如き時機に至りそうろうか是非相糺すべきことに御座そうろう。一向彼を蔑視し発砲致しそうろう故、応砲及びそうろうと申すものにては、これまでの交誼上実に天理において恥ずべきの所為に御座そうろう。かようの場合に臨み、開口肝要の訳にて、もしや難ずべき処出来いたしそうらえば必ず救いの道を各国において生じ申すべく、その期に至りそうらえば天下のにくむ処に御座そうろう。

此の戦端を開きそうろう儀は大きに疑惑を生じ申しそうろう。これまでの談判明瞭致らざりそうろう処、この度条理を積み、既に結局の場合に押し来たり、彼の底意も判然いたしそうらえば、この上は大臣のうちより派出いたし、道理をつくし、戦を決しそうらわば、理に戦うものにして、弱を凌《しの》ぐのそしりも之なく、且つ隣国よりも応援すべき道相絶え申すべし。然しながらこの手順を経そうらいては全く後戻りの形現前相顕れ、要路の人々天下にその罪を謝るべきことに成り立ち、いきおい如何ともなすべからざるを恐れ、姦計をもってこれまでの行き掛かりは水泡に帰し、別に戦端を振り替えそうろうものか、又は大臣を派遣致しそうろう儀を恐れ、かくの如き次第に及びそうろうか、何分にも道を尽くさず、ただ弱きをあなどり強きを恐れそうろう心底より起こりそうろうものと察しられそうろう。樺太一条より魯国の歓心を得て、樺太の紛議拒まんがために事を起こしそうろうも相知らず、或いは政府既に瓦解の勢いにて、如何ともなすすべ尽き果て、早くこの戦場を開き、内の憤怒を迷わしそうろうものか、いずれ術策上より起こりそうろうもの相考え申しそうろう。此の末東京の挙動見るべき処に御座そうろう。二三度の報告を得そうらわば、曲相分かり申すべしと存じ奉りそうろう。此の旨愚考の形行申し上げそうろうまで。頓首」

篠原国幹は、「明治六年の政変」時、陸軍少将・近衛長官を務めていた西郷配下の軍人である。政変後、西郷と行動をともにした一人であり、これらの職を辞し、鹿児島へ帰還した。そんな固い結びつきのある篠原への書簡であるから、自ら考えるところを率直に語っているものとみてよいだろう。見られるように西郷は、江華島事件を厳しく批判し、政府たるもの、弱国を侮り、術策弄し、一時の憤激で戦争の手段に訴えてはならず、情理を尽くさなければならない、と述べているのである。

2　西郷が政府に参画した前後の政治状況

西郷がどのような抱負、展望を持って明治維新政府に参画したのかということを解明するには、西郷が政府に加わる直前及びそれ以後、国政運営上いかなる問題が起伏し、西郷はどのような問題意識を持っていたかを検討することが必要である。

(1) 西郷が政府に加わる直前

① 有司専制への歩み

一八七〇年八月二三日東京・集議院（公議所改め。政府の施策を審議する諮問機関。なお、一三三頁の注参照）の前で、わが国初代の文部大臣として名高い森有礼の実兄である元薩摩藩士横山正太郎が割腹自殺を遂げた。そのとき横山は、直訴の形式を踏まえて、つまり枝葉を切り落とした竹の先端を割って挟み込み、一通の建白書を携えていた。その建白書には以下の如く、一〇か条に及ぶ激烈な政府要人に対する弾劾文がしたためられていた（『大西郷・三』／猪飼隆明『西郷隆盛―西南戦争への道―』岩波新書）。

i 輔相の大臣からはじまり官位にある者贅沢に走り、朝廷にまでその影響が及び、人民の飢餓を招く恐れがある。

ii 官員は上位・下位を問わず、虚飾に走り、名利を得ることに汲々とする。

iii 朝決めたことを夕方には変える。万民疑い、寄る辺を失う。

iv 旅客貨物の運賃を値上げし、五分の一もの税金を課する。

v 正直者を尊重せず、小器用な者を尊重する、廉恥の心を重んじない。

vi 官職に相応しい人を求めず、人のために官職をつくる。官職にあるものはただ上の言いなりである。

vii　酒食の交わりを重んじ、人としてなすべき交際を軽んずる。
Ⅷ　外国との条約がいいかげんなため常に争いを生じる。
ix　罪刑の法典がなく、賞罰は好き嫌いでなされる。そのため私的な恨みで冤罪を着せられる者もいる。
x　上も下も自己の利益だけで動き、国は危うい。役人たちは恣意的で勝手なことをする。

同じ薩摩藩出身の大久保は、この建白書を読んで「忠志感ずべし」ともらしている。あるいは理想を求めて維新変革の事業を成し遂げようとした初心から離れつつあるわが身を振り返り心打たれるものがあったのだろうか。しかし、ここで弾劾の対象とされているのは、これより一年前の一八六九年八月、大久保が起草した四か条からなる誓約書に三職各自（右大臣三条実美、大納言岩倉具視・徳大寺実則、参議副島種臣・前原一誠）が署名したにもかかわらず、これを守っていないということなのであった。

その誓約事項四か条とは以下に示すとおりである（猪飼前掲書）。なお誓約書文面には「三職」なる文言が用いられているが、一八六八年六月一一日（慶応四年閏四月二一日）政体書官制で総裁職が廃され、いわゆる三職制度はこの時点では存在していない。一八六九年八月五日（明治二年七月八日）職員令による官制では、政府中枢機関は太政官とされ、太政官は、左大臣、右大臣、大納言及び参議らにより構成されることとされた。しかし当時は、左大臣欠員、右大臣、大納言及び参議が前記のとおり任命されていたので便宜的に「三職」と言ったのであろう。

i　機密厳守。「各自相誓い、機密の件はもちろん、たとえ宸断を経て発表すべき事たりとも、未発前には同列の外家人はもちろん、父子の間といえども決して漏洩致すまじき事」

ii　意思決定の要諦。「万機宸断を経て施行すべきはもちろんたりといえども、公論に決するの御誓文に基づき、大事件は三職熟議し、諸省卿、輔弁官又は待詔院・集議院へ其の事柄により諮問を経たる後、上奏宸断を仰ぐべき事」

iii　三職の共同責任。「忌憚なく心腹を吐露し、反復討論し」、決定の上は「異論四方に起り天下の人皆是非することあるも、難を他に譲りてこれを避けくるが如き軽薄の醜態を為すべからず」、「同心戮力、その責に任ずるをもって専要とすべき事」

iv　三職の信頼関係醸成。「三職の輩は、毎月三四度或は五六度各自の宅に相往来し、情を通じ親を結び、一点の隔心なく相交り奉公の便を図るべき事」

政府にあっては大久保ら一部の実力者の専断的政治運営、すなわち有司専制と言われる状況が次第に目につくようになり、この誓約事項にもとる事態が日常化しつつあった。横山はそのような事態を許している政府指導層に痛憤を覚え、諌死したのであった。大久保は、維新変革の理想を失わない横山の一途な思いと行動に心打たれたのであったが、それが大久保自身をも批判の対象とするものであることには気づかなかったようである。

※注：一八六八年一月三日（慶応三年一二月九日）、王政復古大号令の布告により幕府（将軍）及び摂政・関白制度が廃止され、総裁・議定・参与の三職による政治執行体制が発足した。同年二月一〇日（慶応四年一月一七日）、三職七科の職務を定めた「職制創定」では総裁職の権限は、万機を総べ一切の事務を採決するとされた。これはある意味では従来同様の大政委任であり天皇不親裁主義をとるものと言えないわけではない。その後、本文中に記述したとおり政体書官制で総裁職は廃止され、天皇親裁主義へ一歩進めた。さらに廃藩置県実施後の一八七一年九月一三日（明治四年七月二九日）太政官職制では、天皇は「（太政官正院）に親臨して、万機を総判」することが「太政官職制 并《ならびに》 事務章程」に明記され、天皇親裁主義が明確に標榜されることとなった。もっともこれは建前に過ぎず、実際には建前としての天皇親裁のもとで、維新官僚の実力者が、輔弼制度を通じて天皇親裁を巧みに利用し、統治の槓桿を握ることとなった。そのような政治運営を有司専制と言う。一八七一年一二月、岩倉使節団が発つ前を有司専制志向期、「明治六年の政変」後のいわゆる大久保独裁時代を有司専制確立期と一応整理しておくこととする。

② 西郷自身の問題意識

では西郷自身はどのような問題意識を持っていたのであろうか。

西郷は、北陸・東北の戦役を終え、戊辰戦争終結の目途をつけた後の一八六八年秋、鹿児島に帰り、しばらく湯治などで羽を休めた後、鹿児島藩の顧問、大参事として、藩政改革にいそしんでいた。もっとも、政府からは度々出仕の要請があり、その都度断ってはいたが、政府の動きは注視していたものと思われる。

そんな西郷のもとを訪れ、当時の西郷の考えるところを聞いた人物がいる。英国公使館書記官フランシス・アダムズである。アダムズは、一八七一年一月九日から一週間ほど鹿児島に滞在し、同地の情報収集にあたっていた。アダムズは、西郷の側近の有力者（実は実弟の従道のようである）を通じて、西郷の考えを聴取し、パークス公使に「薩摩藩の現状」とタイトルを付した覚書を提出している（一八七一年二月八日付パークスの本国外務省への報告書添付文書／萩原『遠い崖』8「帰国」）。それによると西郷は次のとおり語ったとのことである。

・「中央政府は混乱を極めている。あまりに違った意見が多すぎる。今日有る計画が採用されても、明日になると別の計画が採用される（朝令暮改）。何人かの公卿たちがあまりにも強大な勢力を持ち過ぎている。かれらはまったく実務の経験がないので、右顧左眄するだけであり、その結果何事もなしえない。莫大な金が無駄に消費されている。このような制度がつづくならば、日本は一文無しの国になり下がるおそれがある。」

・「鉄道建設は、江戸・横浜間の短距離なら異議はない。しかし政府の手持ち金はわずかなのだから、長距離の鉄道建設は図るべきではない。もっと別の政策に力を注ぐべきである。」

・「あまりにも重税が課せられているために、その日の暮らしにも困る国民の利益のために、他に実行すべきもっと重要な政策がいくらでもある。」

西郷は、多少控えめに語ったようだ。アダムズより三か月前に、庄内藩の藩士一行四〇名程が鹿児島を訪問、西郷と面談している。彼らは、庄内藩が戊辰戦争において最後まで官軍と戦い、敗北したにもかかわらず、寛大な処置をしてくれた西郷を慕い、わざわざ鹿児島まで西郷に会いに来たのであった。このとき西郷が彼らに語ったことは、もっと辛らつである（庄内藩士犬塚勝弥の藩主酒井忠篤に提出した報告書「薩州滞留中の大略」／萩原前掲書及び猪飼前掲書）。

・「文明開化と申す事は、はばかりながら当今の勢いに御座なくそうろう。右手に筆をとり、左手に剣をおさげなされそうろうお気持ちにて、今一度御革政遊ばされそうろう上に、自然文明の勢いに立ち至るべきことと申されそうろう。」

・「朝廷のお役人は何を致しておりそうろうと思いそうろうや、多分は月給を貪り、大名屋敷に住居致し、何一つ職事あがりもうさず、悪しく申せば泥棒なり。」

さて、アダムズが鹿児島を去って約一か月、一八七一年一月七日、勅使岩倉具視（当時大納言）が鹿児島入りし、西郷に政府に出仕することを強く求めた。これに応えて、西郷が決断をして上京するのは、三月二一日のことであった。

(2)　明治維新政府の要石となった西郷

①　西郷の建策

おそらくこの岩倉訪問直後のことと思われるが、西郷は、日ごろ政府に対して抱いていた不満を解決するために、以下のような建策をしたためた書簡を岩倉に送った。それは一般に、西郷の「二四か条意見書」と呼ばれている。残念ながらその原本は残っておらず、その内容は書物によって異なっている。以下は猪飼隆明が検討し、整理した右意見書の一部である（猪飼前掲書）。

・「皇国の国体は此の通り、目的は此の通りと、本朝中古以上の体をもとに据え、西土西洋の各国までもあまねく斟酌し、一定不抜の大体を知るべし。」

・「政権一途に出でざれば、分崩支離統紀なく、諸事貫徹せず。故に、廟堂上政権一に帰し、参政の人々常に闕下に（筆者注：「皇居近くに」との趣旨）居住し、いかなる大乱変事あるとも政府に立たざるべからざる法を立つべし。」

・「朝廷上より府藩県に至るまで、政令一徹に出て、前後一貫二場ならざるようにすべし。」

・「上よりは府藩県一視同仁、その間一点の愛憎まじゆべからず。」

・「郡県封建の制、なおまた評議すべし。方今現時（筆者注：「最近」という意味）の形勢を観るに、封建の制は長く行われがたからん。その弊害枚挙すべからざるに至らん。衆賢熟議の上、徐々にその制改むべし。」

・「朝廷に兵権なければ、いわゆる空名を上に掲げ給うまでにて、ややもすれば諸藩兵威をもって上を動かし、朝意あい立つ期なし。」

西郷独特の晦渋な表現が散りばめられており、ややわかりにくいかもしれないが、思い切って枝葉を切り取り、彼の求めた肝心要のことを簡潔に言い表わすと、要するに中央集権制の確立及び中央に軍備を整えることと、統一され、公正で一貫性のある政治の断行ということであろう。

これもまた「おそらく」と断っておかなければならないが、岩倉から、これに同意する旨の回答を得られたのであろう。それによって西郷は、ようやくのこと政府に参画することを決断するに至ったのである。

西郷が上京した直後の三月二八日、右大臣（当時）三条実美邸で、岩倉、西郷、木戸孝允、大久保、板垣退助、杉孫三郎の会談が行われた。その場で、上記「朝廷に兵権」をおくとの西郷の建策が採択され、政府は、四月二日、これに基づき、鹿児島藩歩兵四大隊、砲兵四隊、山口藩歩兵三大隊、高知藩歩兵二大隊、騎兵二小隊、砲兵二隊、合計一万の兵を徴集する旨の命令を下し、同月一一日、勅令によりこれらを兵部省管轄のもとに御親兵として編成することとされた。

② 新たな政府の構成

この時期の政府は、太政官制であり、太政官の下に外務、民部、大蔵、兵部、刑部、宮内の各省が置かれた。太政官を構成するのは左大臣（欠）、右大臣、大納言、及び参議で、その合議体が立法・行政・司法の司令部であった（司法も、この当時は、民部、刑部各省の所管に属していた）。であるから太政官は今の内閣よりはるかに強い力を持っていたことになる。

右大臣は三条、大納言は岩倉、徳大寺、鍋島直正（佐賀）、参議は大久保（鹿児島藩）、副島（佐賀

藩）、広沢真臣（山口藩）であったが、広沢は、この年、一月二七日に、暗殺され、空席となっていた。

各省には、長官として卿、次官として輔（経歴などにより大・中・少の格付けがなされる）が置かれていた。

西郷の上京後間もない頃から、岩倉、西郷、木戸、大久保、板垣らとの間で、新たな政府構成の検討が進められ、ようやく決着したのは八月一一日のことであった。

それによると参議は一新して、西郷、木戸が就任することとなり、各省の卿・輔も一新された。各省人事の主だったところを挙げると、大蔵卿に大久保、大蔵大輔に大隈、民部少輔に井上、外務大輔に寺島宗則が就任した。

これは西郷にとっても、一応満足のできるものだったようで、かつての盟友・鹿児島藩の桂久武に宛てた八月二五日付書簡でこんなことを書いている（『大西郷・二』）。

「（木戸と二人が新たに参議に就任し、他の参議は各省に降り、各省卿大少輔が刷新されたが）何分十全の選択相行われず、残念の至りに御座そうろう。しかしながら此の上にて屹度定則相据えられそうらわば、これをもって責め或は罰しそうろう場合にも罷り成るべくそうろうと存じ奉りそうろう。大小丞以下の処はいまだ変換之なく、これも続いて相発しそうろう賦《くばり》御座そうろう処、官省の調べ、並びに人員の定額章程等相極めそうらいて発すべしと只今取調中に御座そうろう間、不日に相発し申すべく、このたびは俗吏もよほど落胆いたし、ぬれ鼠のごとく相成り申しそうろう。御遥察下さるべくそうろう。定めて衆恨は私一人に留まり申すべしと最早諦め申しおりそうろう。……」

西郷のいう俗吏とは、おそらく特定の者ではなく、王政復古、戊辰戦争を闘い抜き、維新革命のとば口にまで達したところで、初心を忘れ、停滞し、退廃を始めていた政府要人全体に対する批判の言葉であったのではなかろうか。

③　廃藩置県

政府メンバーの一新は、維新改革を前進させる力となった。というよりもその力を蓄えるための一策であったというほうが正しいかもしれない。

既に一八六九年に、各大名が、領地と領民を、国家に返上するという版籍奉還が実施されていたが、これは多分に名目的・形式的なもので、実質的には、各藩の領土・領民は、その後も各藩主の支配下にあった。西郷の意見書の趣旨から言って、このような中途半端な状態がそのまま残されてよい筈はなく、当然、それを進めて、名実ともに、領土、領民を国家に帰属させ、各藩主の支配を断ち切る抜本的な変革、即ち廃藩置県へと進められなければならなかった。

新たな陣容により基盤を強固にした政府は、そのわずか二週間余り後の一八七一年八月二九日（明治四年七月一四日）、これを一挙に実現させてしまった。それを叱咤激励したのは西郷、冷徹な論理で反対論を説き伏せたのは木戸、そして公然たる反抗を未然に防いだのは先に準備した直属の軍隊・御親兵の威力であった。

ついに封建体制の根幹に大ナタがふるわれ、以後、わが国は中央集権の国民国家として、近代化の道を進み始める。

しかし、その進め方、国家の統治システムの構想、不平等条約の締結を余儀なくされた西欧列強諸国やアジアの近隣諸国と外交関係の組み立て方、その他さまざまな人間的で泥臭い諸関係をめぐって、新たな対立と抗争が間もなく始まる。一八七一年八月末、西郷は、否応なくそのまっただなかに立つことになったのである。

その対立と抗争は多面的・重層的であり、木戸の急進的改革志向と漸進的改革を説く大久保の自己の権力基盤固め、これは明治維新政府が最初に当面した対立と抗争の一局面であった。

それに関して西郷がどのような立場をとったかと言えば、政策論では木戸を支持し、組織論では大久保を支持したように思われる。しかし、それは意図したわけではないが、結局のところ、権力基盤を固めようとする大久保に利する結果をもたらしたとも言えるようである。

前者の政策論に関して言えば、廃藩置県の強行自体その最たるものであるがその後、岩倉使節団が旅立つ同年一二月までの間、堰を切ったように、「華士族散髪・脱刀自由」、「華族・士族・平民間の通婚自由」、「被差別民の解放」、「田畑勝手作禁止解禁」(耕作の自由)、服装の自由など、次々と改革が実施されたことが確認できる。

後者の組織論に関して言えば、以下のような制度・組織変更があげられる。

i　廃藩置県実施直後の一八七一年九月太政官職制によって官制改革がなされた。これは太政官を、太政大臣、左右大臣、参議の合議制機関たる正院、立法機関たる左院、各省長官らの協議・調整機関たる右院の三つの機関からなるものとするなどの改革である。太政大臣に三条、右大臣に岩倉、参議に西郷・木戸・大隈・板垣が就任。大臣が天皇を輔弼し、参議がこれを補佐する。卿は各省長官として各省を取り仕切る。岩倉と大久保とは、共に知略の限りを尽くして成し遂げた丁卯冬のクーデター（一八六八年一月三日の王政復古大号令布告と徳川慶喜に対する辞官・納地命令決定）以来相通じあう仲である。大久保にとっては、右大臣岩倉を通じて主導権を握れることが見込まれ、この改革は、有司専制への道を歩み始めた大久保の意に沿うものであった。

ii　一八六九年八月職員令による官制では大蔵省と民部省は別建てであったが、間もなく地方行政・徴税事務を所管する民部省が大蔵省に併合され、巨大な権限をもつに至った大蔵省を牛耳る木戸と木戸の息のかかった大隈、井上、伊藤らは一大勢力を誇ることとなった。大久保はこれをきらい、旧民部省傘下の地方官の声をバックに、民部省・大蔵省分離（「民蔵分離」）を画策、一八七〇年八月、これを実現させた。

しかし、その後、両省における木戸派の勢力が流動化したのを見届け、再び民部省・大蔵省の合併を蒸し返し、上記太政官職制において、民部省廃止とその職務・権限の大蔵省移管を実現させ、自ら大蔵卿に就任した。これが大久保の権限と力の強化につながったことは言うまでもない。

3 岩倉遣欧使節団と留守政府

(1) 新たな対立をもたらした岩倉使節団の派遣

岩倉使節団が横浜を発ったのは、一八七一年一一月一二日であった。その構成員の主だった顔触れは以下のとおりである。

特命全権大使　右大臣岩倉具視、副使　参議木戸孝允、大蔵卿大久保利通、工部大輔伊藤博文、外務少輔山口尚芳

使節団の目的・任務を列挙すると以下のとおりである（田中彰『岩倉使節団「米欧回覧実記」』岩波現代文庫）。

i　条約締約国を歴訪して元首に国書を奉呈し、聘問の礼をおさめること（通商修好条約締結国

との友好・親善）

ii　先進諸国の制度・文物を親しく見聞して、その長所を採り、日本の近代化をすすめること（欧米先進国の視察・調査）

iii　条約改正の交渉開始が可能となる時期（一八七二年五月一日）をまぢかに控えて、日本の希望を伝え、各国と商議すること（通商修好条約改正の予備的折衝）

岩倉使節団の意義、使節団の活動、その功罪等を論じれば、それはそれで興味の尽きないところであるが、ここでは触れないことにする。ただ、まさに廃藩置県実施後、難問山積し、政府内で新たな対立と抗争が始まっているこの時期に、このような豪華メンバーを揃えた使節団が派遣されたことは、異例であり、不可思議と言わざるを得ない。

一方、使節団に加わらず、政治運営を託された政府（一般に留守政府と呼ばれている）の顔触れを見ると以下のとおりである。

太政大臣三条実美、参議西郷隆盛、同大隈重信、同板垣退助、左院議長後藤象二郎、外務卿副島種臣、大蔵大輔井上馨、兵部大輔山県有朋、開拓次官黒田清隆

使節団の主要メンバーと留守政府のメンバーとの間では、使節団が出発する直前に次の一二箇条からなる誓約書がとりかわされ署名捺印（花押）がなされた（田中前掲書）。

i　使節団の趣旨を奉じ一致協力する。
ii　内外の重要案件は互いに報告しあい、月二回、書信のとりかわしをする。
iii〜v　略
vi　「内地の事務」は、大使が帰国のうえ大いに改正するつもりであるから、その間はなるべく新規の改正をしない。やむをえず改正することがあれば、派出の大使に照会する。
vii　廃藩置県の処置は、「内地事務の純一に帰せしむべき基」であるから、条理を追って順次にその実効をあげ、「改正の地歩」としなければならない。
viii　諸官省長官の欠員となったものは別にこれを任用しない。参議が分任し、その規模や目的は変更しない。
ix　諸官省とも勅任・奏任・判任のいずれも官員を増やさない。もしやむなく増員しなければならない時は、その理由を具して決済を乞わなければならない。
x　諸官省とも現在雇い入れている外国員のほかに、さらに雇い入れてはならない。やむをえず雇い入れる場合は、その理由を具申して決済を受けよ。
xi　略
xii　以上の条件を遵守して違背してはならない。この条件をもし増やしたり減らしたりする時は、それぞれ照会しあって決定する。

しかし、留守政府は、いざ蓋を開けると、この誓約事項を無視して、次々と新たな改革に手を染めて行ったのであった。その個々のことについてはすぐ後に述べることにする。

使節団は、当初の見込みでは、一〇か月半程度で帰国する予定であった。ところが実際には、一年九か月という思いもかけない長期に及ぶ期間を要してしまった（もっとも三条からの訓令により、少し早く帰国した大久保、木戸の留守期間は、それぞれ一年五か月、一年七か月である）。だから、使節団メンバーとしても、その留守政府の背信を、面と向かって咎めることはできない筈であった。

だが現実には、そのことが新たな対立と抗争が始まる要因になってしまった。このことは厳然たる事実である。それは政策・施策もしくはその進め方をめぐる対立だけではなく、藩閥対抗意識や対立感情という人間臭いもつれあいが生じたこともその一要素をなしていた。

(2)　留守政府の栄光と混迷

①　急進的改革の加速

留守政府は、使節団が出発するや、満を持してと言おうか、それまで以上に急進的改革を次々に実施して行った。試みに、これらを年表風に書き出してみると、およそ以下のようなことになる。

一八七二年一月二七日　　華士族・卒の職業自由許可

※注：卒とは最下級の武士の身分、いわゆる足軽である。

同年三月八日　　卒身分の廃止

※注：世襲の卒は士族とし、そうでない者は民籍に入る。しかし、足軽はもともと一代限りであり、世襲というのは事実上に過ぎなかったので適用において解釈が区々になる可能性があった。

同年同月二三日　　土地永代売買解禁

※注：土地永代売買の解禁は、自由な土地所有権を認めるものであり、封建制土地所有解体につながる。

同年四月四日　　兵部省廃止。陸軍省・海軍省創設

同年九月四日　　学制公布

※注：学制改革により、全国を八大学区にわけ、それぞれに大学校を一校もうける、各大学区を三二の中学区に区分し、それぞれに中学校一校をもうけること、中学区を二一〇の小学区に区分し、それぞれに小学校一校をもうけること、小学校は修業年限四年の義務制とすることなどが定められた。

同年一〇月二日　　家抱《けほう》・水呑百姓解放、農民の職業許可

※注：家抱も水呑百姓も本百姓に隷属する農民。

同年一一月二日　　人身売買禁止・芸娼妓解放・強制的年季奉公の禁止
同年一一月二八日　徴兵の詔と太政官告諭

※注：この太政官告諭は、四民平等と自由を実現できた今、世襲座食の武士にかわって国民皆兵制をとることは必然だと説いている。

一八七三年一月一日　太陽暦実施（旧暦明治五年一二月三日を明治六年一月一日とする。）
同年同月一〇日　徴兵令公布
同年七月二八日　地租改正条例公布

※注：地租改正条例……田畑のみの貢納制は廃止。全ての土地の価格を評定して地価を定めた上で、地租は、地価の百分の三（ほかに百分の一以内の村入費）と定め、金納とした。これにより封建的土地所有制度は解体され、近代的土地所有制度の確立へと進んだ。もっとも、小作農は従来どおり高い割合の小作料を現物納付する状態が続いた。

これらの中で、「学制」、「徴兵制」、「地租改正」は、明治の三大改革と言われるものであるが、これら三大改革の全て留守政府の手で行われていることに注目されたい。さらに、留守政府は、士族の完全消滅をもたらすことになる「秩禄処分」を断固として、かつ急速に進めようとした。このことは前に大久保宛て西郷の一八七二年三月二三日付書簡に触れて確認したところである。

② 躍動する江藤新平

江藤新平は、旧肥前藩出身、後に一八七四年二月、佐賀の乱の旗頭にまつり上げられ、現地に入りして政府軍の陣頭指揮をとった大久保の命により、乱鎮圧後、斬首のうえ梟首《きょうしゅ》された。

江藤は、太政官制度局制度取調専務となり、フランス民法をモデルにした民法編纂事業に着手し、また「国法会議の議案」を策定し、従来の公議所、集議院をより強化した立法機関設立の緊要性を唱え、廃藩置県実施前から統一的な国家法体系の樹立と法治主義の確立の必要性を説いていた（稲田正次『明治憲法成立史　上巻』有斐閣）。

一八七一年九月一三日（明治四年七月二九日）官制改革に伴い文部大輔に就任、同時に太政官の立法機関との位置付けで設置された左院の一等議員となった。この官制改革、それによって創設され、江藤が活躍することになった左院について、井上清がその著『明治維新』（中公文庫）の中で、非常にわかりやすく説明しているので少し長いが以下に引用させて頂くことにする。

「太政官を分かって正院・左院・右院とする。正院は天皇親臨して政務を統べる機関で、太政大臣一人と納言・参議（若干名）を置く。太政大臣は天皇を補翼し、庶政を総判し、祭祀・外交・宣戦・講和・条約締結の権限をもち、また海陸軍のことを「統治」する。納言は大臣につぎ、大臣が欠けたばあいにはその代理となることができる。ただしこのときの官制では納言となっているが、この後納言が置かれた事実はなく、このときの官制にはない左右大臣が任命されているので、納言は左右大臣と読みかえるべきだろう。参議は大政に参与し、太政官のことを審議決定し、大臣・納言を補佐する。……行政事務は正院の総轄のもとに、神祇・大蔵・工部・兵部・司法・宮内・文部の七省と開拓使が分掌する。ただし司法省は裁判をもつかさどる。左院は、参議が兼任する議長と正院が任命する一等・二等・三等の議員（定員なし）よりなり、正院の諮問に応じ、または左院自身の発議で『諸立法ノ事ヲ議スルヲ掌ル』。その会議の開閉および議事の規則は、すべて正院の裁許をうるを要するし、院議で決定した法案は正院を拘束する力は全然なく、それを採用して実行するか否かも正院のみが自由に決定する。また議事はすべて機密とし、審議中のことはもとより、既に審議を終わって議決したことでも、正院の決済がないうちは、議員個人の意見といえども外部にもらしてはいけない。右院は行政各省の長官と次官の会議体で、正院の諮問または各省の発議により、各省事務の法案を議し、さらに行政の実際の利害を審議する。」

右では左院の評価は低いが、稲田政次は「穢多非人ノ称ヲ廃シ身分職業共平民同様トス」とする一八七一年一〇月一二日太政官布告、いわゆる「解放令」の制定を建議するなど、「左院は官選ではあるけれどもそのために反って新知識を有する有能な議員がかなりおり、議法機関としての機能を相当程度に発揮し得たことが大体認められる」と評価している（稲田前掲書）。

岩倉使節団が発った後、留守政府において、江藤はまもなく左院の副議長に就任した。江藤は、左院の実態が正院の諮問機関に過ぎないことを問題視し、正院からの独立性と権威を高めようと努力した。たとえば一八七二年二月五日、左院事務章程を一部改正し、その中で、左院の議事の開閉は太政官の命令によるも三〇日を超えて閉じることはできない、議員の任命・転任は正院が決するところであるが左院の具案によらなければならないとの各規定、さらには次の規定をもうけ、独立した立法の専管機関であることを鮮明にしようとした（稲田前掲書）。

「オヨソ一般ニ布告スル諸法律制度ハ本院コレヲ議スルヲ通則トス」

ついで江藤は、同年五月、留守政府により司法卿に任命されたが、ここでもいかんなくその能力を発揮することになった。司法省は前年九月の官制改革で設置されたのであるが、刑事裁判事務を所管するものの民事裁判事務は大蔵省監督下の地方官が処理するなど、全般に影の薄い存在であった。江藤は、これにメスを入れ、裁判所を整備し、刑事裁判事務を行うだけではなく、地方行政を司る地方官が行っていた民事裁判事務を裁判所に引き取らせ、行政権から独立した司法権の確立を図ろうとした。

それを明文化したのが、同年八月に江藤の肝いりで制定された全文二二章一〇八か条からなる「司法職務定制」である。これを見ると、裁判事務を、司法省管轄下の裁判所に移すだけではなく、裁判所を構成する裁判官には旧来の封建的意識に毒された地方官から移行した者が多かったため、その権限濫用と違法・不当な裁判を防止し、人民の権利を擁護するための手段、手続きも盛り込まれていることが特に注目される。

江藤はその歩みをさらに前に進め、この「司法省事務章程」に基づいて、民事裁判事務を裁判所に実際に回収しようとした。しかし、これに対し大蔵省及びその配下の地方官らが抵抗を続け、その横暴が極まった。そこで同年一二月、全六か条からなる「司法省達四六号」を発出した。これは以下に抜粋する如く、「司法省事務章程」の趣旨を一層明確かつ具体化したもので、大蔵省及びその配下の地方官の抵抗を排除しようとするものだった（毛利敏彦『明治六年政変』中公新書）。

i　地方官及び戸長等が太政官の布告及び諸省の布達にもとり規則を立て或は処置を為す時は、各人民は、其地方裁判所又は司法省裁判所へ出訴することができる。

ii　地方官及び戸長等が各人民の願伺届等を壅閉する（筆者注：握りつぶす）時は、各人民は、其地方裁判所又は司法省裁判所へ出訴することができる。

iii　地方官が各人民の移動往来を抑制するなど各人民の権利を妨げる時は、各人民は、其地方裁判所又は司法省裁判所へ出訴することができる。

iv、v（略）

vi　地方裁判所及や地方官の裁判に不服なときは、司法省裁判所に出訴することができる。

※注：戸長とは、当時の地方組織の最末端の役人である。司法省裁判所は、地方裁判所の上級裁判所であるが、後に、一八七五年一月、二月の大阪会議の結果を受けて布告された同年四月の「漸次立憲の詔」に従い、同年五月、大審院が設置され、廃止となった。

毛利敏彦は前掲書で、徳富蘇峰の江藤評を紹介している。それによれば、蘇峰は江藤を、「機略の持主」、「本来のラジカル」、「彼が論理的の頭脳と、彼が峻烈なる気象と、而して鋭利なる手腕とは、向う所可ならざるはなき有様」、「世に彼が如き推進力、実行力の所有者は甚だ稀れ」、「制法的頭脳の持主」だと絶賛している。江藤がまさに留守政府で躍動し、その存在感を高めつつあったことがよくわかる論評である。

③ 旧肥前、土佐藩勢力の台頭、旧長州勢力の凋落

司法卿江藤は、それから時日をおかず、一八七三年四月一九日、左院議長後藤象二郎、文部卿大木喬任とともに、新たに参議に任命された。これで留守政府の参議は、筆頭の西郷のほか、板垣、大隈、後藤、大木、江藤となり、旧薩摩・一、旧長州・〇、旧土佐・二、旧肥前・三となった。旧土佐、肥前勢力の台頭は、明らかである。それに比べて、旧長州藩勢力はと言えば、不祥事が相次ぎ、その凋落は目をおおうばかりであった。

留守政府が急進的改革を加速させ、大きな実績をあげていたこと、とりわけ急進的民権論者とでも

評し得る江藤の目をみはるような活躍ぶりに対する反発、この旧土佐、旧肥前勢力の台頭、旧長州勢力の凋落は、これもまた新たな対立と抗争の局面の一つである。

旧長州藩有力者らの不祥事のかずかずは、ストーリーとしても非常に興味深く、日本政治疑獄史などというものを著わすならば多くのページを割くに値するが、この物語の主題ではないので、毛利前掲書等を参考にごく簡潔に整理して述べるにとどめたい。

i　陸軍大輔山県有朋の公金横流し疑惑

元長州奇兵隊幹部にして山県の部下であった山城屋和助なる兵部省時代からの御用商人に、陸軍省は、総計六四万円余りもの大金（国家予算の一％ほどである）を貸し付けていた。山城屋は、これを生糸相場や遊興費に費消した挙句、一八七二年一一月二九日、陸軍省内で割腹自殺を遂げた。これに関連して山県に公金横流しと同人から遊興費等を融通させていたとの疑惑が表面化し、山県は窮地に追い込まれたが、西郷が陸軍省の混乱を防ぐために奔走したことにより、ようやく苦境から脱することができた。

しかし、山県は、旧長州藩御用商人から陸軍省御用商人となっていた三谷三九郎なる者が陸軍省から公金三五万円を借り受け、返済不能となった件でも陸軍省内部で疑惑を持たれ、翌一八七三年四月一八日、陸軍大輔辞職を余儀なくされた。ただ、このときも西郷が陸軍省の混乱を防ぐために奔走し、わずか一一日後の同月二九日、陸軍省御用掛（陸軍卿代理）として復職させた。

なお、これらの事件に関しても、司法卿江藤が追及の手を伸ばしたことは言うまでもない。

ⅱ　大蔵大輔井上馨の利権あさり疑惑

井上は、大蔵省において通商司事務管理をしていた頃から三井組との関係を深め、西郷から酒席で「三井の番頭さん」と冷やかされたことがあったということである。

井上は、右に述べた三谷三九郎事件の後始末に関わり、返済能力のない三谷にかわって三井組に返済させ、そのかわりに三谷所有地を三井組に譲渡させ、三井組に多額の利益を得させることになったと言われているばかりか、この処理は、井上単独ではなく、山県と組んでしたことではないかと憶測されている。

井上は、一八七二年五月、辞職をして大蔵省を去り、一民間人となるのであるが、在職中末期に、大蔵省があらぬ口実をもうけて旧盛岡藩御用達の商人・村井茂平から、同人が有していた尾去沢銅山経営権を没収し、これを岡田平蔵なる者に異例の好条件で払い下げさせるという一件があった。その後、井上が大蔵大輔を辞して同省を去って間もない時期の同年八月、現地、右銅山の地境に、「従四位井上馨所有地」なる木標が立てられた。そのことから、この一件は井上の職権乱用による財産乗っ取り事件だとの疑いが持たれ、江藤率いる司法省が追及するところとなった。捜査を委ねられた同省大丞兼大検事警保頭島本仲道が鋭意捜査を遂げ、その結果をまとめた捜査報告書は、「大蔵省は銅山を没収したりとて、之が払下げを為すにすべからく公明正大なるべきに、嘗《かつ》て公売の手続為す所なく、山口県人岡田某に払い下げたるが、此の岡田某は当時の大蔵大輔井上馨の親近者にして、村井より申し出でたる五か年賦を排し、二十か年賦を許したるは、全くそれ私交私情より出でたるものにして、両者の間に醜関係の存在せざるやの疑い無きに能わざるなり」との結論であった。司法省は、これにより井上の容疑が認められるとして正院に正式に井上勾引の申し出をなすに至った。ところが、後に述べるとおり政変が勃発し、江藤が下野する事態に至り、井上の勾引は不発に終わってしまった。

なお、右岡田も旧長州藩出身者であった。

iii　旧長州藩出身大物地方官の職権乱用、井上も結託か？

小野組は、江戸時代に「井筒屋」を名乗った京都の豪商で、戊辰戦争以来、三井組、島田組とともに維新政権の財政を支える一翼を担ってきた。その小野組が、一八七三年四月、本店を京都から神戸と東京に転籍することを京都府へ申し出たところ、京都府はこれを受理しないばかりか、さまざまな圧迫を加えた。当時、京都府の大参事として京都府政を牛耳っていたのは、これまた旧長州藩出身の槇村正直であったことから、これはまだ大蔵省大輔の地位にあって槇村を配下に置く井上のさしがねだという風評が流れた。三井組と結託した井上が、三井組の商売がたきたる小野組の事業展開に待ったをかけ、三井組をバックアップしようとしたのだというわけである。井上の影はここにも及んでいる。

その真偽はともかく、小野組は、前出の司法省達第四六号に基づき、同年五月、京都裁判所に訴え出た。京都裁判所は、司法卿江藤の肝いりで天誅組の生き残りの硬派、北畠治房が所長を務めていた。その北畠所長の下で、裁判所は裁判を迅速に進め、同年六月、京都府は、上記転籍申し出を受理し、至急送籍せよとの判決を下した。

しかし、京都府は、請書も出さず上訴もしないで黙殺する態度をとり、さらには小野組に対する攻撃を強めた。そこで北畠は、京都府の対応は違式罪にあたるので速やかに処罰するべきだと司法省に報告した。これを受けて司法省は、同年七月、上記処罰を相当とする決定をした。そこで、京都裁判所は、同年八月、知事長谷信篤及び大参事槇村に対し、それぞれ贖罪金八円、同六円を課する決定を下した。

長谷、槇村はその決定をも無視するので、北畠裁判長は、司法省を通じて太政官に、両名の身柄拘束の許可を求めるまでに紛糾して行った。その後、穏便な解決を求める三条の意向を汲んで、太政官は、司法省にこの件を裁く臨時裁判所を設置して審理させることとしたが、司法省による槇村追及の手は一向に弱まることはなかった。これは「明治六年の政変」直前のことである。

なお小野組事件については、笠原英彦「明治六年・小野組転籍事件の一考察」(『法学研究』五八巻一二号)で詳細に論じられている。

④ 島津久光の奇怪な言動、西郷の苦悩

明治維新政府が断行した廃藩置県とその後の急進的改革に憤懣やるかたない気持ちで、これをなじり続けた人物がいる。旧鹿児島（薩摩）藩の藩主の父にして鹿児島県の事実上の最高権力者島津久光である。久光の奇怪な行動にはこの物語の冒頭、第1節「はじめに」の部分でさわりの部分に触れたがもう少し述べておくこととする。

既に見たように一八七二年七月二七日、西国巡幸に際し、天皇一行は、鹿児島を訪れた。これには久光の不平、不満を慰撫するという隠れた目的があった。久光は、そのとき天皇に「建言書」を差し

出し、西郷を筆頭参議とする政府が推し進める最近の施策を、共和政治の悪弊に陥っているなどと激しく攻撃し、西郷解任にまで言及した。

久光は、そこで矛をおさめるどころか、このときの巡幸に同行しながら一度も、自分に会いに来なかった西郷に、一層怒りをたぎらせた。同年九月はじめ、側近の海江田信義を上京させ、建言書の趣旨が生かされているかどうか確かめさせようとした。海江田は、諸方面に、久光の不満、要求を告げて回ったが、かつての江戸の無血開城の際に東海道先鋒総督参謀たる海江田とも親しく接した勝海舟、山岡鉄舟、大久保一翁らの説得を受け、久光のもとには帰らず、東京にとどまってしまった。

情報を断たれた久光のもとに、海江田からの知らせのかわりに届いたのは、建言書について詳しく聞きたいから上京せよとの勅命をしたためた三条からの書簡であった。しかし、久光は病気を理由に断り、逆に同年一一月早々、太政大臣三条に宛てて、西郷を厳しく非難する書簡を送りつけた。三条は、処理に困ったのであろうか、これを西郷に回覧してその処置を西郷に委ねた。西郷は、ともかく謝罪するほかはないと考え、日をおかずとるものもとりあえず鹿児島へ下った。

鹿児島に帰った西郷は、久光への詫び状にかえて、久光の執事に次のような書を渡し、ひたすら恭順の意を表した（『大西郷・二』）。


「御巡幸のみぎり、供奉おおせつけられ、御当地滞在中には、是非ご機嫌伺いとして拝謁願い奉るべきところ、等閑にまかり過ぎそうろう儀、全く朝官を甘んじ、再生の御こう恩忘却つかまつりそうろう場に立ち至り、御嫌忌をこうむり奉りそうろう仕合い、実に恐懼の次第に御座そうろうにつき、いかようともその罪を謝し奉るべきつもりにてまかりそうろうにつき、右の段、よろしく仰せあげられ下されたく願い奉りそうろう。」

ようやく面談を許された西郷に、久光が突き付けたものが、くだんの一四か条の「罪状書」であった。以下にその各条要旨と、西郷がこれを読んで旧薩摩藩出身で当時開拓使次官を務めていた黒田清隆に送った同年一二月一日付書簡の一部を抜粋し、記しておくこととする（罪状書は萩原『遠い崖10「大分裂」』。黒田宛の書簡は『大西郷・二』）。

これらを読むと、どこまでも主君であり続けようとする久光の独善ぶり、西郷の困惑ぶりが、目に見えるようである。

（罪状書各条）

・戊辰戦争終結後、朝官に任ずるとの御内命を主人持ちの理由でお断りし、帰藩したのはもっともであるが、正三位や参議という高位高官を遠慮なくお受けしたのはどんなつもりか。

・戊辰戦争終結・解兵後、藩政混乱の際に逃げ隠れし、兵隊の登用を申し立てたがその始末はどうなったのか。

・解兵後の兵隊の暴行を取り締まるどころか尻押ししたとの風評、虚説とは思わない。

・去年上京した際の約束に違い、官員を増やし、兵隊を減らし、国威衰弱させているのはけしからん。

・士族から砲器等取り揚げは士族振興の趣旨に違い特にけしからん。
・脱刀・散髪、又は公華（公家華族）・士族・庶人等、婚姻自由のお達しは前代未聞、信じられないこと、風俗を乱す根本だ。これに一言も申立しないのはけしからん。
・高給を貪り、己に従う者ばかり登用し、その余の者の苦情を無視し、苛政を行っている。これに同意しているようだが、どう思っているのか。
・士族は商売人になり、士風はますます衰える。何により国威を立てるのか。
・四民合一、これまた国威にかかわる重大事、けしからん。
・御巡幸のとき供奉した中で最上位の高官として、天皇の失徳のみ醸し出した。
・すべて西洋に習うのは嘆息の至りである。中国も外国の一つ、西洋一辺倒では国体の浮沈に関わる。
・お前が徳大寺にはじめに申し述べたこと（筆者注：先述の二四か条の意見書のことと思われる）は、長州・土佐等手を打って喜んだというではないか。もってのほかだ。
・今年夏にさし出した建言書一四か条は五倫五常を基本とした。これに従うつもりはないのか。

（黒田宛の書簡抜粋）
「（執事に謝罪の書を提出したところ）翌日は罷りいずるべし旨屹度お達し御座そうろうに付き、大山同伴にて出かけそうらえば、豈図らんや、私の罪状書御認め相成りおりそうろう間、ご詰問の次第、何とも言語に申し述べ難き事にて、むちゃの御論あきれ果てそうろうことに御座そうろう。」

西郷は、久光の「むちゃの御論」に辟易としながらも、一八六四年三月、沖永良部の座敷牢に幽閉されていたところを赦免され、禁門の変、討幕派の大同団結、王政復古のクーデター、戊辰戦争へと活躍する場を与えてくれた大恩は打ち消し難く、その後、西郷は、鹿児島にとどまり、謹慎を続けたのであった。

政務逼迫、台湾問題で兵を派遣し征伐を加えるべしと息まく外務卿副島に手を焼く太政大臣三条からは早く上京して欲しいとの矢の催促。そこで西郷、三条は、一計を案じ、勅使として勝海舟を鹿児島に派遣して、久光に面会させ、勅命を奉じて西郷を上京させるという形をとった。ようやくにして西郷は、翌一八七三年四月一日、鹿児島を立ち、東京に戻った。東京着は同月六日のことであった。

久光の奇行は、それだけでは終わらなかった。久光は、同月二三日、結髪帯刀、異様な風体の旧家臣の壮士約二五〇人率いて、上京した。勅使勝が、前出の建言書の趣旨を詳しく聞きたいとの「勅書」も持参し、久光に手交していたので、命に従ったということなのであろうが、ひと騒動持ちあがるのではないかと、政府関係者は気が気ではなかったようである。しかし、ここでも勝が奔走してこれら壮士を鹿児島に引き取らせる一方、久光は、明治維新において功績大なりと認められたごくわずかな人に与えられる麝香間祗侯《じゃこうのましこう》なる名誉職にまつりあげられ、ようやくおさまった。

さてこの時期、西郷にとっては、まことにわずらわしいことが続いた。旧主君筋からのいわれなき誹謗と中傷、その奇行ぶり、それに既に見た山県、井上ら政府要人の腐敗現象、それでも敢えてその力を必要とするが故に寛容な処置をしなければならなかったこと、西郷は、これらのことに呻吟、懊悩しながらも、当初の二四か条意見書で開陳したとおり、中央集権制の近代国家を確立するために統一され、公正で一貫性のある政治を推し進めるしかない、との思いを一層固めたことだろう。

⑤ 太政大臣三条からの召還訓令

下級武士に出自をもつ明治維新政府首脳の一部から度しがたい小心者と陰口をたたかれていた太政大臣三条実美は、使節団の帰国が遅れる一方で、次々に生起する難問に頭を悩ませ、心細い思いを募らせていたのであろうか、岩倉使節団の面々の長期不在に耐えられなくなって一八七三年一月一九日、使節団の岩倉に、木戸、大久保両名の召還を命ずる訓令とともに次のような書簡を送った（萩原前掲書）。

「さて先便縷々申し述べそうろうとおり、本朝国事多端、やむをえざる要用もこれありそうろうについては、各位御帰朝の期もあいはかりがたく、かたがたもって大久保、木戸両人帰朝の御沙汰おうせだされそうろう間、公翰をもってお達し申しそうろうとおり、両人のところ、帰朝あいなりたくお達しこれありたくそうろう。両人お呼び返しの儀は、さだめて御不都合の儀もこれあるべく、ことに尊台において御迷惑とも察し奉りそうらえども、かれころよんどころなき事情、御遠察、祈望つかまつりそうろうことに御座そうろう。」

この書簡が使節団のもとに届いたのは、一行が同年三月中旬、ワシントン、ロンドン、パリ、ブリュッセル、ハーグを巡歴し、ベルリンに入り、プロシア（ドイツ帝国）の鉄血宰相ビスマルクと面談した直後のことだった。

その面談では、弱小国プロシアを強国ドイツ帝国に鍛え上げたビスマルクから「私が非難を顧みず、あえて国権を全うしようとする本心」を吐露され、「いま日本と親交を結ぶ国も多いだろうけれども、国権自主を重んずるゲルマンこそは、その親交ある国の中のもっとも親睦な国ということができる」との高説を拝聴して、一同、おおいに感銘を受けたのであった（田中前掲書）。

この頃、木戸、大久保は訓令への対応をめぐっても意見があわず、以前にも増して溝を深めることになった。このため、訓令への対応は区々となった。大久保は訓令に従い三月末に帰国の途につき、五月二六日帰国したが、木戸は訓令を無視してロシアまで使節団とともに行動し、その後単独行動をとって二か月にわたりヨーロッパ諸国を歴訪し、七月二三日に帰国した。

三条が、一月一九日付書簡において、先便（一月六日付書簡）で、縷々申し述べたという「本朝国事多端」の内容は、以下の四項目に要約できる（萩原前掲書）。

i　島津久光問題。これは既に述べたとおりである。

ii　大蔵省問題。これは次の⑥「虎の緒を踏んだ太政官職制の改革——『太政官潤色』」で触れる。

iii　台湾問題。これは第三章『ニワトリからアヒルの帝国軍隊』の第3節「海外における最初の武力行使—征台の役—」のところで詳しく述べる。先走るようになるが少し述べておくと、台湾出兵については、外務卿副島がその急先鋒で、元米国駐厦門《アモイ》領事、チャールズ・ウィリアム・ル・ジャンドル（李仙得）なる者を大輔待遇という破格の厚遇をもって外務省顧問として雇い入れ、その指導のもとに着々とその準備を進めていた。これに対し三条は、清国をはじめ、諸国との関係悪化を懸念し、慎重姿勢をとっていた。しかし、副島の勢いを止めることはできず、表向きは日清修好条規の批准書交換、内実は台湾問題での談判との秘めたる任務も与え、二月二七日、副島を遣清特命全権大使に任命せざるを得なかった。三条が、この書簡の中でも「本朝国事多端、やむをえざる要用もこれあり」と弁明しているのはこのことである。

その副島が、勇躍、清国に出発したのは三月一三日のことであった。

iv　朝鮮問題。書簡では、一八七二年九月、外務大丞花房義資を派遣して草梁倭館を接収し、外務省の直轄下に置き、大日本公館としたことに触れているだけで、さほど重要問題とは位置付けてはいないように思われる。朝鮮問題については第三章の物語「ニワトリからアヒルの帝国軍隊」中でも述べているが、そこに盛り込むことができなかったことも含めて次節「征韓論」でも述べておくこととする。

⑥　虎の尾を踏んだ太政官職制の改革――「太政官潤色」

西郷は、上述の一八七二年一二月中旬から翌一八七三年四月初旬まで、島津久光の一四か条の罪状書による西郷糾弾という事態に対処するため、東京を不在にし、その後もおそらく四月いっぱいは、それに振り回されていたであろうと思われる。西郷は、大久保留守中、大蔵省事務監督として、大蔵大輔井上以下を統括していたが、右の如き事情が出来したため、井上とその下僚である渋沢栄一（三等出仕・少輔相当）が大蔵省を取り仕切ることになった。

井上は、一八七三年度予算編成において、前年九月発布の「学制」に基づき、各級学校の整備に力を入れていた文部省と、大蔵省傘下の地方官から裁判事務を回収するため地方裁判所の整備に力を入れていた司法省の予算要求をいずれも半額に削り、その一方で陸軍大輔山県の率いる陸軍省の予算要求はほぼ満額認めた。

そのため文部卿大木と司法卿江藤から、井上に対し、不公平かつ専横だとする厳しい批判・追及がなされた。さらに工部省予算をめぐっても井上批判の声があがった。井上は、これに真摯に対応せず、長期欠勤し、大蔵省の事務停滞を招いてしまった。三条の前述の岩倉宛て書簡では、この件につき以下のように楽観的見通しがなされていたが、この問題はそんなたやすいことではなかった（萩原前掲書）。

「大蔵会計のことについては、彼是困難なこともあり、井上大輔もひきこもり辞職を願出ている。

しかし、大隈参議にももっぱら周旋尽力しており、決して瓦解に至りそうろうようの儀はこれなく、不日折り合いもあいつき申すべく存じそうろう。ご懸念これなきよう願い入れそうろう。」

まず一月二五日、江藤が、予算削減に抗議して太政官宛てに辞表を提出した。その辞表には要旨次のようにしたためられていた（毛利前掲書）。

「法律が定まり、訴訟制度が確立されてはじめて民の権利が保全される。そうしてはじめて民が富み、税収の実もあがる。さすれば軍備も拡充できる。工業も教育も盛んになる。等々」

江藤は、司法制度整備の重要性を訴え、現状を憂い、今次予算要求がいかに重要であるか、堂々たる文章で具体的に説いている。江藤の辞表が提出されると、司法省の主だった幹部は、一斉に江藤を支持し、三権分立の下での司法権の確立、法による国民の自由・人権の保障が司法省の任務であることを訴える連名の意見書を太政官宛に提出した。

この問題は、はしなくも正院による各省の統制・指導力の不足を露呈したものであった。そのため三条は、左右大臣・参議の合議体の強化、即ち第一に参議の補強、第二に正院への権限集中を図ることを余儀なくされたのである。

前者に関しては、同年四月一六日、左院議長後藤、文部卿大木、司法卿江藤の三名を新たに参議に任命することにより充足された。

後者に関しては、五月二日、太政官職制を改正して参議の権限を強化し、参議が参画する正院の合議を重視する一方で、太政大臣の最高意思決定権を奪い、その上奏権を形式的・名目的なものに引き下げた。これを三条は直後に岩倉に宛てた書簡で「太政官潤色」と些細な手直し程度のものであるように印象付けようとしたが、そんな程度のものではないことは明らかだった。もう少し具体的に見ておこう。

一八七一年九月制定の「太政官職制」では、「参議は大政に参与し、官事を議判する」と定められていたのを、「参議は内閣の議官にして、諸機務議判の事を掌る」と改め、「内閣は凡百施設の機軸たる所」と改められた。これにより、正院の大臣・参議らの合議体を「内閣」と規定し、内閣に国政の最高意思決定権を与えることとしたのであり、政府機構の重大な改革だったと言えるのである。

この改革は、既述の大久保が目指した有司専制の体制――天皇親裁の輔弼機関として上奏権を有する大臣の職務を補佐する少数の政府実力者が、大臣の信任のもとに統治の槓桿を握る体制――を否定するものにほかならない。

大隈は、『大隈伯昔日譚』（富山房百科文庫）の中で、次のように述べている。

「蓋し内政の事は軍事にせよ、財政にせよ、将た地方政治にせよ、苟も至高至尊の君主権を以て之に臨めば、その処理裁断甚だ難からず。特に時運の変遷、殆ど千載の一時とも言うべき時に当たり、上に聖明の君主を頂きて国務経綸の責に任ずるもの、苟も多少手腕の敏なると、胆力の豪なるとあらば、何を為しても成らざることとあらん。ただ、外交条約に至りては、かつて一たび我が膝を屈したるもの、改正するには自他の合意を得ざるべからざることとなり居るを以て、いかに敏腕豪胆なる政治家も心のままに之を処断する訳にはいかず、空しく髀肉を撫して（筆者注：戦う局面もないまま）憤慨するの外はなし。されば成るべく速やかに使節を派遣して、諸外国に説いて、条約改正に合意せしむるは、当時の急務なるのみならず、何を為しても成らざるなき内政すら、薩長の軋轢、官吏の衝突のため、その処理裁断の困難を極めて、諸般の改革、改新の阻捍せらるる（筆者注：邪魔・妨害される）弊患を刈除するは、出来るだけ其の人々を外国に派遣し、謂わゆる『鬼の留守に洗濯』という調子にて、其の間に充分なる改革、整理を断行するにありしを以て、兎も角も、成るべく速やかに、且つ出来るだけ多数の人を派遣すべしとて、扨ては一百に近き多人数を派遣するに至りしなり。」

よもや岩倉、木戸、大久保、伊藤らがこれに同意するとは思われないが、ともかく留守政府の実力者であった大隈がこういうことを述べているのだから容易ならざることだ。

ともあれ、この改革は、まさに岩倉使節団の虎の尾を踏んだ、という類のものであったことは確かであり、ここに再三指摘してきた新たな対立と抗争が激化する一局面を見ることができる。

もう少し、補足しておこう。「太政官潤色」は大久保にとって大打撃となるものであったことは右に述べたとおりである。一方、木戸にとっても少し違う側面において大打撃であった。「太政官潤色」の後、井上と渋沢が辞表提出、内閣（正院）は、翻意を求めることなく、五月一四日、あっさりと受理してしまったのであるが、高橋秀直は、このあたりのことについて、「征韓論政変の政治過程」なる論文（『史林』七六巻五号）で、以下のように述べている。

「（機構改革自体は木戸派の井上の主張していたものであったが、木戸派大蔵省に対し）反大蔵省的人物が正院の過半をしめる状況においては、それの持つ政治的意味は、井上の本来の期待とはまったく異なり、大蔵省の権力の喪失を意味した。こうした結末に井上と腹心大蔵少輔事務取扱渋沢栄一は五月初め辞表を提出、一四日これは受理された。木戸派の大蔵省支配の崩壊である。」

大蔵省紛議も、本来ならこれで一件落着というべきところだが、井上と渋沢は、憤懣やるかたない思いで、歳入、歳出の数字が書かれた辞表文を新聞に掲載させてしまい、国家機密を漏えいしたとの嫌疑を受けて司法省から追及を受けるというオチまでついてしまった（姜範錫『征韓論政変　明治六年の権力闘争』サイマル出版一六四頁）。

「従四井井上馨、其方儀、大蔵大輔在職中兼テ御布告ノ旨ニ悖リ其方及ビ渋沢栄一両名ノ奏議書、各新聞紙エ掲載致ス段、右科《とが》雑犯律ノ重キニ擬シ、懲役四十日ノ閏刑《じゅんけい》禁固四十日ノ処、特命ヲ以テ贖罪金三円申シ付ク（七月二〇日、臨時裁判所申渡し）」

※注：一八七一年二月九日公布「新律綱領」では、華族・士族に対し、正刑である体刑に代えて寛大な身分刑である閏刑が科されることが定められていた。

山県の一件といい、井上の一件といい、凋落著しい長州藩出身者の行く末に大きな不安を覚えた木戸が西郷、江藤、大隈、板垣ら留守政府主要メンバーに対する対立意識を深めることになったと考えるのは邪推に過ぎないであろうか。

4　征韓論

(1)　序論

※注：一般に征韓論は「明治六年の政変」の直前から始まり、政変に至るごく短い期間における政府内論争の中心テーマとして論じられるのであるが、本来、征韓論なるものは、明治維新政府成立から韓国併合までの全過程を通貫する朝鮮侵略論であると言うべきであろう。ここではこういう問題意識は括弧に入れて、一般に言われる征韓論に従って書き進める。

一八七三年七月二六日、清国での大任を終えて帰国した副島外務卿は、同月二七日、八月七日と立て続けに、英国公使パークスと会談をもっている。その中で副島は、一八七二年九月、軍艦春日と汽船有功丸に乗船させた歩兵二小隊を率いて釜山に赴いた外務大丞花房が、草梁倭館を接収し、外務省の直轄下の大日本公館とした明治維新後初めての砲艦外交の後の現地の状況や当面の政府がとる方針について説明している。

この会談の模様を記録したパークスの覚書には次のように記されている（萩原前掲書）。この会談の時期が、七月二七日と八月七日であったことを押さえておいて頂きたい。

「清国との談判において、李鴻章も、『日本が朝鮮の態度に憤激するのはよくわかるが、現在清国政府の関心は西方におけるイスラム教徒の反乱と、イリ地方におけるロシアの動きと、この二つにまったく引きつけられているので、日本と共同して朝鮮遠征を試みる余裕はないと、副島に語ったという。李鴻章の見るところでは、朝鮮は砲台の建設や、度重なる戦争準備のために、国力を消耗しきっているという。そこで日本が朝鮮の眼を覚ましてくれればありがたい』と、述べたそうである。

日本政府の見解ないし意図はどこにあるのかと尋ねると、副島は、『目下何をすべきかを検討中である』と答えた。副島はことばを続けた。『現状をこのままつづけるわけにはゆかない。朝鮮側の非友好的な態度のために、日本政府は下級の役人を二名だけ残して、すべて引き揚げた。朝鮮人は、日本人の居住する建物の窓の下をねり歩いたり、そこで出陣の踊りを演じたりした。これは彼らが崇める海神を祭る儀式にすぎなかったのかもしれないが、しかし日本人に対する非友好的な示威運動の様相を帯びていた。』
最後に、副島はつぎのように述べた。『今後朝鮮と交渉をつづけるとすれば、艦隊の援護が必要となってくるだろう。』」

パークスはこの覚書の中で、パークス自身がこの会談で得た結論を次のように要約して述べている。

「目下、日本政府は、台湾南部の原住民に対して遠征軍を派遣することを計画している。さらに後日朝鮮と戦端を交えなければならない可能性があることを、日本政府は予期している。」

(2) 本論

それではいよいよいわゆる征韓論について述べて行くこととする。

① はじめに――征韓論に関する一般的説明の誤りと矛盾

いま筆者の手元に山川出版社の高等学校用日本史教科書『詳説日本史』(二〇〇五年三月五日発行)がある。それによると、第四部「近代・現代」の第九章「近代国家の成立」のうち、「明治維新と富国強兵」のタイトルを付した第二節の中で、次のように記述されている。

「新政府は発足とともに朝鮮に国交樹立を求めたが、当時、鎖国政策をとっていた朝鮮は、日本の交渉態度を不満として交渉に応じなかった。一八七三年（明治六年）、留守政府首脳の西郷隆盛・板垣退助らは征韓論をとなえたが、帰国した大久保利通らの強い反対にあって挫折した。」

この記述部分をAとする。これに続けて、以下のように記述されている。

「そののち一八七五年（明治八年）の江華島事件を機に日本は朝鮮にせまって、翌一八七六年日朝修好条規（江華条約）を結び、朝鮮を開国させた。」

この記述部分をBとする。

Aの部分はごく一般に言われる征韓論のあらましを記したものである。しかしこれは誤りだと言わねばならない。即ち、征韓論の主唱者は、右に見たパークスの覚書を見れば、副島であることは明白である。いやもっと明確にそのことを示す史料がある。それは、パークスが「明治六年の政変」直後の一〇月二九日、副島と面談した結果をまとめた覚書である。それ読むと副島は朝鮮問題についてとうとうと語っていることがわかる。以下にその一部を抜粋してみよう（萩原前掲書）。

「副島はためらうことなく朝鮮遠征が実施されなかったのは非常に残念であると、わたしに語った。自分はこの問題をふかく検討してみたのであり、遠征は成功すると確信していたのであると、副島は述べた。」

「副島は語り続けた。（かつての太閤の朝鮮侵攻が失敗に終わったことについて）かれは兵を朝鮮の南部に上陸させ、それから北進しようとしたからである。自分は逆の経路を主張する。すなわち、遠征軍を二手に分け、それぞれに二万五〇〇〇の兵をあたえ、一隊を清国との国境に近い朝鮮の北西部に、別の一隊をロシアとの国境に近い北東部に上陸させる。つづいて、それぞれの上陸地点に一万の兵を守備隊として残し、残りの兵力、それぞれが一万五〇〇〇の兵からなる二つの部隊を率いて、南下する。このようにすれば、朝鮮軍の退路は断たれるし、彼らが外部から援助を受ける方策も失われる。」

副島はこのように朝鮮大規模出兵、朝鮮遠征時の兵力展開、作戦をとくとくと語っている。しかし、これは自分の考えに過ぎず、筆頭参議であった西郷がどう考えていたのかについては何ら言及していない。誰が征韓論者であったのかは一目瞭然ではないだろうか。

次に、AとBとは完全に矛盾している。征韓論者とされた西郷や板垣が下野したわずか二年後に、これに強く反対した筈の大久保、岩倉、伊藤らの率いる政府が征韓論を実行しているのだ。こんな矛盾した説明が平気でまかりとおっているのである。

② 一八七三年、留守政府内の論議の経緯

副島が、表向きは日清修好条規の批准書交換の目的、内実は台湾問題での談判の密命を帯びて、清国派遣特命全権大使に任じられたのは一八七三年二月二七日、清国に向かったのは三月一三日のことであった。

ところが副島は、右のとおり何ら任務を与えられていなかった朝鮮問題を、清国側と相当つっこんで議論していたことがパークス覚書によって認められる。

この副島の動きに平仄をあわせるように、外務省が朝鮮問題に火をつけ始める。釜山・草梁の大日本公館に日本側責任者としてとどまっていた外務省七等出仕広津弘信（パークス覚書に出てくる二名の下級役人の一人。もう一人は一五等出仕東田伊良である）から、同年五月二一日と三一日の二度にわたって、花房を介して副島の留守を預かっていた外務省少輔上野景範宛てに報告書が提出された。二一日付報告書要旨と三一日付報告書添付の「伝令書」写しの抜粋（漢文の読み下し）は以下のとおりである（萩原前掲書）。

二一日報告書……「昨年大日本公館として外務省に回収して以来、東京の三越（三井組）の手代が対馬商人の名義を使って商売をしようとしたことが、密貿易だとして朝鮮側の怒りを買い、現地の官憲の取り締まりが厳しくなっていたが、この度東莱府《とうらいふ》（筆者注：釜山における朝鮮側の対日窓口）が、公館の門に日本を侮蔑する内容の言葉を書き連ねた『伝令書』を掲示した。」

三一日報告書に添付された「伝令書」写し……「彼（日本）制を人に受くるといえども恥じず」「近ごろ、かの人（日本人）の所為を見るに、無法の国というべし」、「すべからくこの意をもって、かの中（日本）の頭領の人を惆諭して、妄錯して事を生じ以て後悔あるに至らざらしめよ」（小括弧内は筆者注）

「伝令書」の写しは、報告書によると、東田が四〇〇字にも及ぶ漢文を、一見しただけで記憶にとどめ、その記憶に基づいてか再現したというものである。

もっとも、そんなふうにして再現したものだと言われると、正確に「伝令書」の趣旨を伝えているかどうか保証の限りではないのだが一応信じておこう。

これらの報告書を受け取った上野は、突如として、三条に、閣議において朝鮮問題について審議することを求めた。これにより三条は、同人と協議の上、次のような議案を正院の閣議に提案した。議事録が残されていないので、明確に日にちを特定できないが、同年初夏であることは間違いないだろう。

議案の要旨は以下のとおりである（萩原前掲書・姜前掲書）。

「朝鮮官憲が日本を無法の国とし、妄錯して事を生じ後悔させよなどという掲示をしたので、暴挙を起こし、日本人がどのような凌辱を受けるに至るかはかり知れない状態である。そもそもこれは朝威にかかわり、国辱ものである。もはや武力を用いて解決するほかはない。居留民保護のためにも、陸軍若干、軍艦数隻を派遣し、九州鎮台にて即応態勢をとり、公理公道をもって談判に及ぶべきである。」

※注：この閣議開催時期について。『明治天皇紀』三、丸山幹治『副島種臣伯』および『伊藤博文伝・上』には、日にちが特定されていない。『大西郷・三』の「年表」には「明治六年六月十二日閣議韓国へ出兵の事議す」と記載されているが、出典は不明である。研究者らの説くところは区々であり、一定しないが、おおむね六月から七月と見る者が多い。筆者は、少し曖昧であるが、姜前掲書に従い、同年初夏としておく。

閣議開催時期は、副島が朝鮮問題に関して清国側と談判している時期にピッタリ重なっている。また議案の内容も、到底三条自身が考えたものとは思えず、上野が起案したと見るべきだろう。これらのことから留守政府における征韓論の起こりは、副島外務卿及び外務省主導であったと見ることができるのである。

この閣議の模様を、『大西郷・三』基づいて示せば概略以下のようである。

冒頭、清国滞在中の副島外務卿にかわって、上野が、顛末を報告して、わが国居留民が引き上げるか、武力に訴えても修好条約に調印させるか二つに一つ、その裁断を仰ぐために本官が出頭したと陳述し終わると、議論続出した。まず板垣が、居留民保護のために兵士一大隊を釜山に送り談判せよと、まくしたてる。これに対し、西郷は、ただちに軍隊を派遣すると朝鮮を取りに来たと疑惑を招くので、まず使節を派遣し、正理公道を説いて朝鮮政府の反省を求めたならば朝鮮政府もわかるだろうと述べ、兵の派遣に反対した。

三条は西郷の意見を支持したが、使節は護衛兵を率い、軍艦に搭乗していくべきであると述べた。しかし西郷はこれにも反対し、兵は率いず、烏帽子直垂の正装を着し、礼を厚くして行くべきだと主張した。これは正論であるから、板垣は自説を撤回、後藤、江藤も賛成した。岩倉の帰国を待つべきだという意見もあったが、西郷が一国の政府が国家の大事に際し決定できないようでは門を閉じ、政務を撤退した方がよいと釘をさすと、誰も異論を述べる者はいなかった。

そこで西郷は、自分を朝鮮派遣の使節にしてもらいたいとの申し出をした。さすがに留守政府の第一人者を派遣することについては戸惑いの声があがったが、西郷は断固として、自分を使節として派遣することを上奏するように三条に迫った。三条は、「篤と熟考して。」と引き取り、一回目の閣議ではそこまでは決定せず終了した。

そもそもこれは外務省提出案件であり、職務分掌上も、また経過からも使節派遣と決まれば、副島外務卿が使節になるのが常識である。三条もそのつもりであった。しかし、西郷は、副島が使節となることを阻もうとして、敢然と名乗り出たのである。これは決して功名心からではない。副島は名だたる征韓論者であり、外交交渉ではなく、軍事制圧さえをも構想していたこと、外務省をその強硬路線で固め、引っ張ってきたこと、これらは明らかであった。そのような人物に朝鮮問題を任せるわけにはいかない。とすれば自分が名乗り出るしかない。西郷はこのように考えたのであろう。

なるほど筆頭参議たる西郷自らが朝鮮使節になるとすれば名だたる征韓論者副島を朝鮮問題から切り離すことができる。みごとではないか。

③ 西郷は征韓論者か——その1

西郷も人の子、時代の子である。幕末の尊王攘夷論者由来の朝鮮蔑視観の影響を受けていなかったとは筆者も断言できない。しかし、今問題にしている征韓論は、武力で威嚇をし、あるいは武力を行使して、朝鮮を屈服させるべきだという政論である。その意味の征韓論に関する限り、西郷は、既に述べたところから明らかなようにはっきりした非征韓論者であったと言ってよい。

※注：田中彰は次のように述べている。

「この征韓論はすでに幕末から尾をひいていた。江戸時代の日本人の朝鮮観はかならずしも朝鮮蔑視ばかりではなく、当時の知識層、とくに儒者のあいだには朝鮮の文化や学問、とりわけ李退渓《イ・トエギュ》（名は滉《ファン》。一五〇一年～七〇年）の朝鮮朱子学に対する畏敬の念があった、といわれている。だが反面、日本の建国神話や伝説に根ざす古い伝統的な優越意識もあったことは否定できない。幕末期が近づくと国学者によって後者が強調された。そこに外圧が加わるや、反動的な朝鮮に対する侵略意識が強まった。そしてこの征韓論は幕府側あるいは反幕側を問わず、外圧への対応、統一国家形成の一環としてくりかえし説かれたのである（旗田巍『日本人の朝鮮観』）。」（田中『明治維新』講談社学術文庫）

第三章「ニワトリからアヒルの帝国軍隊」で触れることになる吉田松陰、木戸孝允の言説を想起するとこの説明はわかりやすい。

この閣議後、西郷は、自分を朝鮮使節とすることを閣議決定させようとして、板垣、三条らに書簡攻勢をかけた。西郷こそ頑固な征韓論者であると固く信じている人たちは、これらの書簡に飛びつき、これらこそ西郷が征韓論者であることを証する決定的証拠であると持ち上げている。そうした書簡は四通あるので、仮にこれらを乙第一号証ないし第四号証としておこう（これらを乙第一号証ないし第四号証と表記したのは、西郷は非征韓論者だとする主張に対する反駁証拠として成り立つかどうかを検討するが故である）。

乙第一号証は自分を使節として送る決定がなされるように助力を願って板垣に送った七月二九日付書簡、乙第二号証は前半部分で台湾遠征計画の早期決定を求め、後半部分で自分を朝鮮への使節とすることを求めた八月三日付三条への書簡、乙第三号証は八月一四日付板垣への書簡、乙第四号証はいよいよ八月一七日閣議を開き、朝鮮使節派遣を決定するという運びになったので閣議が始まる前に届けた同日付板垣への書簡である。

これらの書簡は、いずれも『大西郷・二』に収録されている。以下にこれら乙第一号証ないし第四号証の書簡の内容を、筆者において、要約・意訳して示し、それぞれについて検討し、筆者の見解を述べることにする。

乙第一号証……「副島も帰国したが、もし朝鮮使節の評議がまだなら病をおしても出席する。

兵隊を先に派遣することはこちらから戦端を開くことになり、修交の趣旨に反する。使節を先に立てるべきだ。そうすれば先方が暴殺するだろう。私は副島君のような立派な使節はつとまらないが死ぬくらいのことはできる。是非、私を遣わしてほしい。」

このころ西郷は体調をこわし、下痢続きだったので、閣議も欠席しがちであった。そのような体調をおして使節が副島に決定されることを必死に阻止しようとしたことが文面からうかがえるのであるが、西郷征韓論者説を唱える人たちは、これを、自分が捨て石になることによって朝鮮出兵の口実を作ろうとしたのだと説く。いわゆる「使節暴殺論」である。しかし、「使節暴殺論」は、征韓論者向けのテクニックに過ぎないとの見解（毛利前掲書）に、筆者は軍配をあげる。

なぜなら、このとき西郷は、丸腰、烏帽子直垂の正装、礼を厚くして談判に及ぶべきことを強調しているのであるが、そのように正装して礼を厚くして訪れる使節が暴殺されるなどということを本心から信じる人がいたとすれば、その人は、朝鮮を突飛で信を置けない国、もっと言えば野蛮な国と見る偏見にとらわれていると言わざるを得ないからである。西郷は、朝鮮を、数百年来、国交を通じてきた国であったのに、王政復古このかたの不正常な関係が続いていることを嘆きこそすれ、朝鮮を野蛮な国と断ずるような狭量さとは無縁であった。そのことは、一覧できる限りの全ての西郷の言行録を見れば明らかであり、むしろ、西郷の唱えた使節派遣論は、無用な戦争を防ぐことを目的とした論であると見るのが常識にかなうであろう。

板垣は、留守政府の参議中では西郷に次ぐ実力者である。その板垣が、閣議で居留民保護のために兵士一大隊を派遣せよと言って、まっさきに武力を用いて談判するとの原案に賛成したのであるから、西郷としてはなんとしても板垣の心を引きつけなければならなかったのだ。その故に多少論理の飛躍があっても西郷は戦争を避けようとしているのではないことを印象付ける必要があったのだ。そこでこんなレトリックを用いたのだろう。

乙第一号証は西郷が征韓論者であることを積極的に証しうるものではないことは勿論、西郷を征韓論者ではないとする筆者の主張に対する反証にもならない。

乙第二号証……（後半部分のみ）「今私どもは事を好みみだりに主張するわけではありません。人事を尽くすことが必要で、是非私を使節として派遣していただきたい。」

これもまた本議案の提出者が三条であり、原案で「居留民保護のためにも、陸軍若干、軍艦数隻を派遣し、九州鎮台にて即応態勢をとり、談判に及ぶべきである」とされていることを念頭に、そうではなくまずは礼をつくした使節として自分を派遣せよとねじこんでいるのであり、むしろ原案反対の立場を示すものである。西郷はこの手紙の写しを板垣にも送っているが、それは板垣を朝鮮派兵強硬論から引き離そうとするための根回しと見てよい。

よって乙第二号証も乙第一号証と同断である。

乙第三号証……「私を使節として送ることを猶予することないようにお口添え頂きたい。使節として送られれば、暴殺されるでしょうが、それをとらえて戦争に持ち込めるので、無駄死にではありません。死なせては不憫だなどともしや思っておられるなら何もできません。」

これは「使節暴殺論」の二番煎じであり、乙第一号証について論評したところに特に付け加えることはない。おそらく西郷が欠席した閣議で西郷を死なせるわけにはいかないというような話があり、西郷はそれを聞き及んでいたのだろう。西郷にしてみれば、そのことは、閣議の議論が、西郷の筋書きに沿って進んでいることを確認できたわけで、内心満足しつつ、議論がそのように流れることを危惧し、その種の同情論に一応釘を刺しておいたものと考えられる。

よって乙第三号証も、乙第一、二号証と同断である。

乙第四号証……「『三条には、一度目は礼を厚くして談判に及べば必ずや暴殺に及ぶからそのときは討ったらよい。「内乱をこいねがう心を外に移して、国を興すの遠略」』などと説いて、西郷を朝鮮使節とするように求めた。閣議には出席してもうひと押しして欲しい。」

これも「使節暴殺論」の三番煎じ、出がらしの茶である。敢えて付け加えることはないが、有名な「内乱をこいねがう心を外に移して、国を興すの遠略」などという物騒なフレーズが出てくるので、この点について一言しておこう。

一八七三年は、国内騒然とし、危機的様相を呈した年であった。農民一揆の件数を見ると、一八七二年は三一件であったが、一八七三年には六一件とおよそ二倍に増えている。しかも、同年五月の徴兵・地租改正反対を掲げ、死刑一五人をはじめ処罰を受けた者二万六九〇〇人余りに及んだ旧北条県（岡山県）美作の一揆、同年六月の蜂起人員三〇万人、毀焼家屋四五〇〇余戸、死傷七〇人（うち二八人死亡）に及んだ福岡県一帯の一揆などその規模が巨大化している（田中前掲書）。さらには各地に不平士族が跋扈し、いつ暴発するやもしれない状況にあった。留守政府内には農民一揆と士族反乱、この二つが結びついて内乱が起きることを危惧する声もあった。西郷は、この「不穏な情勢」を「内乱をこいねがう心」と表現し、これを朝鮮との戦争に打って出ることによってこの情勢を打開できると述べたのだと一般に説かれている。

しかし、これは、一連の経過全体の中で考えると見当違いの解釈であることがわかる。即ち、このフレーズは、あくまでも原案提出をした三条、これにまっさきに賛成した板垣、さらには名だたる征韓論者副島など、当時の閣議メンバーの多くが共有していた意識をズバリ衝き、彼らの意識におもねり、自分を使節として朝鮮に送ることを決定させようとしたのであり、これまた巧妙なレトリックだと見るべきだろう。

よって乙第四号証も乙第一ないし第三号証と同断である。

④ 西郷は征韓論者か――その2

さて、いよいよ八月一七日に至る。当日の閣議では、書簡攻勢が実って、西郷が求めたとおり、西郷を朝鮮使節とすることが決定され、三条はこの決定を天皇に上奏した。天皇は、これを了承した上で、ことは重大なので岩倉らの帰国後に再度熟議し、あらためて奏問すべしと付け加えたとのこと、つまり内定（三条は、西郷に「内決」と伝えている）ということにして、間もなく帰国する岩倉が出席する閣議で岩倉の意見も聞いて正式に決定する、それまで待て、ということになった。

九月一三日、その岩倉率いる使節団の残りの主要メンバーが帰国した。しかし、三条はなかなか閣議を招集しない。西郷は、三条に対し、閣議を開いて朝鮮使節派遣を確定させるよう要請する手紙を度々送る。その結果、一〇月一四日、ようやく閣議が開催されることになった。この間、実に一か月を要した。不思議なことに閣議直前の一二日に大久保が、一三日に副島がそれぞれ参議に任じられている。姜前掲書では、岩倉から参議就任を要請された大久保は、副島と伊藤も参議にすることを求めたこと、大久保の本意は伊藤を参議にすることにあったが、副島が外務卿で一等官、伊藤が工部大輔で二等官であるため抱き合わせで昇格させようとしたものであること、岩倉から大久保を含め三名を参議にすることは無理だと言われてこの時点での伊藤の参議昇格は諦めたが大久保と副島の発令を同時にすることを求めたことなど、その経緯が詳細に述べられている。この一か月の期間の持つ意味はなかなか深い。

その間の動き及び閣議の顛末は次節で述べることとするが、西郷は、続行された翌一五日の閣議を欠席し、そのかわりに自分の言い分をまとめた「始末書」と題する書面を提出した。——事情通にはよく知られているこの有名な書面は、西郷の考えを示す非常に重要なものであるから、少し長いが全文紹介しておくこととする（『大西郷・三』）。

「朝鮮御交際の儀、御一新のきわより数度に及び使節さし立てられ、百方御手をつくされそうらえども、ことごとく水泡とあいなりそうろうのみならず、数々の無礼を働きそうろう儀これあり、近来は人民互いの商道をあいふさぎ、倭館詰めおりの者も甚だ困難の場合に立ち至りそうろうゆえ、御よんどころなく護兵一大隊差し出るべく御評議のおもむき承知致しそうろうにつき、護兵の儀は決してよろしからず、これよりして闘争に及びそうらいては、最初の御趣意にあい反しそうろうあいだ、この節は公然と使節をさし立てらるる相当のことにこれあるべし、もし彼より交わりを破り、戦をもって拒絶すべくや、その意底たしかにあいあらわれそうろうところまでは、尽くさせそうらわでは、人事においても残るところこれあるべく、自然暴挙もはかられずなどとの御疑念をもって、非常の備えを設けさし遣わされそうらいては、また礼を失せられそうらえば、是非交誼厚くなされそうろう御趣意貫徹いたしそうろうようこれありたく、そのうえ暴挙の時機に至りそうらいて、はじめて彼の曲事分明に天下に鳴らし、その罪を問うべき訳に御座そうろう。いまだ十分尽くさざるものをもって、彼の非をのみ責めそうらいては、その罪を真に知るところこれなく、彼我とも疑惑致しそうろうゆえ、討つ人も怒らず、討たるるものも服せずそうろうにつき、是非曲直判然とあい定めそうろう儀、肝要のこととみすえ建言致しそうろうところ、おうかがいのうえ使節私へおうせつけられそうろう筋、御内定あいなりおりそうろう次第に御座そうろう。この段なりゆき申し上げそうろう。以上」

数々の無礼なふるまいがあったのでやむなく兵を派遣するとの提案が閣議になされた。わが国から戦争を仕掛けるようなものでよろしくない。それで、私は、丸腰、烏帽子直垂の正装、礼を厚くしての使節を派遣するべきだと申し上げ、それが認められて、私を使節として派遣することが内定した。もし使節たる私に対してかの国が暴挙に及べばその時にかの国の罪を問うべきだ。……その趣旨を曲げず、簡潔に書き表すとこういうことになる。

なんとまっとうで、情理を尽くした主張であろうか。これを読んだ上でなおかつ西郷を征韓論者だと言う人は、よほど先入見にとらわれていると言わざるを得ない。

この物語冒頭、第1節「はじめに」の中で、この時から二年も経ない一八八五年九月に発生した江華島事件の報を聞いて、篠原国幹に送った手紙の一部を引用したが、もう一度以下の部分に注目して頂きたい。

「朝鮮の儀は数百年来交際の国にて、御一新以来、その間に葛藤を生じ、既に五、六ヶ年談判に及び、今日その結局に立ち至りそうろうところ、全く交際これなく人事尽くしがたき国と同様の戦端を開きそうろう儀、まことに遺憾千万に御座そうろう。」

後に第三章「ニワトリからアヒルの帝国軍隊」で述べる如く、当時、江華島事件については正しい経過ではなく、ねつ造された経過しか公表されていなかった。西郷は、それでもこのような認識を持ち、感想をもらしていることに驚きを禁じ得ない。西郷は、限られた情報しか与えられていなかった当時にあっても、朝鮮を「人事を尽くす」――これは八月三日付三条宛ての書簡にも用いられた言葉である――に値する相手、つまり理性と道義にのっとり誠意ある話し合いをするべき相手と見ているのである。もし、現在知られているような本当の経過を知ったなら、果たして西郷はどのように述べたであろうか。

以上で、西郷を征韓論者とするのは謬論であること、ご納得頂けたであろうか。

5 「明治六年の政変」

(1) 岩倉遣欧使節団のメンバーの帰国後の動向

① 先に帰国した大久保、木戸はどうしていたか

岩倉使節団から、三条の召還訓令により、大久保が取り急ぎ五月二六日に、ついで大久保とは別行動をとった木戸が七月二三日に帰国したことは前に述べたが、この二人は帰国後どうしていたのであろうか。

姜前掲書は、大久保利通文書や木戸日記を読み込み、両名ともにそれぞれ異なる思惑に駆られながら西郷、板垣、江藤、副島、後藤ら留守政府の暴走により混乱させられた国内政治と統治機構と人事

を正常化する策をめぐらし、岩倉をはじめ岩倉使節団の主要メンバー帰朝後に起死回生策に出るべくその布石をそれぞれに打っていたという具合に整理している。しかし、筆者は、帰朝以後の伊藤の台頭と策謀に満ち満ちた舞台回し――それを称賛するつもりはさらさらないのだが――、それこそが「明治六年の政変」を準備したものと考えている。姜説では、右のごとき伊藤の果たした役割を過小評価するように思われる。何にせよ切迫した情勢に対処できないので、助力を求めてきた三条の召喚訓令でやむなく帰朝したにもかかわらず、三条に助力の手を差し伸べ、何らかの具体的な対応策をとろうとさえしなかった大久保、木戸のこの間の動静はやはり不可解と言わざるを得ない。両名の動静には前向きなものは全くなく、結局は諦めの境地で傍観していたと見るのが素直な理解と言うべきであろう。よって姜説には賛同しがたい。筆者は両名の動静を以下のように整理し、評価し、考察した。

（大久保について）

大久保は参議ではなかったが、既に述べたように明治維新政府にあって重きをなしてきた者であり、また当時も大蔵卿という重職にあったのであるから、もし政府内の議論に異論があり、なんとしてもこれを変更させたいと思ったならば、意見表明をし、施策変更の糸口を作れる立場にあった。しかるに、大久保は、君子危うきに近寄らずとばかりに、箱根の温泉につかり、そのあと京都・大阪をめぐる旅に出て、終始、傍観者の立場に身を置いていた。

大久保は、八月一七日の閣議で、西郷を朝鮮使節として送る決定がなされ、天皇の意により内定扱いとなる直前の一五日、ヨーロッパ留学中の、同じ旧薩摩藩出身の陸軍幹部、村田新八及び大山巌宛てに、使節団がパリを訪れた際いろいろ世話になったことを感謝する書簡を送っている。彼らは西郷に近い人物で、とりわけ村田は後に西南の役で西郷と行動をともにしたほどの人物である。そういう人たちへの書簡をこの時期に送ったことはなかなか意味深長である。その書簡の要旨をごく簡潔にまとめると以下のとおりである（萩原前掲書）。

「帰国後の政情は私には手のつけようもない状態だ。傍観するしかない。その詳細を書きつくすことはできないので送った新聞を読んだらわかる。今、『蜘蛛の糸の巻きあい』のようなことをしてもどうしようもない。使節団も帰れば役者もそろうので、秋には元気も回復するだろう。」

まず大久保は、帰国後の政情について「手のつけようもない状態」と言うのみで、送った新聞を読んだらわかるなどとほのめかしているのであるが、これは一体何を指しているのであろうか。一般に、i．内閣が西郷を朝鮮使節として送る方向に動いていること、ii．使節団のメンバーと取り交わした約束に反し、留守政府が急進改革を推し進めてしまったこと、iii．井上、渋沢辞任を招いた大蔵省の紛糾、の三点が指摘されている。しかし、毛利敏彦によると、西郷が村田らに送った新聞を該当期間から割り出してしらみつぶしにあたってみたところ、iの問題は一切記事になっておらず、iiの急進的改革の数々とそれに反発する農民暴動、iiiの大蔵省の紛糾とそれに関連問題などがクローズアップされるとのことである（毛利前掲書）。そうであればiの朝鮮使節派遣問題を「手のつけようもない状態」の一つに数えるのは一般の征韓論言説にあわせた憶測に過ぎないことになる。つまり、大久保の批判の目は、この問題には向かっていなかったのである。

次に、大久保は、西郷と近い関係の二人に対する手紙であるにもかかわらず、西郷の様子に一切触れていないことが注目される。それは、大久保が、西郷との間に決定的な距離を感じていることを示しているように思われる。萩原延壽は、以下のように考察している（萩原前掲書）。


「維新革命の意義を問い続ける西郷と、維新革命によって成立した維新政権は何を為すべきかを模索する大久保と、まずこのあたりに二人の相違の種は胚胎していたと思われる。たとえばつぎのような情景は、おそらく大久保の場合、おこりえなかったことであろう。

『今となりては戊辰の義戦も、偏に私を営みたる姿になり行き、天下に対し、戦死者に対し面目なきぞとて、頻りに涙を催されける。』（「南洲翁遺訓」）

（中略）

もう一度革命が必要なのではないか。いや、別の維新革命がありえたのではないか。西郷の懐疑はふかく内に沈んでいった気配である。」


印象深い考察である。筆者も西郷が明治維新の理想と現実のギャップを見て、明治維新の継続・深化を模索していたのではないかと考える。だから現実の上に立って有司専制による強力な政権を打ち立てようとした大久保は西郷との間に決定的な距離を感じていたのだろう。しかし、そのような抽象的な議論ではなく、ここでは具体的な国内の政治運営の問題という観点から考えてみるべきではないだろうか。そうすると以下のようになりそうである。

大久保は、西郷が筆頭参議として引っ張ってきた留守政府が、岩倉使節団との誓約に反して急進的改革をどんどん進め、大蔵省の最高幹部である井上、渋沢を辞任に至らしめ、あまつさえ太政官職制を改正して参議の権限を高め、内閣を国政の最高意思決定機関と位置付け、太政大臣の権限を骨抜き・名目化するような制度改革をしたこと、ひとことで言えば留守政府が、大久保構想――三条、岩倉を利用した大久保の有司専制――に挑戦をしてきたことに反発を覚えたのだと。

しかし、大久保は、諦めの境地から、その反発を行動に移さず傍観者然としていたのである。

（木戸について）

一方、木戸はといえば、帰国以来、参議であるにもかかわらず、閣議を欠席し続け、ただ一度、八月中（日付は特定できない）に、三条宛てに意見書を送っているだけである。その手紙の要旨をごく簡略に示せば以下のとおりである（毛利前掲書）。

「琉球人を殺害した台湾原告住民懲罰の軍を派遣するのは当然だ。また無礼な朝鮮を討つのは当然だ。しかし、今は財務を健全にし、国力をつけるのが先決問題だからそれらの軍事行動は時期尚早である。」

まず台湾への軍派遣を主張しているのが目につく。一方征韓論に関しては、朝鮮を討つのは当然だが時期尚早だと言っているのみであるから、この意見書は、三条の提出した議案に対する反対を表明するものではあっても、西郷の主張する使節派遣論に直接かみ合うものではない。

木戸は、八月三一日、馬車から落ちて頭、肩を痛打し、頭痛が続くようになりその後も閣議を欠席し続ける。木戸日記によれば九月一六日には脳の異変を覚え、一七日には左足の不自由を覚え、典医ホフマンに診てもらっている。その体調異変もあって、冷徹な論理の人である木戸らしくもない沈滞ぶりである。そのような沈滞の一番の原因は、おそらく木戸の神経質な心に、既に述べた旧長州藩出身者の凋落と彼らに対する江藤率いる司法省の厳しい追及の手が迫っていたことが大きな負担となっていたのではないだろうか。これまた諦めの境地から傍観者然としていたと言わざるを得ない。

② 岩倉、伊藤の帰国

大久保にしても木戸にしても、三条の召還訓令により使節団の一行から離れて早く帰国したのに、全く生彩を欠く状態が続いていた。そこに、九月一三日、残りの一行が帰国してきた。ようやく役者は揃った。

しかし、それでも大久保、木戸は自ら積極的に動き始める気配は一向に見られない。

(伊藤の帰国直後の動き)

その二人にかわって精力的に動いたのが伊藤であった。九月一四日、旅の疲れを癒す間もなく、伊藤は木戸のもとを訪れる。経緯を語れば長くなるので省略するが、木戸は、自分にとっては一番弟子とも言うべき伊藤に対し、使節団の道中での同人の言動、人間関係——対立関係にある大久保に同人が接近し過ぎていること——に不満を募らせていた。それを察知して、伊藤は細心の心配りをしたのだろう。心憎いばかりである。

さすがに木戸も、その心配りに心を開いたようだ。『木戸日記』の当日九月一四日のくだりには次のように記されている。

「伊藤春畝来訪、欧州一瞥以来の事情を承了し、また本邦の近情を話す。」

※注：春畝《しゅんぽ》とは、伊藤博文の号。

「欧州一瞥以来の事情を承了し」との微妙な言い回しに木戸の伊藤に対する屈折した思いが示されているように思われる。

翌一五日、木戸は、伊藤宛てに要旨以下のごとき手紙を送った（毛利前掲書）。大久保のことにはひとことも触れられておらず完全無視である。この気弱というか退嬰的というか、かつての木戸を知る伊藤には信じられない姿であっただろう。しかし、かつて兄とも師とも仰いだ木戸、もう一度舞台に上がって欲しいとも考えたに違いない。

「自分は、岩倉からも留守政府からも信用されていないし、自分も彼らを信用していない。だから辞職したい。」

木戸は前述の「小野組転籍事件」について、二一日、二二日と、要旨以下のごとく、まるで愚痴るかのような手紙をたて続けに伊藤に送っている（毛利前掲書）。彼は、弟子とも言うべき槇村らに対する裁判所の強硬姿勢、そのバックボーンとなっている江藤参議兼司法卿によほど反感を抱いているようだ。

「こんなふうに身分ある官員を取り扱ったことは幕府でもなかった、裁判所など天下のためにも人民のためにもならないから廃止した方がよい。」

伊藤自身はどうかと言うと、単なる「周旋屋」として動いているだけではない。伊藤にとって、井上は旧長州藩の同志の中でも最も親しく深い仲である。ともに長州藩を脱藩してイギリスに渡った仲間である。英米仏蘭連合艦隊による下関砲撃の時にも、二人はイギリスから急いで帰国、ともに講和、藩論転換に尽力した。その井上を含め旧長州藩出身者たちが江藤によって窮地に立たされている。だから伊藤が、江藤、それを許している西郷に対する敵愾心を持ち、彼らを追い落とし、同時に旧長州藩出身者たちの復活に尽力しようと考えたとして何の不思議もない。

（岩倉の帰国直後の動き）

岩倉はどうか。岩倉が政治活動を再開するのは一五日になってからのようである。岩倉は、一五日、三条と面談、当面する問題について話し合った。その結果を踏まえであろうと思われるが、岩倉は、一九日、岩倉使節団がパリ滞在中に世話になった駐仏公使（中弁務使）鮫島尚信に書状を書き、当面する重要課題を自分なりに整理している。要約すると以下のとおりである（萩原前掲書）。

「i．大蔵省の井上、渋沢らの辞職、これにはいろいろ言われており心配だ。ii．島津久光の問題は一応おさまったがその進退が懸念される。iii．農民一揆は落ち着き、今年は豊作であるが、今後も心配なのでおだやかな改革にしたい。iv．台湾遠征はいずれやらねばならないが、すぐ着手とはならないだろう。v．朝鮮征伐も同じ。vi．樺太におけるロシア側からの圧迫は放置できない。談判を始め、始末しなければならない。」

※注：岩倉は、後述の一〇月一四日の閣議においても、西郷への反論の第一に、このviの樺太問題を先決問題としてあげているように、この問題に執着しているように見える。樺太は、一八世紀後半以来、わが国の人々とロシアの人々が雑居して、いずれの地とも決しかねる状況が続いていた。一七八四年、ロシアがアラスカを七二〇万ドルでアメリカに売却、その住民を樺太に移住させてから、ロシアの人々が樺太を席巻し、大勢は決したかの如き状況になった。一八七一年五月、日本政府は、副島参議をポシェット（ロシア沿海州の港湾）に派遣してロシアと談判に及んだが失敗、以後樺太問題は外交問題からは消え、岩倉使節団が訪ロしたときも議論の対象にはならなかった。姜は前掲書で、岩倉が樺太問題を持ちだしているのは、

ロシアとの間で樺太問題の最終決着を図り、ロシアの朝鮮進出をけん制しようとしたもので、樺太問題は朝鮮問題であると述べている。検討に値する見解である。この点については次節「まとめ」で少し触れることにする。

ここで注目してほしいことは、これによると岩倉は、外交案件では、ロシアによる樺太圧迫問題を最重要問題と考え、すぐにも交渉開始して始末すべきこととしている一方で、朝鮮問題については「朝鮮征伐」との位置付けをしつつ、急いですることではなく将来の課題だと述べ、朝鮮使節派遣に一言も触れていないことである。朝鮮使節派遣は、岩倉の念頭には全くない。

いずれにしても大久保、木戸、岩倉の言動を見る限り、この九月中旬過ぎの時点で、朝鮮使節派遣として提起されている案件については一切話題にはなっていない。大久保は朝鮮問題には一切触れていない。木戸は朝鮮問題について朝鮮は討つべきだが時期尚早と言い、岩倉にとっての朝鮮問題は将来の課題としての朝鮮征伐というものであった。要するに、この時点までは、一〇月に起こるいわゆる征韓論政変を予知させるような兆候は微塵も認められないのである。

③　伊藤が描く大久保を軸とする政権構想

i　伊藤の周旋、策略に乗ってこない木戸、大久保

この頃の伊藤は、未だ西郷、木戸、大久保ら維新三傑の後塵を拝する位置にあり、官職も工部大輔

に過ぎない。しかし、さすがは後にわが国を代表する政治家となるだけの人、早くも、この時期に、その片鱗をあらわしている。

伊藤を「知の政治家」と高く評価する瀧井一弘は、その著『伊藤博文——知の政治家』(中公新書)の中で、この時期の伊藤の働きぶりについて、「松陰が認めた『周旋家』の面目躍如である。だがそのような活動の裏には、『制度の政治家』のパトスが脈打っていることを忘れてはならない。」と述べているが、筆者がこの時期の伊藤を評するなら、「知の政治家」でもなく、「制度の政治家」でもなく、躍動する「周旋家」、「策略家」というところが至当である。

伊藤は、木戸が、意気消沈し、辞職したいなどと漏らす中、頻繁に木戸を訪問して情勢報告をして、その奮起を促す一方で、大久保の政治家としての力量に惚れ込み、大久保とも密に話し合い、次第に大久保を軸とする政権構想を描いて行くのであった。そのことを端的に示す伊藤の九月二七日付の三条、岩倉宛ての手紙がある。要旨は以下のとおりである(毛利前掲書)。

「重大切迫する事件が数々あります。これを乗り切るには、大久保なしでは無理です。木戸、大久保両氏と、三条公、岩倉公の協力が必要です。そのためには、まず大久保を参議に任命されなければなりません。」

ただ一点、注意を促しておけば、三条、岩倉、木戸、大久保の四巨頭の一致協力を要請しているのは、数々の重大切迫する事件に対処するためということであって、これもまた朝鮮使節問題には焦点があてられていないことだ。

かくして傍観者たらんとしていた大久保の参議かつぎ出し作戦が始まる。しかし、肝心の大久保は、三条、岩倉の参議就任要請を頑なに拒み続ける。どうも、島津久光の嫌忌を気遣っていたようだ。そういう趣旨のことが、三条が岩倉に送った書簡に書かれている。三条もお手上げの体だ。伊藤は、数々の重大切迫する事件を乗り切るためなどと漠然とした目的を挙げていたが、その程度のことだけで大久保をその気にさせることは難しいということを思い知らされた。

このままでは伊藤の画策も頓挫していたかもしれない。

ii　伊藤、征韓論により政局打開へ

ところが、丁度そのころ、西郷から三条に、内定していた朝鮮使節派遣を閣議で最終決定するようにとの矢のような催促が何度もなされ、あせった三条が岩倉に書簡を送り、「困ったものだ」と愚痴をもらした。それが九月二八日である。岩倉があわてて西郷のもとを訪ねると、朝鮮使節派遣を決めるようにねじ込まれた。それが九月三〇日のこと。このあたりで岩倉、伊藤にも朝鮮使節派遣問題の重要性が認識されるに至る。伊藤にとっての重要性はそれを自分の描く政権構想を実現するためのテコにできるということであった。伊藤は、その一方で、大久保を参議に任命することと留守政府が暴走して参議に任命した後藤、大木、江藤の三名を解任することをセットにした人事構想を明確にした。そしてその人事構想を大隈に打ち明け、諾否を打診したところ、承諾が得られたとして、直接、三条、

岩倉にも採用方要請をした。これは、一〇月に入って早々のころのことである。

この間、木戸は、前述したように落馬事故の影響と思われる脳の異変で動くこともままならない。大久保は、参議就任要請から逃げ回っている。まさに伊藤の智謀が冴えわたり、策略をほしいままにして伊藤は絵を描き、シナリオを書いて、舞台を準備していくことになる。伊藤は、西郷が用いたレトリックとしての使節暴殺論を逆手にとって、使節派遣イコール朝鮮との開戦と決めつけ、つまり征韓論を争点化することにより、三条、岩倉、木戸、大久保の四巨頭を結束させ、あわせて参議の人事も一新し西郷の影響力を排除した薩長中軸、大久保主導の体制を作り、伊藤自身もその中に滑り込もうとしたのであった。

このようにして朝鮮使節派遣是か非かという議論は、ことさらに対朝鮮開戦是か非かという征韓論にすり替えられ、一点突破、全面展開が図られる。伊藤の策略の多くはみごとに成功し、実現することとなるが、少しあてが外れたこともある。伊藤の描いた絵の中には、後藤、大木、江藤の三名の解任とともに西郷、板垣も辞職することが入っていたのだろうが、大木が途中で大久保につき参議として残ったこと、後藤、江藤は解任ではなく辞職だったことだ。だがその結末を見るのはもう少し先のことになる。

ついに大久保も岩倉も、伊藤の描くシナリオに従い、その役回りを演じる役者として、舞台に登場することになった。否、むしろ大久保は、自らも脚色し、主役を演じ始めたと言うべきだろう。一方、三条はこのシナリオをそのまま受け入れることもできず、またこの舞台に登り切ることができなかった。三条は、このような策謀とは無縁の全き善人だったのだ。

(2) 決戦の火ぶたが切られた

① 岩倉、大久保の論理の脆弱性

i 立ち上がった大久保

さて、大久保は、参議就任を固辞し続けていたが、頃あいを見はからい、伊藤の奔走の結果自分の価値が十分にあがったことを見定めたかのように、おもむろに、二つの条件を持ちだし、それが受け容れられれば参議を拝命する旨、三条、岩倉に回答した。

その条件の第一は、三条、岩倉が朝鮮使節派遣延期の決定に至らせることを確認し、決してそれを中途で変えないことを確約する「御書面」を交付することである。三条、岩倉は、これに応じて一〇月一〇日、その旨確約する「御書面」を大久保に渡した。同日、それを一読した大久保は、三条、岩倉に宛て参議就任の「請書」を差し出した。その請書の文面は以下のとおりであった（姜前掲書）。

「御書面拝読仕りそうろう。今般小臣進退に就き御旨趣相伺いそうろう処、確定の御目的詳細に聞こし示され、判然了得仕りそうろう。此の上は御旨趣を遵奉し、惟命惟従、譾劣《せんれつ》を顧みず（筆者注：我が身を顧みず）砕身仕りそうろう。」

ここに「確定の御目的」とは朝鮮使節派遣延期のことであり、その理由として派遣すれば暴殺され、開戦となること必定だが、今軍備が整っていないということが挙げられていた。

条件の第二は、大久保だけではなく外務卿副島も参議に任命し、かつ参議ではない伊藤にも閣議列席を認めて欲しいということであった。これも受け容れられたことは言うまでもないが、大久保が、おそらくは伊藤のさしがねで、副島を参議に任命することを求めたのは、副島も他の参議らと一緒に責任を取らせる含みがあったのではないだろうか。

※注：副島は、先述のとおり日清修好条規の批准書交換を表向きの任務とし、台湾問題に関して清国と談判するとの密命を帯びて、一八七三年三月から七月まで全権大使として清国を訪問したが、このとき、清国との間で、任務にはない朝鮮問題を話し合い、自説を述べたことで、政府部内で、余分のことを話過ぎた（大言壮語だった）との批判を受けていた。また副島は、安政以来の修好通商条約締結諸国の人々の内地旅行の自由をめぐる交渉において、それを容認する姿勢を示していたことについても政府部内で批判を受けていた（パークスの一八七三年一一月七日付及び一二月八日付本国外務省への報告書／萩原前掲書）。

こうして大久保が後顧の憂いなくその力を発揮できる環境を整えられた後、大久保は一〇月一二日、副島は一三日にそれぞれ新たに参議に任命された。

大久保はやはりつわものであった。閣議で激論となって西郷を進退窮まるところまで追い詰めることを回避し、西郷に譲歩して内々の処理を目指そうとした三条、岩倉を叱咤激励して、伊藤のシナリオの上を行く迫真の演技を演じ通した。大久保にとって、岩倉使節団の一員として日本を離れる前にした誓約を無視して次々と急進的改革を実施し、政府の重要人事に手を付け、それまでに切り開いた有司専制体制への道をほじくり返し、ひっかきまわした西郷と留守政府の新参参議らは、そんなことでお茶を濁し、のさばらせておけるような相手ではなかった。大久保にとっては、彼らを追い落とすことは、有司専制の大久保政権を確立するための至上命題であり、決戦の場ともなったのである。

ii　いざ決戦――しかし……

一四日、閣議開催。いよいよ決戦の火ぶたは切られた。閣議での主な発言は以下のとおりである（毛利前掲書・萩原前掲書）。なお、木戸は病気欠席である。

西郷　八月一七日の閣議決定を確認し、朝鮮使節派遣を求める。

岩倉　樺太問題が先だ。朝鮮使節派遣は、開戦に直結する。延期するべきだ。今、使節を送り、開戦した場合、財政、内政、外交に困難をもたらす。戦争準備を整えてからにすべきだ。

大久保　朝鮮使節派遣は、即開戦となるので延期すべきだ。今、使節を送り、開戦した場合、ア．戦争の混乱に乗じて不平士族の反乱がおこる、イ．数万の派兵と巨額の戦費調達は人民の生活を苦しめ、騒擾をひきおこす、ウ．戦争は財政面から政府を崩壊させる、エ．戦争は軍需品の輸入増大をもたらし、経済をかく乱する、オ．朝鮮との戦争はロシアに漁夫の利を得させる、カ．戦費調達のために巨額の外債を必要とし、既存の外債の償還にも影響し、イギリスの介入を招く、キ．条約改正問題を抱える今、朝鮮戦争はマイナスで、国内体制

江藤　の整備につとめるべきだ（大久保利通建白書に基づき陳述）。
　　朝鮮使節派遣と樺太問題とは次元の異なる問題。前者は国と国との関係の問題。後者は民と民とのトラブル。朝鮮使節派遣即開戦なる論は、既に朝鮮との関係が破綻しており、戦端を開くべき事態にあることを前提とするもの。それでありながら戦争準備が整うまで使節派遣を延期せよとは論理矛盾ではないか。

※注：江藤は、岩倉、大久保の論理矛盾をついているだけで、朝鮮問題について自らの立場を明示していない。またこの一連の政治過程での明確な発言をしていない。従って江藤が征韓論者であったと断じることはできない。

　岩倉、大久保の主張は、朝鮮即時派兵を主張する強硬論者、筆者が定義した武力による威嚇、武力行使により朝鮮を屈服させようとする征韓論者を使節派遣に賛成させるために西郷が用いた使節派遣＝使節暴殺＝開戦というレトリックを逆手にとったもので、伊藤のシナリオどおりである。しかし、江藤がいみじくも指摘したように、それは論理矛盾のできの悪い議論だった。

　それはともかくとして、さすがにこの日は決議にはいたらず、閣議は、一五日に続行されることとなった。

② それでも八月一七日の閣議決定は維持された

一五日の閣議には、木戸は引き続き欠席、西郷は、前述のとおり「始末書」を提出し、欠席した。「始末書」全文をもう一度読み返して頂きたい。前日の、岩倉、大久保の意見である使節暴殺、使節派遣即開戦論がいかにも空虚であることが理解でき、それに対する有無を言わせぬ反論になっていることが確かめられるであろう。さすがにこのような反論にあっては、伊藤、大久保の手を尽くした準備も、大久保の死を賭したかのような大仰なセリフも無駄骨であった。

※注：大久保は一四日の閣議前に「小子が憂国の微志を貫徹して、各々奮発勉強、心を正し知見を開き、有用の人物となりて国のために尽力して、小子が余罪を補う」との決死の覚悟を示した文書を残している（猪飼前掲書）。

それかあらぬか閣議はまとまらず、三条、岩倉の評議と三条の裁断に委ねられた。三条は、悩みに悩んだあげく以下のような裁断を下した（萩原前掲書）。

「実に西郷進退に関係そうらいては御大事につき、やむをえず西郷見込みどおりに任せそうろうところに決定致しそうろう。」

議論の限りでは八月一七日の閣議決定をひっくり返すだけのものは何もなかった。むしろこれを維持しようとする西郷の正論がはるかにまさっていた。伊藤のシナリオによる舞台に上がり切ることができなかった善人三条の裁断に委ねられた以上、これは当然の結論であった。

この三条の裁断は、再開した閣議で全員一致承認された。大久保も「御異存は申し上げず」と、これに従ったのであった。

ここに伊藤の描いたシナリオは最後まで演じ切られずに終幕を迎えたかのように思えた。

③ 逆転のシナリオ――驚くべき陰謀と奸知

大久保は、命に従って忠実に動いたが、三条、岩倉が「御書面」による誓約に反して初志貫徹しなかったことに立腹の体で、断然辞職だと息巻き、一七日、三条邸を訪れ、参議辞職を申し伝えた。

しかし、事実は小説よりも奇なりであった。まだ逆転のシナリオがあったのである。三条、岩倉が大久保に、参議就任受諾時に確認したことが貫徹できなかったことを、要旨以下のごとく必死に謝罪したことが逆転のシナリオの糸口になった（毛利前掲書）。

三条「もともと最初の軽率な行動が今日の事態をまねいてしまった。このうえは僕が海陸軍総裁となって軍を率いて戦う。」（一〇月一五日付岩倉宛ての三条書簡）

岩倉「断然決意を貫徹するつもりであったが、このようなことになって面目ない。同封の書簡で、三条公が海陸軍総裁となって戦う云々のことお含み頂きたい。」（同日付大久保宛の岩倉書簡）

大久保は、このような謝罪を受け入れて事をすますほどの小物ではない。一六日は悠然と三度のメシより好きな囲碁に興じ、翌一七日から大久保は、一転して忙しく動き回る。まるで、大久保には、こうなることも予測のうちに入っていたのかもしれないと思わせるような動きだ。一度は「御異存は申し上げず」と従った三条の裁断、閣議決定をひっくり返すべく、決然たる行動に打って出るのである。一七日朝、三条を訪ね、辞表提出。おそらく伊藤が根回しをしたのだろうが、木戸も同日三条に辞表提出。さらに、おそらく大久保、木戸、伊藤の三者と示し合わせてのことであろうが、岩倉も三条に辞意を表明する。これにより全き善人三条は精神の錯乱をきたし、執務不能となる。三条の様子について、西郷は、桐野利明、別所晋介宛てに書簡を書き、次のように述べている（『大西郷・一二』）。

「副島のはなしに、条公は前晩までは岩倉卿へ向かい、海陸軍を率い、自ら討征すべき旨ご返答相成りそうろうくらいに御座そうろう由。憐れむべき御小肝故か、終に病を発せられ、残念の仕合いに御座そうろう。……後略」

ここで伊藤が逆転のシナリオを完結させる。宮中を動かして岩倉を太政大臣代理に任命させ、天皇への上奏手続きを三条にかわってとらせるという秘策を書き加えたのだ。大久保はこれを「ただ一つの秘策」として採用、勇猛果敢に突進する。

「此上の処、他に挽回の策なしといえども、只一つ秘策あり」（大久保利通日記一八七三年一〇

月一九日／姜前掲書）

かくして大久保は、旧薩摩藩出身の宮内少輔吉井友実に働きかけ、宮内卿徳大寺実則を説き伏せ、とうとう岩倉を太政大臣代理職につけてしまい、二三日には岩倉が太政大臣代理として閣議決定を上奏する手筈となった。あとは岩倉がどこまで頑張れるかだ。そこで二二日、岩倉に書簡を送り、叱咤激励する（大久保利通文書五／萩原前掲書）。

「さて明日の処、国家の安危に係る御大事、ただただ御一身に基する一挙と存じ奉りそうろう。……つらつら往時を回憶すれば、丁卯《ていぼう》の冬、御奮発、一臂《いっぴ》の御力を以て基本を開かせられ、終に今日に立ち至りそうろう処、あにはからんや、此の如き難を生じ、偶然御責任に帰しそうろうも、畢竟天賦というべし。是れ閣下をして始終を全うせしむるの謂かと愚考仕りそうろう。……」

大久保は、岩倉に、「丁卯の冬」（丁卯とは慶応三年のこと。共に死力を尽した王政復古のクーデターのことを岩倉に想起させている）以来、戊辰戦争から維新変革に至るまで、ともに手を携え、苦楽をともにし、明治維新政府をつくってきたことを思い起こさせ、その政府を新参の参議たちにかすめ盗られてなるものかとばかりに奮起を促したのである。ここに図らずも大久保の真意がほとばしり出ている。既に「断然奮起」を誓った岩倉も、同日、大久保に返書を送り「不肖実に恐怖の至りに存じそうらえども、不抜の一心、必ず貫徹の覚悟、決してご懸念下さるまじく」と答えたのであった

（姜前掲書）。

こうした動きを察知した副島は、再度閣議を開くことを岩倉に求めた。しかし、岩倉は、これに応じなかった。そこで二二日、西郷・板垣・副島・江藤ら各参議は岩倉邸に押しかけ、朝鮮使節派遣の閣議決定を早急に上奏するよう要求した。このときの問答として伝えられるところは以下のとおりである（『大西郷・三』）。これは多少の脚色があるかもしれないが、客観的な経過によく符合しており、筆者はおおむね信じるに値すると思う。岩倉は、もはや理性も論理もかなぐり捨て、問答無用とばかりに江藤、西郷の正論を切り捨てたと言う外はない。

江藤　さいぜんの御言明どおり、卿には三条太政大臣の御代理、それに相違御座らぬか。
岩倉　御念には及ばぬ。
江藤　然らば、大使派遣の儀は御同意で御座ろうな。
岩倉　どうして、拙者は同意で御座らぬ。
江藤　それでは代理ということの意味が立ち申すまい。代理というものは本人に代わって、本人の意思を実行するので、本人の意思と離れて代理というものはない。大使派遣には本人なる三条卿は同意せられている。その代理なる貴下が貴下の意思を加えて奏聞せらるゝるわけには行き申すまい。
岩倉　江藤参議のご意見じゃが、拙者はそうは考えぬ。人が違えば意見も違う。それはやむを得ぬ次第である。

江藤　たとえ意見は違っても、代理は本人の意思を実行すればよろしい。
岩倉　なんと言われても拙者の眼の黒い間、諸公の意見などを通させはせぬ。聖上の御親任によって拙者は代理を務むるのじゃもの。
江藤　何と仰せらるゝ。……聖上の御親任さえあれば、太政大臣代理が勤まるとは、誠に以て言語同断の御言葉、小官らは、かかる暴慢を敢えてせらるゝ人の下にあるを潔しとしない。
西郷　今、貴卿より聖上との御言葉を承ったが、この事は、既に三条卿より内奏あり、御裁可の御沙汰のあったことである。それを今さら御詮議なさるのは、却って聖意に背くことになり申さぬか。
岩倉　何とあろうとも、拙者は再議に附する。たとい聖上の仰せにせよ、不善は諫奏してもおとめ申すが輔弼の大任を受くるものの責任じゃ。
西郷　もうは何も申さぬ。貴下の御勝手になさるがよい。西郷はこれにて御免こうむる。

岩倉は、二三日、西郷朝鮮使節派遣の閣議決定にそれは不可であると信ずると付け加えて上奏した。岩倉は、五月の「太政官潤色」なる正院事務章程改正により、合議制の内閣を政府の中枢機関とし、上奏書には内閣議官たる参議の連印を必要とする旨定めたことを完全に無視し、また右の論戦で論理の破綻をきたしたにもかかわらずそのことに恥じるところもなかった。つまり岩倉は、法と論理を無視し、強引に留守政府の有力者一同を切り捨てたのである。これは明治維新政府の最大の汚点と言わねばならない。

天皇の宸断は、二四日に下るのであるが、西郷はそれを待たず、勝負あったとばかりに二三日に辞表提出。その辞表には次の一文がしたためられていた。本文はちょうど三行と半行。まさに三くだり半。まことに西郷らしい身の引きようである（『大西郷・二』）。

「胸痛の患いこれあり。とても奉職まかりありそうろう儀あいかなわず本官並びに兼任御免仰せ付け下されたく願い奉りそうろう。これらの趣よろしく御執奏成り下されたくこいねがい奉りそうろう。以上。　但し位記返上仕りそうろう。」

恨みごと一つ言わず、今はただ去るのみ。辞表は同日受理、あわせて近衛都督（陸軍の実質的な長）の任も解かれた。かくして西郷は、「帰りなんいざ」、と鹿児島へ引きあげ、かの地にひっそりと引きこもることになる。西郷の名が、再び中央政界をかけめぐるのは、西南の役まで待たねばならなかった。西郷に続いて、二四日、板垣、後藤、副島、江藤が辞表提出。二六日受理となった。

その前に出されていた木戸、大久保の辞表は受理されず、参議としてとどまることになり、最初から伊藤、大久保に同調した大隈、日和見的態度をとって最後は大久保に同調した大木の両名も残留、右四参議の辞表受理と同日、新たに伊藤、勝海舟、寺島宗則が参議に就任、政府構成は一新され、さらに大久保の建言により、参議は各省長官を兼務（参議・省卿兼任）することになった。

その陣容は以下のとおりである。この中で、内務省の新設と大久保の内務卿就任が特に目を引く。

木戸　　参議兼文部卿
大久保　参議兼内務卿（一一月、内務省新設後）
大隈　　参議兼大蔵卿
伊藤　　参議兼工部卿
大木　　参議兼司法卿
寺島　　参議兼外務卿
勝　　　参議兼海軍卿

※注：内務省は、大蔵省の勧業、戸籍、駅逓、土木、地理の各寮（「寮」は現在の「局」に相当する。）、司法省の警保寮、工部省の測量司（現在の国交省・国土地理院の前身）を併せ、六寮一司からなり、その職掌範囲は、地方行政、警察行政、衛生行政、土木行政、社会政策など広範に及ぶ。内務省は、戦前、省庁の中の省庁として大きな権力を振るった。

以上の政変は明治史上、エポックをなすドラマであり、「明治六年の政変」と称される。これは、西郷・江藤・板垣・後藤を切り、その影響を排除し、有司専制と言われる大久保政権の確立という結果を生み出した。しかし、薩長藩閥政権が担う絶対主義的天皇制国家の確立はまだまだまだ先のことだ。そのためには、もう一つのエポックをなすドラマ、「明治十四年の政変」を見る必要がある。それまでカオスはまだまだ続く。

(3) 「明治六年の政変」とは一体何だったのか

再び前出の高等学校用教科書を取り出してみよう。先の引用箇所から少し進んだところに、次のように記述されている。

「征韓論が否決されると西郷隆盛・板垣退助・江藤新平・副島種臣らの征韓派参議はいっせいに辞職し(明治六年の政変)、……」

このように「明治六年の政変」とは、征韓論が受け容れられなかった筆頭参議西郷以下の合計五参議が辞職して下野したことだという説明は、一般に広く行きわたっているものと思われるが、これが誤りであることは、ここまで述べて来たところから、十分理解して頂けただろうと思う。

「反征韓派」とされる岩倉、大久保、伊藤、大隈らは、内治優先・戦争回避を唱え、使節派遣イコール開戦との論によって西郷を使節として朝鮮に派遣する旨の従前の閣議決定を葬り去った。彼らによって掌握された政府は、政変からわずか四か月後の一八七四年二月、「台湾蛮地処分要略」を策定、台湾への武力行使を決定し、同年五月に征台の役を敢行した。それだけではなく政府は、「台湾蛮地処分要略」策定と同じ頃に大久保、大隈が作成した「朝鮮遣使に関する取調書」に基づき、対日姿勢を改めさせるために朝鮮への武力による威嚇をし、機を見て朝鮮に使節を派遣することを決定した。

そして翌一八七五年五月、実行に着手、その延長上において、翌一八七五年九月、朝鮮への武力行使を敢行（江華島事件）、さらに一八七六年二月、西欧列強の砲艦外交をまねて使節を朝鮮に送り込み、軍兵の威嚇の下で談判に及び、日朝修好条規を押し付けたのであった。

「明治六年の政変」を右の如く説明することは真実をへだたること甚だしいと言わねばならない。

※注：「朝鮮遣使に関する取調書」は、使節派遣を前提として、朝鮮の「国情」・「兵備」・「版図ノ形勢」を探索するとの名目で朝鮮沿岸に軍艦を派遣し、朝鮮への干渉を進めることを建議するものであった。

そこで、ややしつこいかもしれないが、あらためて「明治六年の政変」とは一体何だったのか、確認しておきたい。

①「蜘蛛の糸の巻きあい」の如き対立と抗争——政変前と政変後

まず「明治六年の政変」の原因となった対立と抗争——大久保の表現を用いれば「蜘蛛の糸の巻きあい」——、それが政変によってどうなったのかを簡潔に整理すると以下のようになる。

（政変前）

i　一八七一年八月、太政大臣三条、右大臣岩倉、参議西郷、木戸、板垣、大隈及び参議ではないが大蔵卿として大きな力をもっていた大久保らが重きをなす政府が発足して以来の、木戸の急進的改革志向とそれに反発する大久保の漸進改革・有司専制志向の対立。

ii　西郷率いる留守政府が、書面で取り交わした誓約に反し、急進的改革を次々と進めたことへの岩倉使節団主要メンバーの危機意識、反発と対抗意識。

iii　留守政府における旧肥前藩、土佐藩勢力の台頭と旧長州藩勢力の凋落、旧長州勢力に対する江藤率いる司法省の法的追及に木戸、伊藤が危機意識を持ち、勢力挽回と旧肥前藩、土佐藩勢力の追い落としを図ろうとしたこと。

iv　留守政府が、太政官潤色などと言い繕って、参議・正院（内閣）の権限を強化する一方、太政大臣の上奏権を骨抜きし、大久保の志向する有司専制の基盤を掘り崩してしまったこと。

v　朝鮮への大規模出兵論を唱える副島外交に対する危惧

（政変後）

iについては大久保政権の確立、木戸の体力・気力の衰えによって次第に解消して行った。

iiは、西郷率いる留守政府の壊滅により決着を見た。

iiiについては、旧肥前、旧土佐藩勢力地滑り的退潮、旧長州勢力の復権（大久保の後継者は伊藤という道も開かれた）、司法省による法的追及の頓挫という形で決着がついた。井上も槇村も安堵の胸をなでおろすことができた。

井上は、一八七三年五月九日、外務大輔を辞職し、政府を去っていたが、一八七五年一、二月の大阪会議で、大久保に協力し、政府への影響力を確保、一八七六年二月、江華島事件の処理に際し、特命全権弁理大臣の黒田を補佐する副大臣として朝鮮との交渉に当たり、日朝修好条規を締結するのに貢献した。その後、井上は、しばらく外遊をしたあと、一八七八年六月、伊藤の要請を受けて参議兼工部卿に就任、翌一八七九年九月、外務卿へ転任し、鹿鳴館時代を演出した。さらに「明治十四年の政変」では、伊藤の盟友として存在感を示し、その後、明治における外交上の最重要案件であった不平等条約改正に尽力し、加える不平等条約改正史に足跡を残した。外務卿退任後も政府の要職を歴任、後に明治の元勲及び元老の一人に連なることになった。

※注：尾去沢事件で苦境にあった井上は政変直後の一一月一日、参議兼工部卿となった伊藤に次のような書簡を送っている。井上は抜け目なく利権あさりをしている様子が見受けられる（毛利前掲書）。

「……早速ながら我儘がましくそうらえども、工部卿御職へ対しそうらいて申し上げそうろう。諸鉱山の税御免と――（破損）鉱山だけは是非とも生（井上）へ仰付けられ度く願い奉りそうろう、また飛騨高山鉱山の儀は小民稼ぎ（筆者注：小規模経営という意味）に従来の弊多くこれありそうらえども、充分見込みもこれありそうろうあいだ、一応鉱山寮（筆者注：工部省の部局である）のものにお引け揚げ下されそうらいて、わが会社へ御任せ下されそうらわば有り難く存じ奉りそうろう、……」

なお、山県は、先述のとおり一八七三年四月一八日、あいつぐ不祥事と自身に対する疑惑の責任をとり、一旦、陸軍大輔を辞職したが、その後間もなく、西郷に救ってもらい、同月二九日、陸軍省御用掛（陸軍卿代理）に就任（同年六月には正式に陸軍卿となる）。既に政変前に復活していたが、長州閥の伸長とともに歩み、政治家としては内閣総理大臣をも務め、軍人としては帝国陸軍の育ての親として隠然たる影響力を保持し続けた。山県もまた明治の元勲及び元老の一人とされている。

京都府参事槇村正直は、小野組転籍事件において裁判所の判決不服従・復命拒否で身柄拘束されていたが、政変直後の一〇月二五日、岩倉の特命により釈放された。その後罰金三〇円の刑に処されはしたものの、京都府知事、元老院議員を務め、男爵を授爵、貴族院議員を務めた。

ⅳについては、岩倉の閣議決定無視、太政大臣の上奏権の不可侵なる言動により、内閣・閣議を国政の最高意思決定機関とした一八七三年五月二日改正の太政官職制を失効せしめ、太政大臣（もしくは左右大臣）の上奏権と輔弼専権が再確認された。これにより大久保は有司専制を確立へと進んでいった。

ⅴについては、副島の退任により、外交姿勢が転換されることになった。使節団主要メンバーと対立した副島の外交姿勢は朝鮮への大規模出兵論だけではない。これまで殆ど焦点が当てられてこなかったが、外国人の国内旅行の自由を求める諸国との交渉で示された宥和的態度もそれに含まれる。安政以来の修好通商条約では、締約国の諸国民の移動範囲は開港場から一〇里以内と制限されていたが、これを撤廃し、これら諸国民の内国旅行の自由を求める声が諸国外交団から上がっていた。副島は、これを容認することに前向きであったが、岩倉は反対だった。パークスはこの点について次のように本国外務省に報告している（パークスよりグランヴィル外相への同年一一月三日付報告書。なお一二月八日付テンターデン外務次官への半公信にもこれと同旨の記述が見られる。萩原前掲書）。

「この噂によると、太政大臣三条と副島は、最近外国代表が日本政府に提出した規則（「内地旅行規則案」）と類似の条件下で、外国人に内地旅行を認めるつもりでいたが、岩倉は、外国人への新しい譲歩に強く反対し、この点において、三条と副島の自由主義的な傾向を激しく非難したということである。」

政変後、外務卿に就任した寺島は、副島の行ってきた交渉を破棄する。一一月八日に行われた諸外国代表との会談で、副島の下で煮詰められつつあった「内地旅行規則案」について話し合うことを拒否したのである。寺島の弁を聞いておこう。要旨は以下のとおりである。

「各国は風俗・文化を異にしている。だから各国民に内国旅行の自由を認めるのは不都合である。治外法権の下でも外国人の内国旅行の自由を認めている国もあるが、わが国は、そうした諸国の経験を研究した上でなければ交渉には入れない。」（日本外交文書第六巻／萩原前掲書）。

②「明治六年の政変」劇のあらまし

「明治六年の政変」とは一体何だったのか、という問いに対する答えは、前節で整理した、ビフォー&アフターをご覧いただければ一目瞭然である。それは明治維新政府における、A・急進的改革・内閣の合議による政治・諸外国との協調外交をめざすか、漸進改革・有司専制に立って少数の実力者による政治・対外硬の外交を進めるかの対立、B・旧土佐藩、旧肥前藩など倒幕運動では第二線であった諸藩出身者もその能力・識見により政府で重い職責を担うことを認める開かれた政権か、それとも薩長藩閥によるたらいまわし、閉ざされた政権かの対立であり、それをめぐって日本の今後を左右する一大権力闘争が展開されたのである。その結末は、AもBも後者が勝利することで終演となった。

さて、この権力闘争のドラマのシナリオを書いたのは伊藤、主役は大久保、脇役は岩倉、端役を演じさせられたのは三条、準主役と目される木戸が舞台に立ったのはほんのつかの間のことだった。

※注：木戸は、一八七四年四月、征台の役に反対して参議兼文部卿を辞職、以後一八七五年一、二月の「大阪会議」の後、同年三月に一旦参議に復帰、翌一八七六年三月再び辞職。一八七七年五月二六日、西南戦争のさなか、西郷と政府の双方を案じながら死去。享年四五歳。

このドラマのシナリオを書いた伊藤は、このときの功により、大久保の背中をとらえ、やがて並走し、ついには抜き去ることができるであろう位置に立った。実際、一八七八年五月一四日、大久保が、東京紀尾井坂において非業の死を遂げた後に、そのとおりに展開して行ったのであるが、伊藤が名実ともに第一人者となるためには、ひたひたと追走し、なかなか引き離すことができない参議兼大蔵卿大隈を振り切ることが必要であった。伊藤は、「明治六年の政変」で冴えに冴えた策略家の資質を再びいかんなく発揮し、それをやり遂げることになる。それこそが第四章で語られることになる「明治十四年の政変」であった。

6　まとめ

西郷という一政治家が、明治維新政府に参画した際の西郷の思い、西郷が中心的地位を占めるに至ってから二年余りの明治維新政府の歩みを語り、話は征韓論や「明治六年の政変」の本質論に及んだが、そろそろまとめる段階にきたので、この物語のタイトルでもある「西郷隆盛は永続革命をめざしたのだろうか」という問いに答えることとしたい。

(1)　補足

その前に、一点だけ補足しておきたい。それは西郷が朝鮮使節早期派遣に何故こだわったのかということである。ここまでお読み頂いた方の中には、西郷は、征韓論に敗れたから下野したのではないということはわかったが、何故、あれほどまでに朝鮮使節早期派遣にこだわったのか、この点についてモヤモヤしている方もおられるのではなかろうか。

筆者は、当該部分を書き始めた時、最初、それは単に時の勢いなのだろう、くらいに思っていた。次いで、少し進んだ段階では、おそらく幕末、討幕の闘いをし、王政復古のクーデター、戊辰戦争の修羅場を駆け抜けてきた西郷には不義の戦いを仕掛けられたら後退せず、徹底的に戦うという習性が身についてしまっていたのではないかと思った。言葉を変えて言えば頑固一徹だったのだと。しかし、もしそんなことなら、伊藤の描いた筋書きにまんまとはめられたというだけのことになる。西郷はそんな間抜けなのだろうか。

今は次のような推察が的を射ているように思う。すなわち、西郷は、当時の東アジア情勢からみて自ら使節となって朝鮮と誠実に話し合い、確固たる信頼関係を築き上げ、紛議を平和的に解決することが喫緊の課題であり、これをなんとしてもやり切らなければならないと考えていたのだと。検討してみる必要があるのは、西郷が次のように語っていることの意味である。


「今日の御国情に相成りそうらいては、所詮無事に相済むべき事もこれなく、畢竟は魯（ロシア）と戦争に相成りそうろうほかこれなく、既に戦争と御決着に相成りそうろう日には、直ちに軍略にて取り運び申さずば相成らず。只今北海道を保護し、それにて魯国に対峙相成るべきか。さすればいよいよ以て朝鮮の事御取り運びに相成り、ホセットの方よりニコライ迄も張り出し、此の方より屹度一歩彼の地に踏み込んで北地は護衛し、且つ聞くが如くんば、都留児へは魯国よりも是非此のままにては相済み申さず、震って国体を引き起こせと、泣いて心付けそうろう由、又英国にても同じく泣いて右の通りにいたしそうろう趣、此れ何故にそうろうや。」

「兼ねて犄角の勢いにて、英・魯の際に近く事起こり申すべきと、此の頃亜国（アメリカ）公使の極内の心付けもこれにあり、且つ欧羅巴にては、北海道は各国雑居の地に致しそうろう目論見頻りにこれありと相聞き、大方其の事も近々懸け合いに相成るべく、兎に角、英にて海軍世界に敵なくそうろう間、却って北海道は英・仏へ借しそうろう方は如何などと申す事にて、欧羅巴においても魯の北海道目懸けそうろうは、甚だ以て大乱に関係いたしそうろう。右故趣向も付けそうろうに相違これなく、右の通りの事情に御座そうら得ば、日本にて其の通りに奮発いたしそうろうとならば、都留児においても是非一と憤発は致すべく、さすればいよいよ英にて兼ねてよりのホー蘭土（ポーランド）より事を起こすには相違なく、よくよく英国と申し合わせ、事を挙げそうろう日には魯国恐るに足らずと存じ奉りそうろう。」

これは、旧庄内藩士酒井玄蕃こと了恒《のりつね》の「心覚えの大意」と題する覚書に書かれた西郷の談話である（萩原前掲書）。旧庄内藩士は、戊辰戦争時の西郷の寛大な処置に感激して西郷を慕っており、西郷の下野を聞きつけて、一八七四年一月、わざわざ鹿児島を訪れたのであった。

この談話にはわかりにくい表現があり、解読しにくいが、おおよその文意は以下のようなことであろう。

「ホセット」はポシェット、「ニコライ」はニコライエフスク、いずれもロシア沿海州の港湾である。「都留児」はオスマン・トルコ、「掎角の勢い」とは相争う状態。ロシアの南進策により、樺太への圧迫が強まり、現地に居住する日本人の安全が確保できない状態となっている。それだけではなく、やがて北海道にまでロシアの勢力が及ぶ勢いである。このままではロシアとの戦争になる。これを阻止するために朝鮮との関係が重要であり、イギリスとも協力するべきだ。

ロシアは強国である。しかし、ロシアはイギリスと、ポーランド、トルコをめぐって一触即発の状態である。従って、ロシアに強気で対抗するべきだ。

既に見たように、岩倉は政変前の一八七三年九月一九日付鮫島宛ての書簡で、ロシアによる樺太圧迫が緊急課題であり、すぐにも談判を始めなければならないとの認識を示していたし、一〇月一四日の閣議でも朝鮮使節派遣に対する反対意見として、樺太問題が先決だと主張した。岩倉は、どういう狙い、意図を持ってそのような主張をしたのだろうか。この点について、姜範錫がロシアの朝鮮進出をけん制するために樺太問題を優先するべきだと主張したのだという見解を示していることを前に紹介した。しかし、筆者には、岩倉の主張はあまりにも唐突になされ始めたこと及び現実の住民の比率から言っても樺太をわが国の領土と主張することは困難な状況あったこと（実際、このときから二年もたたない一八七五年五月、千島樺太交換条約で樺太はロシアに帰属することとなった）から、岩倉は、樺太問題は喫緊の課題ではなく、西郷を朝鮮へ使節として派遣することを阻止する為の方便として持ちだしたに過ぎないと見るのが相当ではないだろうか。

では、西郷の東アジア情勢観はどうだろうか。そのヒントになるのが上記の酒井覚書にある西郷談話である。もっともこれにより西郷の語ったところが正確に再現されていると考えるのは間違いかもしれない。酒井は、西郷を征韓論者と思い込んでいるから西郷の真意を捉えそこねている可能性があるからだ。ここまで語ってきたところからお分かり頂けるだろうが、西郷という人物は決して好戦的ではない。この談話から醸し出されるやや好戦イメージは聞き手の考えに色付けされたものとみるべきであり、好戦的イメージを取り払った上で、談話の趣旨を検討してみるならば、西郷は冷静に東アジアの情勢分析をし、ロシアの南進の危険性を説きつつ、そのロシアとも平和的関係を維持するためには、朝鮮と国交正常化し、友好的・平和的関係を確立すること、及びイギリスとの良好な関係を維持することが重要だとの見方を示していると言えるのである。

ここで一八七五年一〇月八日付の西郷が篠原国幹に送った書簡をみたび持ちだすことになるが、西郷は、江華島事件なる武力挑発事件を批判して次のように述べたことを思い出して頂きたい。

「朝鮮の儀は数百年来交際の国にて、御一新以来、その間に葛藤を生じ、既に五、六ヶ年談判に及び、今日その結局に立ち至りそうろうところ、全く交際これなく人事尽くしがたき国と同様の戦端を開きそうろう儀、まことに遺憾千万に御座そうろう。」

既に清国とは対等・平等の日清修好条規に締結し、友好協力関係を確立しているが、それに引き続き、数百年来交際のある朝鮮とも同様の条約を締結し、友好協力関係を確立しなければならない。そうすればロシアの侵略を阻止することができる。西郷が、朝鮮使節早期派遣にこだわったのは、こういうことだったと筆者は考える次第である。

(2) 橋川文三「西郷隆盛の革命性と反動性」から

丸山真男の異端の弟子、橋川文三が『西郷の革命性と反動性』という興味深い一文を書いている(『橋川文三セレクション』岩波現代文庫所収)。この一文は今はもう廃刊となてしまった雑誌『展望』の一九六八年六月号に掲載されたもので、当時の時代精神が感じられ、興味深い。

橋川は、遠山茂樹『明治維新』の次の文章を引用して考察を深めていく。

「『此時に当り、反するも誅せらる。反せざるも誅せらる』との窮地に追い込まれた西郷は、ついに二月、逸《はや》る部下に擁されて挙兵した。西郷起つの報は、自由民権派に大きなショックを与えた。熊本民権派は、ルソーの民約論を泣き読みつつ、剣を取って薩軍に投じた。」

※注：「此時に当たり、反するも誅せらる。反せざるも誅せらる」という一文は、西南戦争勃発後の一八七七年二月二六日、勅使として鹿児島県に派遣された元老議官柳原前光による三月二六日岩倉宛て復命書に出てくる。同復命書には以下のように西郷決起の状況が描かれている。

「此時に当たり、反するも誅せらる、反せざるも誅せらる。如《し》かず、大挙して先発せん。遂に決意東上す」

多くの歴史家からは不平・没落士族の最後の反動的で無謀な決起によって引き起こされたとされている西南戦争が、そのように単純なものではなく多様で雑多なエネルギーが流入していたことを知る思想家橋川にとっても、なおルソーの名と結びつく一面をもっていたということはいたく刺激的なことであった。

このルソーの民約論を「泣き読みつつ」西郷軍に投じた人物は、橋川によると、孫文を支援し、辛亥革命の成功に寄与したアジア主義者宮崎滔天の長兄、宮崎八郎である。八郎は、東京で中江兆民に師事し、兆民訳の『民約論』を熊本にもたらした。彼は、帰郷した後、熊本においてこれを普及させ、自由民権運動の先頭に立っていた。

橋川は、八郎から、中江兆民へ、更にはその弟子幸徳秋水へと連想の糸を伸ばして行き、秋水全集から、秋水の師兆民を評した次の一文を引用する。

「先生が平生いかに革命家たる資質を有せしかは、左の一話を以て知るべし。先生仏国より帰りて幾ばくもなく、著すところの策略一篇を袖にし、故勝海舟翁に依り、島津久光公に謁せんことを求む。（略）先生拝伏して曰く、嚮日《きょうじつ》献ずるところの鄙著《ひちょ》（筆者注：先日献呈した私の著書）清覧賜えりや否や。公曰く、一閲を経たり。先生曰く、鄙見（筆者注：卑見）幸いに採択せらるるを得ば深甚なり。公曰く、足下の論甚だ佳し、只だこれを実行するの難きのみと。先生乃ち進んで曰く、何の難きことこれあらん、公宜しく西郷を召して上京せしめ、近衛の軍を奪うて直ちに太政官を囲ましめよ、こと一挙に成らん、今や陸軍中、乱を思うもの多し、西郷にして来る、響の応ずるが如くならんと、云々」

この一文により、秋水は、兆民の革命的ロマンティシズムをみごとに描き出している。橋川は、この一文を引用した上で、兆民が、いかに西郷を敬愛していたか、西郷の死をどれだけ惜しんでいたことかと論を進める。

橋川の言わんとするところは、西郷の革命性、西南戦争の革命性という側面にも正当に目配りをしなければならないということにあるように思われる。
橋川は、これもまた今はもう廃刊となってしまった雑誌『現代の理論』一九六八年一月号にのった司馬遼太郎・萩原延壽の対談中の、萩原の次の発言を引用している。

「〝明治維新はこれじゃない〟という西郷をどういうふうに考えられるかという問題ですね、いわばデモクラットの先駆だという形で西郷を見ることもまったく不可能ではないわけです。それからパーマネント・レボリューションという形の、一種のアナーキズムと見ることも可能であろうし、云々」

※注：西郷の談話を記録した『西郷南洲翁遺訓』に、「今となりては、戊辰の善戦もひとえに私に営みたる姿になり行き、天下に対し戦死者に対して面目なきぞとて、しきりに涙を催されける」という有名なくだりがある。萩原の発言は、これに関連してのコメントである。

橋川はこの発言を肯定的に受け止め、たしかに西郷を一種独特のラジカル・デモクラットと考えることも不可能ではない、逆にいえば、大久保⇒伊藤の路線が日本を最も好ましい国家に作りあげたわけではなく、西郷の一見空漠たる東洋的な道徳国家のヴィジョンの中に、あり得べきもう一つの国家像を見出すこともできる、と言う。

ここまでお読み頂いた方々なら、橋川の言うところを、おそらく了とされるであろう。

⑶　最後の会見――アーネスト・サトウが受けた印象から

ここで種明かしをしておこう。この物語のタイトル「西郷は永続革命をめざしたのだろうか」は、橋川が引用した『現代の理論』一九六八年一月号の司馬・萩原対談中で萩原が発した「パーマネント・レボリューション」という一語から連想したものである。

萩原は、この対談から八年後の一九七六年一〇月から、「朝日新聞」夕刊で『遠い崖』の連載を開始した。この連載は、延々一九四七回というこの種の連載物ではおそらく最長不倒を記録して、一九九〇年一二月に終わった。筆者も、時々、拾い読みしたことはあったが、この連載ものをまとめた『遠い崖――アーネスト・サトウ日記抄』（朝日文庫全一四冊）を通読してみて、強い感銘を受けた。これほどに幕末・維新の時代を、膨大な史料を駆使し、広く見渡し、かつ深く抉った著作は、かつてあっただろうか。失礼ながら、司馬遼太郎の一連の幕末・維新ものの諸作品と比べると、知的刺激力という一点において雲泥の差がある。これは、歴史ドキュメンタリーと歴史小説というジャンルの違いによるものであろうか。

『遠い崖』の登場人物のうち、主役はなんと言ってもアーネスト・サトウである。最後の話に入る前に、彼が、どんな人物であったか、ざっと見ておくこととする。

サトウは、一八四三年六月三〇日、ロンドンで生まれた。父は元スウェーデン人の貿易商で、ナポレオンの興亡時代に、スウェーデン、ドイツ、フランス、ロシアと国籍や住居を転々と変え、一八二五年以後イギリスに定住、イギリス国籍を取得した。サトウというと、日本姓ではないかと訝る人もいるかもしれないが、そのスペルはSatow、もちろん日本姓ではない。ハンザ同盟で有名なリューベックとロストックの中間あたり、バルト海に臨むところにヴィスマールという港町がある。そこにSatow（「種をまく人の村」という意味だとのこと）という地名のところがあるそうである。サトウの出自はこのあたりのようである。

サトウは、ロンドンのユニバーシィティ・カレッジで学んでいた一八歳のとき、イギリス外務省の通訳生試験に合格、同校卒業と同時に、希望通り日本駐在を命じられ、一八六一年一一月、イギリスを発った。途中、北京での研修があったりして、横浜に着いたのは、一八六二年九月八日のことであった。ここに在日本イギリス公使館日本語通訳官としてのサトウのキャリアが始まる。

サトウは、類まれな語学力と探究心、それに誰よりも秀でた行動力を生かし、勝海舟をはじめ幕府要人、西国雄藩の諸大名やその近臣たちとの接触だけではなく、薩摩、長州を中心とする討幕派志士たちと交わりを持った。その中には、勿論、西郷もいれば、大久保、伊藤もいる。サトウは、こうした活動を通じて、イギリスに、対日政策策定のための貴重な情報をもたらした。

イギリス公使パークスは、本国の指示もあって、公的には、幕末動乱期にも外交実務においては条約締結当事者である幕府とのパイプは維持するが、政治的には、幕府、討幕派のいずれにも加担しないという慎重な姿勢をとっていた。しかし、サトウは、自由奔放に活動し、来日後間もない時期に著した「英国策論」で、日本の主権者は天皇であり、大君（将軍）は、多くの大名諸侯のうちの首座の位置にあるに過ぎないと論じ、討幕派志士たちの間に、イギリスは討幕派に好意的であるとの風評を高める役割を果たした。

サトウは、一八七〇年、日本語通訳官から日本語書記官に昇進、名実ともに在日本イギリス公使館の対日外交実務を取り仕切る地位につく。それから二五年後の一八九五年七月に、駐日公使となり、三国干渉の時代に、後に日英同盟に発展する良好な日英関係形成に努めた。しかし、サトウの真骨頂は、なんと言っても西欧における当代随一の日本学者であったことである。

サトウは日本女性との間に二人の子をもうけている。二男は武田久吉。著名な植物学者であり、日本山岳会の創立者でもある。

さて、そのサトウが、一八七七年二月、一触即発状態にある鹿児島の情勢視察と、イギリス公使館の元同僚にして親友、鹿児島県立病院の院長として病院経営と医師の指導・教育にあたっていたウイリアム・ウィリスの消息確認のために、鹿児島に赴いた。到着は、同月二日のことだった。既に、現地では、警視庁大警視川路利良が送り込んだとされるスパイ（警官）らの摘発が進み、西郷暗殺計画なるものが明るみにされており、鹿児島士族は激昂の渦に呑みこまれていた。私学校生徒による陸軍砲兵廠の火薬庫襲撃も起きていた。動乱はもはや止めようがなくなっていた。

同月一一日、西郷は、ウィリス宅を訪ねてきた。ウィリスが面談を申し入れていたからだが、おそらく旧知のサトウが、はるばる鹿児島まで来ていることを知って、別れの挨拶をしておきたいということもあったであろう。サトウは、このときのことを次のように日記に書きとめている（萩原『遠い崖』13「西南戦争」）。これは西郷の出陣六日前のことである。

「西郷には約二十名の護衛が付き添っていた。かれらは西郷の動きを注意深く監視していた。そのうちの四、五名は、西郷が入るなと命じたにもかかわらず、西郷について家の中へ入ると主張してゆずらず、さらに二階へ上がり、ウィリスの居間に入るとまで言い張った。結局、一名が階段の下で腰をおろし、二名が階段の最初の踊り場をふさぎ、もう一名が二階のウィリスの居間の入り口の外で見張りにつくことで、収まりがついた。」

「会話は取るに足りないものであった。」

(4) 跋

ようやく答えを述べる時がきた。西郷は、決して自ら決戦に立ったのではない。旧知の間柄のサトウ、戊辰戦争末期に傷病を負った薩摩藩兵の治療でひとかたならず世話になったウィリスとの別れのあいさつの場にさえ、護衛という名の監視下に置かれ、「取るに足りない」会話しかできなくなっている西郷は、もはや決起した鹿児島士族の虜囚にしか過ぎない。

西郷は、幕末・維新の時代を一革命家として駆け抜けた。しかし、それは「明治六年の政変」で終わったことであった。西南戦争は、西郷にとっては永続革命の戦場ではなかったのである。

提一灯行暗夜　勿憂暗夜　只頼一灯

（一灯をささげて暗夜を行く　暗夜を憂うることなかれ　ただ一灯を頼め）

これは江戸時代の儒者・佐藤一斎の『言志晩録』にある言葉である。西郷の座右の銘だったという。一八七七年二月一七日に出陣してから、同年九月二四日、城山に果てるまで、西郷の脳裏に、この言葉が去来することはもはやなかっただろう。

最後に、大隈重信の西郷評を書き加えて、この物語を終えることとする。

「西郷は破壊的で建設的ではない。即ち破壊の勇者で建設は不得手であった。」（大隈侯昔日譚』）

第二章　外国軍隊の撤退を求めた明治維新政府

1　荒れ狂う尊王攘夷派のテロルと外国人追放令

幕末から明治の初めにかけて、わが国に外国軍隊が駐留していたことをご存知であろうか。横浜に英仏駐屯軍――現在の横浜の山手、「港が見える丘公園」にトワンテ山、フランス山と呼ばれたところがあり、トワンテ山にイギリス駐屯軍が、フランス山にフランス駐屯軍が――駐留していたのである。

この英仏駐屯軍駐留のことのおこりをたどってみよう。

安政五年というと西暦では一八五八年になるが、この年、幕府は、米英仏蘭露各国とあいついで通商条約を締結し、一八五九年六月から横浜、長崎、箱（函）館を開港した。いよいよわが国は、西欧列強と本格的に外交・通商関係を取り結ぶこととなったのである。

しかし、これに孝明天皇と尊王攘夷派の少壮公卿・脱藩自立志向の武士らが激しく反発、世はまさに幕末激動の時代へと急転して行く。

この激動の時代を、幕府は、後に安政の大獄と呼ばれることとなった強権政治で乗り切ろうとする。これに対して、尊王攘夷派は、テロルを以て応酬した。一八五九年以来、外国人や外国施設に対してもテロルの嵐が吹き荒れた。ざっとあげると以下の如くである。

一八五九年　八月　ロシア軍艦の士官と水兵が殺害される（横浜）
　　　　　一一月　フランス公使館の中国人使用人が殺害される（横浜）
一八六〇年　一月　イギリス公使館で日本人通訳官が殺害される（江戸）
　　　　　二月　オランダ商船の船長ら二名が殺害される（横浜）
　　　　　一〇月　フランス公使館で公使館使用人が襲われ、重傷を負う（江戸）
一八六一年　一月　アメリカ公使館書記官ヒュースケンが殺害される（江戸）
　　　　　五月　イギリス公使館襲撃事件（江戸）
一八六二年　五月　イギリス公使館で、護衛兵ら二名が殺害される（江戸）
一八六二年　九月　いわゆる生麦事件発生。イギリス商人三名が斬られ、一名死亡、二名重傷（神奈川）
一八六三年　一月　品川御殿山に新築中で、竣工を目前に控えたイギリス公使館が焼き討ちされ、

全焼（江戸。この事件の実行犯には、高杉晋作、井上聞多＝馨、伊藤俊輔＝博文らが名を連ねていた）

これらの頻発するテロルに加えて、浪士らが大挙して横浜の外国人居留地に侵入しようとしているなどというわさが飛び交い、居留民は、不安な日々を送っていた。その不安が頂点に達するのが、孝明天皇が将軍家茂に迫って約束させた攘夷実行の期日である一八六三年六月二五日であった。

幕府は、その前日、英仏米蘭などの諸国の公使に次のような通告をした。これを一般に横浜鎖港令と称しているようであるが、実際は横浜一港の鎖港にとどまらず既に開港されていた函館、長崎も含めて全ての鎖港を命じ、全ての外国人居留地から外国人を退去させようとするものであった（『続通信全覧』編年之部／萩原『遠い崖』1「旅立ち」）。

「今本邦の外国と交通するはすこぶる国内の輿情にもとるを以て、更に諸港をとざし居留の外人を引き上げしめんとす。この旨朝廷より将軍へ命ぜられ、将軍余に命じてこれを貴下らに告げしむ。請うこれを領せよ。いずれ後刻面晤の上委曲申し述ぶべくそうろう　文久三亥年五月九日小笠原図書頭」

文久三亥年五月九日は一八六三年六月二四日である。小笠原図書頭とは老中格小笠原長行のこと、当時の幕府の政権担当者である。この通告文を読んで激怒した各国公使は、これは宣戦布告にも等しいと激しく抗議した。あまりの恐ろしい剣幕にたじろいだ幕府側要人は、これを実行するつもりはない、ミカドの真意に出たものではないので必ず撤回されるだろうなどと弁明に努めた。

しかし、追い打ちをかけるように、翌二五日には、長州藩が、下関海峡を通航していたアメリカ商船ペンブローク号を砲撃したとの報が入ってきた。攘夷実行の挙にでたのである。

2　英仏駐屯軍の駐留

時あたかも、前年のイギリス公使館護衛兵殺害事件といわゆる生麦事件に関して、イギリス側から幕府側に出された賠償要求と容疑者への厳正処罰要求によって、戦争が始まるとの風説が乱れ飛び、横浜の外国人居留地は上を下への大騒ぎとなっていた。

賜暇で帰国中のオールコックの仲役を担うイギリス代理公使ニールが、本国外務大臣の訓令に従い、幕府に要求書を提出したのは一八六三年二月。その要求事項は以下のとおりであった（萩原前掲書）。

①　幕府はイギリス公使館護衛兵殺害事件の被害者遺族に対する賠償金として一万ポンド（四万ドル。筆者注：およそ四万両）を支払うこと。
②　幕府は、自己の領土内でイギリス人を殺害した事件（生麦事件）の発生を許したことに公式に謝罪し、一〇万ポンド（四〇万ドル）の罰金を支払うこと。

③　薩摩藩は、一名ないし数名のイギリス海軍士官の立ち会いのもとに生麦事件の犯人を裁判に付し、これを処刑すること、及び遺族及び関係者への賠償金として二万五〇〇〇ポンド（一〇万ドル）を支払うこと。

本国外務大臣の訓令には、幕府がこの要求に応じない場合には、香港を拠点とするイギリス極東艦隊司令官に要請し、その最も適切と考える手段をとることとされていた。要するに武力行使を認めたのである。

戦争が勃発するという風説は、まもなく事実となった。同年八月には横浜から遠く離れた薩摩の地で薩英戦争が始まり、翌一八六四年八月にはイギリス公使オールコックの主導のもとに、英仏米蘭四か国連合艦隊による下関砲撃が断行されることとなった（「下関戦争」。なおこれにより幕府は四か国に三〇〇万ドルもの巨額の賠償金支払いを約束させられ、その後の幕府、明治維新政府の悩みの種となった）。

横浜の外国人居留民（一八六三年当時の居留民は、イギリス人九一名、アメリカ人七〇名、オランダ人三〇名、フランス人一八名、プロシア人一三名、ポルトガル人六名、総計二二八名であったという。萩原前掲書）の安全は、わずかな幕兵による警備と、イギリス公使館付きの護衛兵約五〇名、横浜港内に碇泊していたイギリス、フランス、アメリカ、オランダなどの軍艦が一〇隻あまりに乗船していた兵士らに委ねるほかはない状況のもと、外国人居留地近傍の日本人町の商人やその周辺の村の人たちの多数が避難する騒ぎとなり、一八六三年五月には、フランス人が日本人をピストルで撃つという事件、アメリカ人が日本人に襲われるという事件が相次いで発生、いよいよ情勢険悪化したため、諸国外交団を代表して英仏両国公使は、幕府に対し万全の措置をとることを強く要求するところとなった。

そのさなかの攘夷実行である。形だけの外国人追放令で時間稼ぎをしようとした思惑がはずれ、幕府はのっぴきならない状況に追い込まれた。やむなく、同年七月三日、小笠原より交渉責任者に任じられていた若年寄酒井飛騨守忠毗《ただます》は、以下の書簡(『横浜市史』資料編第三巻/萩原前掲書)を英仏両国公使に交付した。

「書翰を以て申し入れそうろう。しからば方今、我が邦、人心不折り合いにつき、当分横浜おもて居留身辺警衛の儀は、内儀の上、足下の見込みに応じぬる趣、神奈川奉行より承知せり。右は余においても同意。足下の斡旋を待つ。拝具謹言　文久三年癸亥《きがい》五月一八日」

要するに外国人居留地の警護には責任が持てないので、あなた方にて適宜対処されたしと言うのであった。つまり自衛のための措置は然るべくということなのだから、おそらくは喜んで、イギリス、フランス両国は、自ら「居留身辺警衛」――自衛――のための実力部隊を編成し、横浜に駐留させることとなったのである。それが英仏駐屯軍であり、イギリスは第九連隊第二大隊並びに砲兵及び工兵の分遣隊の兵士らおよそ一七〇〇名、フランスは海兵隊の兵士らおよそ二五〇名〜五〇〇名であったという。

近現代史研究者石塚裕道の研究によると、英仏駐屯軍の駐留状況は以下のとおりであったということである。もっとも中国や本国の情勢変化に応じて、駐屯軍には変動があり、また異動や交代があるので、おおまかな目安となる数字ととらえて頂きたい（石塚裕道『明治維新と横浜居留地　英仏駐屯軍をめぐる国際関係』）。

一八六三年　フランス駐留開始　二五〇名
一八六四年　イギリス約一七〇〇名、フランス約五〇〇名
一八六五年　イギリス約一五〇〇名、フランス約七〇〇名
一八六六年　イギリス約三六〇名、フランス約八〇〇名
一八六七年　イギリス同上、フランス約五四〇名
一八六八年　イギリス約六八〇名、フランス約二〇〇名
一八六九年　同右
一八七〇年　イギリス同上、フランス約三五〇名
一八七一年　イギリス約三〇〇名、フランス約六八〇名
一八七二年　イギリス同上、フランス約二五〇名

一八七三年　イギリス同上、フランス二〇〇名
一八七四年　同右
一八七五年　イギリス約二七〇名、フランス約一〇〇名……撤退完了

3　岩倉具視の談判

時移り、大政奉還、王政復古のクーデターと戊辰戦争を経て二百六十余年に及んだ徳川政権に終止符を打ち、明治維新政府が維新変革に歩み出した後の一八六九年四月二七日、岩倉具視が、イギリス公使ハリー・パークスのもとを訪れた。

パークスは、一八六五年九月、兵庫港外に英仏米蘭四か国連合艦隊を集結させて（四か国艦隊摂海侵入事件）、極端な排外主義にこりかたまり、安政の五か国通商条約を勅許せず、兵庫・大阪の開港・開市に待ったをかけていた孝明天皇に圧力かけて屈服させるなど、偉大な大英帝国の砲艦・強面外交の申し子であった。パークスは、本国外務省の訓令に従い、討幕、幕府のいずれにも肩入れしない中立外交を続けたが、アーネスト・サトウなど優秀なスタッフのたぐいまれなる情報収集力に依拠し、中立を標榜しつつも薩長両藩を中心とする討幕派による動乱収拾に期待をかける心情的討幕派でもあった。

一方の岩倉は、丁卯の冬のクーデターの立役者であり、一八六八年一月三日（慶応三年一二月九

日）、王政復古大号令の布告を主導し、それに引き続いて宮中小御所で行われた最初の三職会議（一般に小御所会議と呼ばれている）の場で、土佐藩前藩主・山内容堂の「幼沖の（幼い）天子を擁して権柄を盗もうとするもの」との激しい抗議を、「御前であるぞ」と一喝して沈黙させ、徳川慶喜に対する内大臣辞任と全領地の返還（辞官納地）を命ずることを決定させた張本人で、文字通り明治維新政府樹立の牽引車となった人物であることは周知のとおりである。

因みにパークスは、本国外務省に、岩倉のことを「あきらかに彼はたいへんな能力の持ち主である。」と報告している（一八六九年一月三〇日付パークスからハモンド外務次官への半公信／萩原『遠い崖』8「帰国」）。

この日の会談は、岩倉は輔相（首相）を辞して、一時、政府から離れていた頃のもので、パークスも岩倉も、お互い、心を割って話し合ったようである。とは言え、岩倉の発言は、当時の政府の意向を示すものと考えてよいだろう。

この会談が行われる少し前、一八六九年初めころ、岩倉は三条実美に対し、書簡を送り、「……目今の如く外国の兵隊をわが港内に上陸せしめ、又居留洋人の我が国法を犯すものあるも、彼が国の官人をしてこれを処置せしむる等は尤も我が皇国の恥辱甚だしきものと謂うべし、断然と前日締結したる通信貿易条約を改訂して、以て我が皇国の権を立てざるべからず……」と痛嘆している（『大日本外交文書』第二巻第一冊／石塚前掲書）。またそのころ、外国官（外務省の前身）より、英仏駐屯軍の問題を含む「外国交際之儀ニ付国辱ヲ洗除スルノ問題十七条」が公議所に諮問され、詳細は不明であるが論議されている（『明治文化全集 第4巻 憲政篇』国立公文書館デジタルアーカイブ）。

これらのことから政府において英仏駐屯軍撤退を求める方向への動きが始まったのはこのころからであろうと思われる。

※注：公議所は、一八六八年六月一一日（慶応四年閏四月二一日）施行の政体書官制により発足した政府中枢機関である議政官の下局が、一八六九年一月一八日（明治元年一二月六日）、改組されたもの。議事・立法機関がめざされたが、実際にはそうはなりえず、議定・参与からなる内政、外交政策の決定、法令制定を司る議政官上局への意見具申・答申機関に過ぎなかった。その後、集議院、左院、元老院と変遷した。

当時、英仏駐屯軍は、イギリスが第一〇連隊第一大隊・砲兵及び工兵の分遣隊の兵士およそ六八〇名、フランスが海兵隊の兵士およそ二〇〇名であった。

話は、期せずして外国軍隊の撤退問題に及んだ。このやりとりは、実に興味深いので、パークスが本国外務省に送った同人作成の会議録で見ておくこととする（萩原前掲書）。

パークス　しかし、遺憾なのは、外国人にたいして積極的な敵意をいだく人々が存在することである。（中略）これら凶暴な連中の行動が原因になって、日本に諸外国の一致した力が加えられるとき、日本はこれによく対抗できるであろうか。

岩倉　あなたは、いわば六歳の幼児と力士の取り組みのことを思いうかべておられるようである。わが国には「一寸の虫にも五分の魂」という諺がある。小さな身体は往々にして大きな魂を宿している。あなたはわれわれに向かって、実力の行使を云々するべきではない。わが国土は小さく、国民の数は少ない。しかし、わが国は威嚇に屈しはしないであろう。たとえ力は弱くとも、抵抗するであろう。実力の行使をほのめかすことは、いたずらに敵意をそそるのみである。先進諸国は、われわれに忠告をあたえ、われわれを説得することにつとめるべきである。……

（以下略）

（中略）

パークス　われわれは威嚇の手段として日本に軍隊を駐留させておこうとしているのでは決してない。それどころか、日本の状態がそれを許すようになり次第、速やかに撤兵したいと考えている。現に数日前、わたしは「首相」（筆者注：輔相三条実美）にたいして、われわれが日本に兵力を駐屯させるという犠牲を忍ばねばならないのは、じつに不当なことだと、不平を述べたばかりである。

岩倉　あなたがそう言われるのを聞いて、感謝にたえない。本来、日本に外国軍隊が存在すべきではない。御門が条約を承認されたのだから、その遵守に関して、すべての国民は御門の意志に従うべきである。外国軍隊の存在は、われわれにとって不名誉なことである。何か難事が起こるたびに、われわれが外国軍隊によって粉砕される、というようなことを耳にするのは実に苦痛である。愛国者はそのような言葉を聞くのを唾棄する。このような言葉を聞くくらいなら、むしろこの島に一本の緑の木でも残っているかぎり、戦いを続けようとする人間がいくらでもいる。このような言葉は反動的心情をかきたて、政府を少なからず困惑させる。

パークス　わたし自身はもちろんだが、他の外国代表の誰もが、自衛以外の目的で実力を行使することを主張しないだろう。この国に着任して以来四年になるが、その間、わたしはイギリス軍隊が撤退する日の来るのを待望してきた。そしてわたしの在任中にその日が来ることを希望している。

岩倉　外国軍隊の撤退が行われるべきであることは、疑いを容れない。すでに御門は条約上の義務を引き受けられ、全ての主権者の平等を承認され、外国人と日本人は同じ人間であることを国民に告げられた。それにもかかわらず。何か議論があるたびに、強制力が云々されることを聞くのは苦痛である。強制力を持ちだして人々を威嚇するのは、侮辱行為である。……（以下略）

（中略）

パークス　イギリス軍隊の撤退は、あなたがた次第である。つまり御門の政府がイギリス人の安全を確保することができるようになれば、イギリスは撤兵するであろう。それゆえ撤兵の時期を決定するのは、あなたがたであるといえる。

岩倉　イギリス軍隊の駐屯は、まぎれもなくわが国にとって不名誉なことである。外国人を保護するのは、日本政府にとって恥ずべきことだとされた時代が、かつてあった。そういう時代はもはや過ぎ去った。

ここに見られる岩倉の論は、実に堂々たるものである。一方のパークスはどうかというと、筆者には、ひたすら逃げの手を打っているとしか思えない。とどのつまりは「われわれが日本に兵力を駐屯させるという犠牲を忍ばねばならないのは、じつに不当なことだ」などとさも恩着せがましいあてこすりをし、追及をかわそうとしているのである。もっともこの程度のことは、先のアメリカ大統領トランプ氏が、「我々は（中東の）ホルムズ海峡を通って石油を輸入していないが、海峡を守っている。日本はその間、トヨタを世界中に売ってもうけている」などと述べて、日本が負担する在日米軍駐留経費の飛躍的増額を迫った（二〇一九年八月一日付朝日新聞朝刊）ことと比べると目くじらをたてるほどのことでもないかもしれない。

この話にはさらに後日談がある。

4　撤退

一八六九年四月二七日のパークス・岩倉会談は、日本側は議事録を残していないのでパークスが本国外務省に送った報告文書に添付された会談録でうかがい知るほかない。これだけを読むと、パークスは、一応、紳士の言葉で対応しているようである。だが、実際は、怒髪天を衝く勢いであったろうことは、「応接のたびごとに怒罵愚弄の甚だしく、如何に鉄面皮無識の宗城にても堪え忍びがたし」と、外国官知事（つまり外務大臣）伊達宗城がその直後の五月一日付岩倉宛て書簡（『岩倉具視関係文書』四／萩原前掲書）で漏らした泣き言を見れば、おおよそ察しがつくだろう。

しかし、とにもかくにもイギリス軍撤退の言質をとった岩倉は、右会談を終えて「日本の開国はまさに今日から始まる」と意気盛んであったとのことである（萩原前掲書）。

パークスは、それでも一気に撤退させる決断したわけではない。パークスが動いたのはそれから九か月後のこと、まずは部分的撤退であった。一八七〇年二月に本国外務大臣に、当時駐屯していた第一〇連隊第一大隊と砲兵・工兵の分遣隊およそ六八〇名に代えて、二五〇名ないし三〇〇名の海兵隊を新規に駐屯させるという具申をしたのであった。曰く、「毎日何が起きるか、だれにも予言できない日本のような激変しやすい国の場合、軍隊を一時に、且つその全員を撤退させるのは危険なことだと思う。」と（パークスからクラレンドン外務大臣への半公信／萩原前掲書）。

かくしてパークスの具申が本国政府に採用され、日本側には事前通告なしで現駐屯部隊およそ六八〇名が横浜を去り、入れ替わりにおよそ三〇〇名の海兵隊が横浜に上陸した。それは一八七一年六月末のことであった。

なお、このときフランス公使は、およそ三〇〇名の海兵隊に代えて、歩兵二中隊、およそ二〇〇名に縮小する方針を表明した（一時的に両者が併存し、あるいは普仏戦争とその後の内乱の影響で、実際の兵員数は混乱している）。

親幕派として有名なフランス公使・レオン・ロッシュは一八六八年六月に更迭され、マキシミリアン・ウトレイに交代している。岩倉は、当然、ウトレイにも同様の要求をしていると思われるが、それを裏付ける史料は見当たらない。石塚前掲書によると、一八七〇年一〇月、外務卿沢宣嘉が、撤退要求をしたところ、ウトレイは、普仏戦争とその後の内乱により本国が混乱状態にあることを理由に、一、二か月回答猶予を求めたとのことである。

この頃のわが明治維新政府の動きを、大急ぎで語っておくこととしよう。あらまし以下のとおりでである。

岩倉が、郷里にあって自藩の経営にいそしんでいた西郷隆盛、板垣退助を説き伏せ、中央政府に復帰させたのは、一八七一年三月のことであった。これによって王政復古のクーデター、戊辰戦争を闘い抜いた面々が、再び政府に顔をそろえることとなった。

同年四月から七月にかけて、鹿児島、山口、高知の各藩は、それぞれ申し合わせの上、政府に藩兵を提供して、公称一万名からなる帝国陸軍（御親兵）が組織された。この力をバックにして、同年八月二九日（明治四年七月一四日）、廃藩置県が一気に断行された。かくして、わが国は、ようやくにして各藩分立体制に終止符を打ち、中央集権国家体制へと飛躍する助走を始めることとなった。

さて英仏駐屯軍の撤退問題の顛末であるが、パークスは、上記部分撤退の段取りをつけた後、おおよそ五年に一度、一年程度の長い賜暇が与えられるというイギリス外務省の規則に従い、一八七一年四月、賜暇をとり、イギリスに帰国した。しかし、そのイギリスにおいて、岩倉から、この問題をむしかえされることになるのである。

岩倉を全権大使とする米欧遣外使節団が、横浜を出港したのは、パークスが帰国の途に就いた八カ月の後、同年一二月二三日のことであった。使節団の目的は、条約締約国を歴訪して元首に国書を奉呈し、聘問の礼をおさめること（友好・親善）、先進諸国の制度・文物を親しく見聞して、その長所を採り、日本の近代化をすすめること（視察）、安政の通商条約の交渉開始が可能となる時期（一八七二年五月一日）をまぢかに控えて、日本の希望を伝え、各国と商議すること（条約改正の予備的折衝）、であった。

使節団は、最初の訪問国アメリカで予定外の条約改正交渉に入り込み、七か月近くも滞在してしまい、イギリスに向かったのは一八七二年七月三日、ロンドンに到着したのは翌八月一七日ことで、おりあしくイギリス要人はのきなみ夏休みに入ってしまっていた。

ようやく岩倉とグランヴィル外務大臣との会談が実現したのは同年一一月二二日、それを皮切りに、同月二七日、翌一二月六日と三回行われ、いずれの会談にもパークスが陪席した。

その第二回会談の最後に、グランヴィルから「そのほかにお話しがありますか」と促されて、岩倉は、横浜駐屯軍の撤退要求を持ち出した。グランヴィルは面喰ったのか、「熟考の上お答えします。」と即答を避けた。そして第三回会談で、グランヴィルは、間もなく帰任することになるパークスの現地からの報告を受け取るまでは、撤兵の期日について確たることは言えないと確答を避けようとした。しかし、これで引き下がる岩倉ではない。日本側の会談記録によると以下の問答が行われたことが記されている（『条約改正関係・日本外交文書』第一巻／萩原『遠い崖』九「岩倉使節団」）。

グランヴィル　海軍兵隊引き上げの儀、これは当今横浜に屯所相設けおきそうろうも、さまでの緊要もこれあるまじくそうらえども、公使館の護衛等そのまま打ち捨ておきそうろうわけにも致しかねそうろう。……（中略）もっともパルクス儀は日本を去りそうろう以来既に多月にあいなりそうろう儀ゆえ、同人再渡の上、とくと実地の景況を見そうろう旨にそうろう。その報告に従い処置致すべく、十分の安心と申す場合目撃の上、右の兵隊引き上げ申すべくそうろう。

（岩倉はなおも撤退の確約を得ようと食い下がった）

岩倉　まず兵隊の儀より相片付け、その上償金の話に及びたくそうろう。（中略）ことさら貿易の通交は、日本の諸港において英国をもって第一に致し、諸外国の手本とも相なるべきお国柄にそうろう。然るにかような英国政府にて、なおご不安のところより兵隊を今もってお引上げこれなきは、日本の人民をして開化の運びに進ましむの手段これなし。拙者どもにおいては深くこれを残念に存じそうろう。

グランヴィル　至極ごもっともにそうらえども、とうてい公使の実報得そうろう上ならでは、解兵の儀はかり難くそうろう。

（一座黙することおよそ五分ばかり）

岩倉　右のご挨拶にてはせんかたこれなくそうろう。

パークスは、この会談のあと、自らの感想を交えたメモランダムを作成してグランヴィルに提出しているが、その中で「日本へ帰任後、海兵隊の撤退を本国政府に勧告できるような状態の存在を報告できる希望なしとしない。」と述べている（萩原前掲書）。さすがに心を動かされたのであろう。

岩倉の粘り、迫力、不羈独立へ執念。明治維新政府の大立者にとっては外国軍隊の駐留を認めているようでは独立国とは言えなかったのだ。

大急ぎで、英仏駐屯軍のその後を見ておこう。一八七三年一一月に、フランス公使ウトレイとパークスとが撤退問題について協議している。ウトレイが近く撤兵予定と告げたので、パークスも撤兵を決断し、本国外務省に、現駐屯軍の交代時期が一八七四年春に来るので、そのときに撤兵することを具申して、その承認を得た（萩原前掲書）。

もっとも一八七四年二月の佐賀の乱、同年五月の征台の役（台湾出兵）など不穏な情勢が続いたことが原因で、それは遅らされ、一八七五年一月に至り、ようやく寺島宗則外務卿と英仏両国公使との間で協議がなされ、完全撤退の合意に至った。英仏駐屯軍の撤兵が完了したのは一八七五年三月二日のことだった。

撤退完了を見届けた寺島外務卿は以下のように述べたとのことである（『大日本外交文書』第八巻／石塚前掲書）。

「右兵隊（横浜駐屯軍）……今引払い相成りそうろう儀は歓喜の至にこれ有りそうろう。」

はてさて現在の日本で、この言葉を発する幸運にめぐりあえる外務大臣は一体誰になるのであろうか。

5　まとめ

呱呱の声をあげたばかりの明治維新政府の大立者・岩倉具視は、「外国の兵隊をわが港内に上陸せしめ、又居留洋人の我が国法を犯すものあるも、彼が国の官人をしてこれを処置せしむる等は尤も我が皇国の恥辱甚だしきものと謂うべし」と考え、明治初年、その数たかだか一〇〇〇名弱、横浜の外国人らの安全を確保するための警護の部隊たることを標榜する英仏駐屯軍を撤退させようと決然と立ち、往時の超大国イギリスの大物外交官らと「外国軍隊の撤退が行われるべきであることは、疑いを容れない」、「イギリス軍隊の駐屯は、まぎれもなくわが国にとって不名誉なことである」、「英国政府にて、なおご不安のところより兵隊を今もってお引上げこれなきは、日本の人民をして開化の運びに進ましむの手段これなし。拙者どもにおいては深くこれを残念に存じそうろう」と堂々と渡り合い、遂にこれを撤退させたのであった。

のみならず明治維新政府の要人・松方正義は、「（交際条約貿易規則と混淆別なく……）空しく不羈独立の虚名を擁し其実庸隷属に異ならず　豈可嘆の至にあらずや」（筆者注：「現在の英米仏等欧米諸国との通商修好条約・貿易規則などはおしなべて……）不羈独立は虚名であって、実際には隷属である。嘆かずにはおられない」）と嘆き、不平等条約改正への思いをたぎらせた。明治維新政府の中枢を担った人たちは、この思いを共有し、不平等条約改正に果敢に挑戦した。このことは補論二において詳述するとおりである。

筆者は、明治維新政府による英仏駐屯軍の撤退交渉と不平等条約改正交渉の顛末に、一寸の虫にも五分の魂なる不羈独立の外交の精髄を見い出した次第である。

補論一　今日の外国軍隊問題

1　はじめに

言うまでもなく、今日の外国軍隊問題とは在日米軍問題である。今日、わが国には米軍が駐留し、多くの基地を使用し、これまで述べてきた英仏駐屯軍とは比較にならないほど多数の兵員を擁している。

在日米軍の法的根拠は、「日本国とアメリカ合衆国との間の相互協力及び安全保障条約」（「安保条約」）第六条第一項の「日本国の安全に寄与し、並びに極東における国際の平和及び安全の維持に寄与するため、アメリカ合衆国は、その陸軍、空軍及び海軍が日本国において施設及び区域を使用することを許される。」との定めにある。

※注：安保条約及び日米地位協定では、「施設及び区域」という用語が用いられているが、一般にはこれを基地と言っている。本稿でも以下単に基地と略称する。

そしてその存在根拠は、日本の防衛と極東の平和と安全の維持なる在日米軍の目的にあり、その目的こそが在日米軍のアルファでありオメガである。しかし、今日、在日米軍の目的は大きく変わってしまった。第一に、一九九六年四月、日米首脳会談後に発表された日米安保共同宣言により、在日米軍の目的は日本の防衛とアジア太平洋地域の安全の維持ということになり、第二に、二〇〇五年一〇月、日米安全保障協議委員会（Security Consultative Committee＝「SCC」、いわゆるツー・プラス・ツー）で、在日米軍の目的は、日本防衛、アジア太平洋地域の安全の維持及び世界の安全の維持へと変えられた（「日米同盟：未来のための変革と再編」）。ありていに言えば、在日米軍の目的は、日本防衛が依然として掲げられてはいるが、それは後景にしりぞき、アメリカが考えるところのアジア太平洋地域及び世界の安全の維持へと大きく踏み出したのである。在日米軍の存立根拠ははてしなく希薄化してしまった。

在日米軍について語るべきことは多い。しかし、さしあたり、(1)その規模、(2)その経費の負担状況及び(3)在日米軍の地位と活動を保障する日米地位協定について述べることとする。

このことを前置きし、以下に在日米軍の基地・駐留兵数、在日米軍関係経費、日米地位協定と順次その実情を素描してみることにする。

2　米軍基地・駐留兵員数

(1)　米軍基地

①　概況

まず米軍基地の実情であるが、防衛省が公表している資料によると以下のとおりである。

現在、日米地位協定第二条一項（a）に基づき、使用許可されている基地は、次のように分類できる。

A　米軍が管理し、米軍単独で使用する基地

B　同協定第二条四項（a）に基づいて米軍が管理し、米軍が使用しない時にと自衛隊が共同使用する基地

C　同協定第二条四項（b）に基づいて日本政府が管理し、米軍が一時的に使用する基地

これらの面積は、二〇二三年一月一日現在、以下のとおりである。

A　二万六二六一・〇ｈａ（うち沖縄は一万八四五二・五ｈａ）

B　七五〇九・一ha
C　七万一七二三・二ha

※注：日米地位協定第二条（抄）

1（a）合衆国は、相互協力及び安全保障条約第六条の規定に基づき、日本国内の施設及び区域の使用を許される。個個の施設及び区域に関する協定は、第二五条に定める合同委員会を通じて両政府が締結しなければならない。「施設及び区域」には、当該施設及び区域の運営に必要な現存の設備、備品及び定着物を含む。

4（a）合衆国軍隊が施設及び区域を一時的に使用していないときは、日本国政府は、臨時にそのような施設及び区域をみずから使用し、又は日本国民に使用させることができる。ただし、この使用が、合衆国軍隊による当該施設及び区域の正規の使用の目的にとつて有害でないことが合同委員会を通じて両政府間に合意された場合に限る。

（b）合衆国軍隊が一定の期間を限つて使用すべき施設及び区域に関しては、合同委員会は、当該施設及び区域に関する協定中に、適用があるこの協定の規定の範囲を明記しなければならない。

②　問題点

こんなふうに数字を並べただけでは無味乾燥のそしりをまぬかれないだろうから少し補足しておくこととする。言いたいことは二つある。

一つは沖縄県に基地が偏在していることである。Aの米軍単独使用基地についてみると、国土の〇・六％を占めるに過ぎない沖縄県に、全国にある基地の七〇・三％もの面積割合の基地が置かれていることになり、その面積は、沖縄県の面積の実に八・一〇％に相当している。これは、東京二三区のうち、東側、南側の一三区をカバーすることになる。米軍単独使用基地の面積は、沖縄以外の国土総面積の〇・〇二％、二番目に多い神奈川県ではその面積の〇・六一％であり、沖縄県の負担が飛びぬけて大きい（沖縄県「沖縄から伝えたい。米軍基地の話。Q＆A　BOOK　令和五年版」など）。これは後に見る駐留兵員数についても同様である。

もう一つは、在日米軍は、基地以外にも、米軍機の離発着や訓練のために、民間航空機の飛行を制限し、或いはわが国航空法の規制にも制約されないで広大な空域を確保・使用しているということである。

たとえば在日米軍は、東京を取り囲むように横田、座間、厚木、横須賀に基地を置いているが、これらの基地に離着陸する米軍機のために横田進入管制区・横田空域（「横田空域」）を設定し、民間航空機の進入を制限している。横田空域は、二〇〇八年九月になされた一部返還で縮小されたとはいえ、東京、神奈川、埼玉、群馬、栃木、山梨、静岡、長野、新潟、福島の一都九県の上空にわたり、高度は二四五〇メートルから七〇〇〇メートルに及んでいる（平成二〇年七月国土交通省航空局「横田空域削減に伴う羽田空港出発経路の設定について」添付資料など）。このため羽田空港に離発着する民間航空機は、これに進入しないように急旋回、急上昇、迂回など不自由かついびつな運航を余儀なくされている。

③ わが国空域の自由使用――航空交通管制

このような米軍による航空交通管制はどのような根拠に基づいて行われているのだろうか。

外務省が一九八三年五月に作成したとされる『日米地位協定の考え方　増補版』（琉球新報社が入手し、高文研から刊行）によれば、「米軍は、昭和三四年六月まで我が国における航空交通管制（航空路管制）を一元的に実施し、また、施設・区域たる飛行場及びその周辺における飛行場管制、進入管制は、現在も原則として米軍が実施している（沖縄も同様）。このような管制業務を米軍に行わせている我が国内法上の根拠が問題となるが、この点は協定第六条一項第一文及び第二文（行政協定時代もほぼ同文）を受けた合同委員会の合意のみしかなく、航空法上積極的な根拠規定はない」と説明されている。つまり占領時代から一九五九年六月までは米軍が管制業務を独占し、その後は基地及び基地周辺の管制業務は日米合同委員会の合意に基づいて米軍が実施していると言うのである。

日米合同委員会における合意文書・議事録は原則非公開の取り扱いがなされており、この合意についても、外務省ホームページで、以下のようにその骨子が公表されているだけである。

航空交通管制（改正）　昭和五〇年六月　外務省

昭和五〇年五月の日米合同委員会において次のように合意された。

1. 日本政府は、米国政府が地位協定に基づきその使用を認められている飛行場およびその周辺において引き続き管制業務を行うことを認める。
2. 米国政府の行う右管制業務の方式および最低安全基準は少なくともＩＣＡＯ（筆者注：国際民間航空機関）基準と同等なものとする。
3. 米国政府は、右管制業務が必要でなくなった場合には、日本政府に対して事前通報を行った上で、これを廃止する。
4. 日本政府は、米国政府の要請に応じ、防空任務に従事する航空機に対しては、航空交通管制上の便宜を図る。
5. 米国政府は、軍用機の行動のため空域の一時的留保を必要とする時は、日本側が所要の調整をなしうるよう、十分な時間的余裕をもって、その要請を日本側当局に対して行う。
6. 航空交通管制に関する昭和二七年六月および昭和三四年六月の合意は失効する。航空機の事故調査および捜索救難に関する昭和二七年の合意は別個の合意により終了、代替又は修正されるまで有効とする。

（注　在日米軍による測図飛行、第三国機飛来の許可に関する米軍との協議、気象情報の交換、保安管制等にかかる規定は削除された）

右に言う「昭和五〇年五月の日米合同委員会」の合意は「航空交通管制に関する合意」というタイトルで文書化されている。その一部のコピーを入手した井上一成社会党衆議院議員が、一九八四年二月二一日衆議院予算委員会で、それをもとに、米軍機に関する航空管制の実情と問題点について運輸省（当時）当局に質している（一九八四年二月二二日付朝日新聞一面トップ記事）。

それによると「航空交通管制に関する合意」は全文一三か条からなり、井上議員が入手したのは第七条「航空交通管制の承認」の部分で、当該条項は、

「日本国政府は、次の各号に掲げる航空機について、アメリカ政府の要請に応じ、航空交通管制の承認に関し、provide preferential handling（優先的取り扱いする）。A．防空任務に従事する航空機。B．あらかじめ計画され、その飛行計画について関係の航空交通管制機関と調整された戦術的演習に参加する航空機」

となっていた（吉田敏浩『「日米合同委員会」の研究』創元社）。外務省が示した骨子は、B号が省かれ、provide preferential handling を字義通りの「優先的取り扱いをする」ではなく「便宜を図る」と超訳されている。姑息というほかはない。

④　わが国空域の自由使用――飛行訓練

墜落や暴騒音被害で住民に被害を与え続けている米軍機の飛行訓練。これを実施する権限は如何なる根拠に基づいて米軍に与えられているのだろうか。

かつて外務省は、米軍機の飛行訓練は、日米地位協定第五条の規定に基づいて実施されていると説

明していた。

※注：日米地位協定第五条

1　合衆国及び合衆国以外の国の船舶及び航空機で、合衆国によつて、合衆国のために又は合衆国の管理の下に公の目的で運航されるものは、入港料又は着陸料を課されないで日本国の港又は飛行場に出入することができる。この協定による免除を与えられない貨物又は旅客がそれらの船舶又は航空機で運送されるときは、日本国の当局にその旨の通告を与えなければならず、その貨物又は旅客の日本国への入国及び同国からの出国は、日本国の法令による。

2　1に掲げる船舶及び航空機、合衆国政府所有の車両（機甲車両を含む。）並びに合衆国軍隊の構成員及び軍属並びにそれらの家族は、合衆国軍隊が使用している施設及び区域に出入し、これらのものの間を移動し、及びこれらのものと日本国の港又は飛行場との間を移動することができる。合衆国の軍用車両の施設及び区域への出入並びにこれらのものの間の移動には、道路使用料その他の課徴金を課さない。

3　（略）

これは屁理屈、こじつけの類である。基地（飛行場）への出入り、基地（飛行場）間の移動と飛行訓練とは明らかに異なるものであるから。そこで外務省は、『日米地位協定の考え方　増補版』で、次のように説明を変えた。

「(ハ)米軍による単なる飛行訓練は、例えば空対地射爆場で行われる射撃訓練とは異なり、土地等又は公有水面の使用を伴わず上空の空間しか使用しない態様の活動である。このような活動は、専ら航空安全の見地より適当な調整が行われれば、その活動によって直ちに我が国の社会秩序に影響を及ぼすものではないと考えられる。(ニ)飛行訓練のこのような性格を地位協定に照らして合理的に判断すれば、空対地射爆撃を伴わいない単なる飛行訓練は、本来施設・区域内に限定して行うことが予想されている活動ではなく、地位協定上、我が国領空においては施設・区域上空でしか行い得ない活動ではない。(なお、施設・区域外の領空における米軍の飛行訓練は、航空安全の見地より自衛隊の訓練空域で行われている。)」

飛行訓練の性質上、特に根拠がなくても実施できる、しかもそれは自衛隊の訓練空域で行われるのだから問題なかろう、というわけである。

しかし、米軍機の飛行訓練が自衛隊の訓練空域で行われると言うのは事実に反している。たとえば、今日、各地で墜落の危険性や暴騒音被害が特に問題となっている低空飛行訓練ルートは自衛隊の訓練空域とは明らかに異なる。

低空飛行訓練ルートの存在が初めて世に知らされたのは一九九四年七月二四日付朝日新聞朝刊が一面トップで、「米軍低空訓練に四ルート」との大見出しで報じたことによる。同記事を筆者要約で示すと以下の通りである。

「米海軍省法務総監事務所は、一九九一年一〇月、奈良県十津川村で米軍機が林業用のワイヤを切断した事故の事故調査報告書本文、参考文書など四四点を公開した。第七艦隊の航空団が運用している飛行ルートが本州、四国の地図上に四本の異なる色で図示されている。グリーンは青森県十和田市から蔵王山を越えて奥羽山脈上を南下し、福島県塙町まで、ピンクは山形県小国町から青森県黒石市まで北上、ブルーは岐阜県高根村から乗鞍、立山をかすめて新潟県粟島浦村へ、オレンジは和歌山県串本町潮岬から紀伊山地に入り、愛媛県東三方ケ森に向かう。ダムや発電所などをポイントに通過高度を示しており、航空法では人口密集地以外の最低安全高度は一五〇メートルとされているが、ぎりぎりの高度での飛行を指示されているものが少なくない。」

その後、一九九四年一〇月一四日、オレンジルートで低空飛行訓練をしていた米海軍攻撃機が高知県北東部の早明浦ダムに墜落、乗員二名が死亡する事故が発生した。公開された米軍による事故調査報告書には、前出の四本の低空飛行訓練ルートに加えて、ブラウン、イエロー、パープル、北方の四本のルートが示されており、一九九四年三月一四日付在日米海軍司令官のメモランダムが収録されているが、それには以下の記述があった（伊勢崎賢治・布施祐仁『主権なき平和国家　地位協定の比較からみる日本の姿』集英社）。

「航法訓練ルートは、第五空母航空団と第一海兵航空団とが日本駐留中の低高度航法訓練を円滑に行わせるために開発した低高度航法ルートである。これらのルートは、日本の航空局によって認知もされておらず、公表もされていない。そういうわけだから、民間航空の操縦士たちに通告する正式の方法もないし、このルートに沿って飛行する場合の障害物や危険について、これを新しい日付のものに更新する方法もない。『目で見て避けろ』、これがこれらのルートを飛行する場合、特別に重要となるのである。」

そうなると、『日米地位協定の考え方　増補版』の説明からは、米軍機の飛行訓練のルート、空域は、飛行訓練の性質上、わが国とは無関係に米軍が自由に設定し得るということに帰することになるのだがそんなことが許されてよいのだろうか。

なお、米軍機の飛行に関しては、「日米地位協定の実施に伴う航空法の特例に関する法律」により、「航空法」第六章の諸規定（第五七条から第九九条）は適用除外とされており、夜間飛行の際の灯火義務、飛行禁止区域の遵守義務、最低安全高度の遵守義務、速度制限の遵守義務などは米軍機には課せられていない。

もっとも米軍機の飛行訓練による重大事件が多発し、また基地（飛行場）周辺住民からの暴騒音被害の差し止め・損害賠償を求める訴訟があいつぐ中で、厚木、横田、普天間、嘉手納等の各飛行場周辺では、平常時の原則として、時間帯、飛行高度やルートを制限する日米合同委員会合意が成立している。しかし、これは法的義務でもなんでもなく、米軍側が単に自粛するというものに過ぎず、実際遵守されていないという事例が相次いで報道されている。

(2) 駐留兵員数

次に、駐留兵員数であるが、二〇二〇年三月末日現在で、以下のとおりである。なお参考までに括弧内に二〇一一年六月末日現在沖縄県の駐留兵員数とその時点における在日米軍全体の兵員に占める沖縄県駐留兵員の割合を示しておいた。(いずれも沖縄県ホームページ上で公表された沖縄県作成資料による)。

合計	五万五一四六人	(二万五八四三人	七〇・四%)
陸軍	二五二五人	(一五四七人	五九・一%)
海軍	二万〇六三六人	(二一五九人	六四・一%)
空軍	一万二八一〇人	(六七七二人	五一・五%)
海兵隊	一万九一七七人	(一万五三六五人	八七・四%)

3 在日米軍関係経費

在日米軍関係経費の内訳は非常に複雑である。令和五年版防衛白書図表Ⅲ-二-五-一在日米軍関係経費（二〇二三年度予算）によると概略以下のとおりである。

(1) 日米地位協定第二四条第二項によりわが国が負担するべきもの　四一九〇億円

防衛省関係分　二一四二億円

他省庁関係分　二〇四八億円

(2) 日米地位協定第二四条第二項外において負担するもの　四三三〇億円

① 同盟強靭化予算（在日米軍駐留経費）　二一一二億円

日米地位協定第二四条によれば、基地提供に要する費用は日本側負担、それ以外の在日米軍駐留経費はアメリカ側の負担である。この区分けに従えば、日本人基地従業員の労務費、基地内施設・米兵と家族のため住居その他の施設の建設費・維持費（提供施設整備費）、光熱水料、さらに訓練費用などは、アメリカ側の負担となる。

※注：日米地位協定第二四条

1　日本国に合衆国軍隊を維持することに伴うすべての経費は、2に規定するところにより日本国が負担すべきものを除くほか、この協定の存続期間中日本国に負担をかけないで合衆国が負担することが合意される。

2　日本国は、第二条及び第三条に定めるすべての施設及び区域並びに路線権（飛行場及び港における施設及び区域のように共同に使用される施設及び区域を含む。）をこの協定の存続期間中合衆国に負担をかけないで提供し、かつ、相当の場合には、施設及び区域並びに路線権の所有者及び提供者に補償を行なうことが合意される。

3（略）

（「思いやり予算」）

ところが、一九七〇年代後半になって、対日貿易赤字が悪化し、円高ドル安による駐留経費高騰に苦しむアメリカは、その負担を強く日本側に要求するようになった。そこで日本側は、日本人基地従業員の労務費の一部（福利厚生費）を負担することを認め、一九七八年度予算に約六二億円を計上することとなった。しかし、それははじめの第一歩に過ぎなかった。翌一九七九年度には、対象労務費の範囲が福利厚生費から諸手当の一部に拡大され、さらに米兵と家族のための住宅建設など施設整備費にまで及んで約二八〇億円が予算計上され、その後も年々増額の一途をたどり、一九八六年度予算においては一九七八年度の一三倍、八〇〇億円余りに達した。

一九七八年六月二九日、参議院内閣委員会で、この負担の根拠、理由をと問われて、金丸信防衛庁長官（当時）は、「『思いやり』の立場で地位協定の範囲内でできだけの努力を払いたい」と述べた。日本政府は、日米地位協定第二四条第二項によって認められるものだと強弁しつつも、「思いやり」という情緒的な言葉で煙幕をはり、煙に巻くほかなかったのであろう。以来、この駐留米軍経費負担のための予算計上は、「思いやり予算」なる珍妙な名称を賜ったのであった。

「思いやり予算」は、翌一九八七年度から飛躍を遂げる。一九八五年には対日貿易赤字がついに五〇〇億ドルに達し、日米貿易摩擦という言葉が躍り、アメリカ政府とアメリカ企業労使によるジャパンパッシングが日常化していた一九八七年一月、日本政府は日米関係の悪化を避けるため、アメリカ政府との間に、特別協定をとりかわして駐留米軍経費負担の範囲を一挙に拡大したのである。当時、政府はこれを暫定的な措置と説明していたが、特別協定は順次新たに取り交わされ恒久化している。

二〇二一年一二月に、期間を五年と定めて取り交わされた現行の特別協定では、負担項目は、労務費（基本給等）、光熱水料等、訓練資機材調達費、訓練移転費などとなっている。

〈同盟強靭化予算へ〉

「思いやり予算」は金額面でも飛躍し、二〇〇〇年度には二七五五億円に達し、これをピークにその後漸減し、現在に至っている。さすがにこんなにも巨額の経費を「思いやり予算」などと称し続けることは無理がある。そこで二〇二一年一二月、政府は、「思いやり予算」なる俗称を改め、同盟強靭化予算を公式名称とすることを決めたので、以下この名称を用いることとする。それにしても

〝小さく産んで大きく育てる〟を地で行くアメリカ政府のしたたかさ、それに自発的に隷従したあげく同盟強靭化予算などと自画自賛して恥じない日本政府のふがいなさを痛感したのは筆者だけではあるまい。

同盟強靭化予算の源流は、一九七一年六月の沖縄返還協定に関わる密約（柏木・ジューリック覚書）にさかのぼる。柏木・ジューリック覚書とは、一九六九年一一月、アメリカのアンソニー・ジューリック財務長官特別顧問と柏木雄介大蔵省財務官との間に取り交わされた沖縄返還に関連する秘密の了解覚書で、沖縄の基地内の施設修繕費六五〇〇万ドル（二三四億円）、沖縄の基地労働者の年金増加分三三〇〇万ドル（一一八億八〇〇〇万円）を日本側が支払う約束がなされていた。これは日米地位協定第二四条第二項では日本側負担とならないものであるが、沖縄返還のどさくさにまぎれて日本側負担とされてしまったのである。

② SACO関係経費　一一五億円

SACOとはSpecial Action Committee on Okinawa（沖縄に関する特別行動委員会）の略。

一九九五年九月、米兵三名による女子小学生に対する拉致・強姦致傷事件が機縁となって、日米両国政府に米軍基地の縮小と日米地位協定の改正を求める沖縄県民及び県当局一体の運動が展開された。これに対処し、沖縄の基地負担と県民が基地から被る被害を軽減するための施策を検討することを目的として、同年一一月、日米両国政府によって、前出のSCCの下部組織として設置された。

ＳＡＣＯは翌一九九六年一二月に、最終報告書をとりまとめお役御免となったが、同最終報告書で、普天間飛行場を含む沖縄県内一一の米軍施設の返還（計約五〇〇〇ヘクタール。ただしほとんどは代替施設を県内に設置することが条件とされた）、米軍機の騒音軽減措置、日米地位協定の運用改善を進めることなどが日米間の合意事項として掲げられた。

これらを実施するための事業費がＳＡＣＯ関係経費である。

③　米軍再編関係経費　　二一〇三億円

ここに言う米軍再編とは、二〇〇〇年代初頭から始まったアメリカの軍事戦略の転換——米軍の「変革」（Transformation）と「前方展開態勢の見直し」（Global Posture Review）——と沖縄の基地負担軽減とが複雑に絡み合ったもので、日米防衛協力の強化、自衛隊と米軍の運用の調整・統合的運用という課題も俎上にのせ、二〇〇三年ころからＳＣＣ及びその下部組織で協議が進められた。その結果とりまとめられたのが二〇〇五年一〇月のＳＣＣ文書「日米同盟：未来のための変革と再編」及び翌二〇〇六年五月のＳＣＣ文書「再編実施のための日米のロードマップ」である。

これらにより大規模な在日米軍再編を実施することにあわせて、在日米空軍司令部のある横田基地に府中に所在する航空自衛隊航空総隊司令部及び関連部隊を移し、日米の「統合作戦調整センター」を設置する、在日米軍司令部が置かれているキャンプ座間に陸上自衛隊中央即応集団司令部を配置する、など自衛隊の編成替えをすること及びこれに対する日本の財政負担が合意された。在日米軍再編の主な項目をあげると以下のとおりである。

・二〇一四年までに普天間飛行場の代替施設を、キャンプシュワブ沿岸部に、「辺野古崎とこれに隣接する大浦湾と辺野古湾の水域を結ぶ形」で建設し、滑走路二本をV字型に配置する（V字案）。

・二〇一四年までに在沖海兵隊一万八〇〇〇人のうち司令部要員八〇〇〇人、及びその家族九〇〇〇人をグアムに移転させる。

・二〇一四年までに厚木基地に配備されている空母艦載機を岩国基地に移す。一方、岩国基地に配備されている海兵隊ヘリはグアムに、自衛隊機は厚木基地に移転される。

・既存基地の一部返還……沖縄県のキャンプ桑江、普天間飛行場など六か所（ただし県内に代替施設を設置と海兵隊のグアム移転の進展が条件）、神奈川県相模原総合補給廠及びキャンプ座間の一部

・二〇〇八年九月までに横田空域の一部返還

・米軍機の訓練移転と日米共同訓練の拡大

米軍再編関係経費とはこれらの事業を実施するための費用である。

以上在日米軍関係経費はしめて八五二〇億円にものぼるが、これにはさらに上積みがある。二〇〇二

三年一一月成立の二〇二三年度補正予算で、米軍再編関係経費として、以下のとおり合計三一六八億円が追加計上されたので、結局、二〇二三年度の在日米軍関係経費は、一兆一六八八億円になるのである。

・空母艦載機の移駐等のための事業二六八四億円（馬毛島における係留施設等、滑走路等に係る施設整備）
・普天間飛行場の移設三三八億円（普天間飛行場代替施設の建設等三二六億円、普天間飛行場補修事業一二億円）
・嘉手納以南の土地の返還一四六億円（返還される米軍施設・区域の移設先の整備）

筆者は、これら在日米軍経費をずらずらと並べつつ、言い知れぬ不快感を味わっている。「思いやり予算」改め同盟強靭化予算、在沖米軍基地の被害軽減を標榜するＳＡＣＯ関係経費、主としてアメリカの世界戦略にあわせた米軍再編関係経費、これらはアメリカが負担するのが当然のものであるのにわが国が負担を買って出るのは不条理以外のなにものでもない。もっともこの不条理は在日米軍という不条理から派生するものではあるのだが。

（米軍再編の蹉跌――辺野古基地建設問題）

少し脱線するが、米軍再編は、計画通りには進捗していない。とりわけ普天間代替施設の建設、海兵隊のグアム移転は、計画決定以来一八年近く経過した今日も難航している。ここでは普天間代替施設建設計画の迷走ぶりについてざっと見ておきたい。

前述したように二〇〇六年五月の「再編実施のための日米のロードマップ」で、V字案（「辺野古基地建設」）が最終決定されたが、地元沖縄県民、辺野古市民らがこれに反対する声をあげ、沖縄県、辺野古市当局を巻き込み、運動を展開したことにより、辺野古基地建設は一歩も前に進まない状態が続いた。二〇〇九年一月、民主党政権が成立すると、鳩山由紀夫首相が辺野古基地建設の白紙還元、「最低でも県外移設」を唱えたものの、外務、防衛大臣がこれに同調せず閣内不一致を露呈し、二〇一〇年五月、SCCにおける合意を経て、辺野古基地建設に回帰することを閣議決定でしてしまった。

※注：二〇一〇年五月二八日閣議決定

「2　……日米両国政府は、普天間飛行場を早期に移設・返還するために、代替の施設をキャンプシュワブ辺野古崎地区及びこれに隣接する水域に設置することとし、必要な作業を進めていくとともに、日本国内において同盟の責任をより衡平に分担することが重要であるとの観点から、代替の施設に係る進展に従い、沖縄県外への訓練移転、環境面での措置、米軍と自衛隊との間の施設の共同使用等の具体的措置を速やかに採るべきこと等を内容とする日米安全保障協議委員会の共同発表を発出した。3　政府としては、上記共同発表に基づき、普天間飛行場の移設計画の検証・確認を進めていくこととする。……」

その後、二〇一一年六月、同じ民主党政権の菅直人首相の下で開催されたSCCにおいても辺野古基地建設が再確認された。しかし、翌年一二月総選挙では沖縄県の全選挙区で辺野古基地建設に賛成する自民党候補者が落選したことに見られるように、沖縄県民の辺野古基地建設反対の民意は依然明確かつ強固であった。それにもかかわらず、同選挙で政権に返り咲いた自民党の安倍晋三政権（公明党参加）は、辺野古基地建設が唯一の選択肢だとしてその推進に精力的に取り組み、二〇一三年一二月、もともと県外移設を公約に当選していた沖縄県知事仲井眞弘多に大盤振る舞いの沖縄振興策を提示し、ようやく公有水面埋立法に基づく埋立承認へとこぎつけた。

こうしていよいよ辺野古基地建設の土俵が作られてしまったが、県民はこれに屈せず、二〇一四年一一月に実施された知事選挙で、仲井眞を落選させ、基地縮小・辺野古基地建設反対を公約に掲げた翁長雄志を当選させることによって、辺野古基地建設反対の旗幟を一層鮮明にした。沖縄県当局も翁長知事の下で、また任期満了前に死亡した同知事の遺志を継承して二〇一八年九月知事選挙で新たに知事に当選した玉城デニーの下で、現存の法的枠組みの中で辺野古基地建設に抵抗を続けた（管見の限りでは沖縄県知事もしくは沖縄県と政府関係機関を当事者とする辺野古基地建設関連の訴訟は実に一四件に及んでいる）。沖縄県の過重な基地負担解消、民意尊重（二〇一九年二月に実施された「辺野古米軍基地建設のための埋立の賛否を問う県民投票」で、反対が有効投票総数六〇万一八八八票――投票率五二・四八％――のうち四三万四二七三票を占めた）、自然環境保護、基地縮小を掲げる沖縄県当局の抵抗は今後も続くだろうし、沖縄県民の反対運動も続くだろう。

なお、辺野古基地建設は、肝心要の埋立工事に重大な問題が発生し、二〇二〇年四月、沖縄防衛局は沖縄県知事に対し、埋立承認がなされた願書中の「設計の概要」を変更する埋立変更承認申請をなすに至った。辺野古崎北側・東側の大浦湾側埋立計画区域内（埋立工事全体に対する割合は土量にして八五％、面積にして約八〇％に及ぶ）に広範に軟弱地盤が存在することが明らかとなり、サンド・コンパクション・パイル工法（ＳＣＰ）による地盤改良工事を実施しなければならないということを理由とするもので、これは埋立承認の目的を逸脱しない軽微な変更に当たると言うのであった。これに対し沖縄県知事は、変更範囲が広範囲に及ぶこと、変更する工事内容は、技術的にも前例のない特殊ないわば未知の工事を実施するものであること、変更する工期も計画完成予定時期を大幅に変更するものであることなどから右軽微な変更にはあたらないとして不承認とした。ここでこの問題の詳細を論ずることはできないが、以下のことを指摘しておきたい。

第一に、沖縄防衛局は、二〇〇七年時点で、調査を委託した業者から「軟弱な沖積層が広く、厚く分布」という記述のある「地層調査報告書」を受け取っていたこと（共同通信が当該「地層調査報告書」を入手し、二〇二三年一一月一日、配信した記事による）及びこれまでの工事状況はことさらに軟弱地盤を避けて工事を進めていたことをうかがわせるものであることからすると、軟弱地盤の存在を知っていたにもかかわらずそれを秘し、埋立承認を掠め取ったことになり、詐欺的手法を用いたのではないかと疑われること。

第二に、埋立変更承認申請中の「設計の概要」に示された計画地盤改良工事は、海面下七〇メートルまでの砂杭の打ち込みのみで軟弱地盤は海面下九〇メートルに及ぶとの地質工学者らの調査結果を無視するものであること。

第三に、埋立変更承認申請において、埋立工事の完成時期を変更承認後の工事に着手時点から九年三か月後としており、仮に順調に進んでも埋立工事完成時期は実に二〇三三年以降に及ぶものであること（もっとも右に見たように計画地盤改良工事はまにあわせ的なものであることを考えるとおそらく順調には進まないだろう思われる）こと。

※注：沖縄防衛局の埋立変更承認申請に対する知事の不承認処分を取り消す国交大臣の裁決に対し、県が裁決取り消しを求める抗告訴訟を提起。右訴訟は、二〇二二年一二月、最高裁判決により県の敗訴確定。その後、国は、地方自治法第二四五条の八に基づき知事に代わって埋立変更承をするためのいわゆる代執行訴訟を福岡高等裁判所那覇支部に提起。二〇二三年一二月二〇日、同裁判所はこれを認める判決を言い渡した。この判決に対し県は最高裁判所に上告受理申立をしたが、代執行判決には即時執行力があるため、国交大臣は同月二八日に知事に代わって埋立変更承認をした。これに基づき、沖縄防衛局は、二〇二四年一月一〇日、軟弱地盤を包含する区域での工事に着工した。なお最高裁判所は、同年二月二九日、上告不受理決定をし、右判決は確定した。

第四に、防衛省は辺野古基地建設係る全体工事費用を当初三五〇〇億円と試算していたところ、軟弱地盤の存在が公になった後の二〇一九年一二月にはこれを九三〇〇億円と増額したが、工事の進捗状況や今後の不透明感から二兆円、三兆円に及ぶのではないかと言われており、財政合理性を欠くとの指摘がなされていること。

まさに辺野古基地建設は、海中のマヨネーズのような軟弱地盤に足を踏み入れ、もがけばもがくほどに深みにはまり込む様相を呈している。

4　日米地位協定

ここで、これまで度々触れることがあった日米地位協定（「地位協定」）について述べておこう。『本当は憲法より大切な「日米地位協定入門」』というタイトルの本も出版されているほどに地位協定は重要である。ややこみいった話になるが、地位協定を語らずして在日米軍を語ったことにはならないので、ご辛抱頂きたい。

(1)　地位協定とは

安保条約第六条は、「①日本国の安全に寄与し、並びに極東における国際の平和及び安全の維持に寄与するため、アメリカ合衆国は、その陸軍、空軍及び海軍が日本国において施設及び区域を使用することを許される。②前記の施設及び区域の使用並びに日本国における合衆国軍隊の地位は、一九五二年二月二八日に東京で署名された日本国とアメリカ合衆国との間の安全保障条約第三条に基づく行政協定（改正を含む。）に代わる別個の協定及び合意される他の取極により規律される。」と定めている。地位協定とは、この安保条約第六条②に言う「協定」であり、正式名称を「日本国とアメリカ合衆国との間の相互協力及び安全保障条約第六条に基づく施設及び区域並びに日本国における合衆国軍隊の地位に関する協定」と言う。地位協定は、基地の提供・返還、基地の使用・管理、税制・通関上の優遇措置、米軍の構成員・軍属・それらの家族の権利義務、刑事裁判権、民事請求権・裁判権等について定めている。

(2) 占領体制の衣替え

右に述べた地位協定の前身である「日本国とアメリカ合衆国との間の安全保障条約」(「旧安保条約」)下の日米行政協定(「行政協定」)は国会の関与なしに日米政府間で締結した行政的取り決めであるが、その交渉過程における日米間のやりとり、取り決めの内容の最大の特徴は、アメリカ側が占領軍として享有していた既得権、特権的地位、権限を、独立後の日本に駐留することになる米軍にそっくり保障させようと全力を傾注したこと、その結果、みごとにそれが結実したものであると言えることである。その概要は以下のとおりである。

アメリカ側にとって最も重要なことは、占領軍として使用していた既存の基地をそっくり存続させることであった。しかし、基地の提供は、独立後の日本にあっては、占領時代の如くアメリカの一存で行うことはできず、建て前としては日米間の協議によって決めることが必要であった。この点について行政協定第二条第一項は「日本国は、合衆国に対し、安全保障条約第一条に掲げる目的の遂行に必要な施設及び区域の使用を許すことに同意する。個個の施設及び区域に関する協定は、この協定の効力発生の日までになお両政府が合意に達していないときは、この協定の

第二六条に定める合同委員会を通じて両政府が締結しなければならない。（以下略）」と定めている。

これに基づき、一九五二年四月二八日旧安保条約及び行政協定の効力が発生するまでの間は、「予備作業班」という日米間の協議機関で、効力発生後は「予備作業班」の任務を引き継いだ日米合同委員会で、協議がなされ、同年七月二六日取り交わされた「行政協定に基づく日本国政府とアメリカ合衆国政府との間の協定」（「日米施設協定」）によって占領時代の大半の基地の無期限使用が認められることになった。

この時点で未だ合意に至らなかった基地は五一か所あった。それらについてはどうなったかと言うと、それよりずっと前、行政協定に関する集中的交渉が行われた最終日の同年二月二八日に、日本国国務大臣（外務大臣）岡崎勝男、合衆国大統領特別代表ディーン・ラスクとの間に、「予備作業班の任務は、行政協定が効力を生ずる日に合同委員会によって引き継がれること、予備作業班もしくは合同委員会で合意成立に至らない基地については使用の継続を合衆国に許すこと」とする交換公文が取り交わされ、継続使用が認められたのであった。このようにして占領下の基地はほぼそっくりそのまま独立国日本においても存続することになったのである。

また行政協定の各条そのものについても、締結交渉にあたった西村熊雄（当時外務省条約局長）でさえ「行政協定の第二条ないし第二三条の条項に盛られている特権、権能、免除は、読んであまり愉快なものではない」述べ（シリーズ戦後史の証言・占領と講和7『サンフランシスコ平和条約・日米安保条約』（中公文庫）、「協定を通読すると、日本ばかりが give and give することになる印象をつよめることもみのがしてはならない。」」、「交渉当事者自身ははなはだ不満で早晩できるかぎり早目に改善しなければならないと心ひそかに期するところがあった」（外務省・日本外交文書『平和条約の締結に関する調書』Ⅷ）と評するほどのものであった。

それに対し、地位協定は一九六〇年一月一九日調印された後、同年六月二〇日、安保条約とともに国会で承認されたれっきとした条約である。そのためもあって地位協定は、外務省担当者らの努力・粘り強い交渉で、ドイツ連邦共和国とNATO諸国軍との地位協定（「ボン協定」及び「ボン補足協定」）を参考にして表現はスマートかつソフトに書き改められることになった。しかし、アメリカ側は、〝肉を切らせて骨を切る〟の伝で、行政協定で認めさせた既得権、諸特権、権能の主要部をそっくり引き継がせるべくさまざまな工夫をこらし、それを実現させたのであった。その概略は以下のとおりである。

① アメリカ大使館から国務長官宛てに送られた一九五九年一二月四日付「秘」公電において、同月三日作成された次の文案の文書に、日米両国において安保条約締結交渉の中心的役割を担った藤山愛一郎外相とダグラス・マッカーサーⅡ世駐日大使がイニシャル署名することが確認されたことが明記されている。両者は、その後翌一九六〇年一月六日、右文案の文書に実際にイニシャル署名した。どんな確認がなされたか。それは駐日アメリカ大使館から国務長官宛てに送られた同年七月七日付「秘」公電に以下の通りその内容が記されており、さらに同年六月二三日、地位協定発効後の最初の日米合同委員会の議事録に当該文書が添付とされた旨の記載がなされている（新原昭治『日米「密約」外交と

人民のたたかい　米解禁文書から見る安保体制の裏側』新日本出版社、吉田敏浩『日米合同委員会の研究』創元社)。

「一九六〇年一月一九日にワシントンで調印されたアメリカ合衆国と日本国との相互協力及び安全保障条約第六条に基づく施設及び区域並びに日本国における合衆国軍隊の地位に関する協定第三条の文言は、一九五二年二月二八日東京で調印された行政協定第三条一項——一九五二年二月二六日の行政協定交渉のための第一〇回合同委員会の公式議事録の了解を含む——のもとで、確立した慣行にいっそう調和した言い回しにするために修正された。日本国における合衆国軍隊の使用のため日本国政府に許与された施設及び区域内での合衆国の権利は、一九六〇年一月一九日ワシントンで調印された協定第三条一項の改訂された文言のもとで、一九五二年二月二八日東京で調印された協定のもとでと変わることなく続く。『関係法令の範囲内で』という文言に関して、現に効力のある法令が不適当であることがわかった場合、日本における米国軍隊の防衛責任が満足できる形で果たせるようにするため日本の法令の改正を求めることの望ましさまたは必要性について合同委員会は論議する。」

こんなふうに西村条約局長をして「読んであまり愉快なものではない」と嘆かせた行政協定第三条一項の文言は、地位協定第三条一項の穏やかな文言へと改められたが、それにもかかわらず従来となんら異なることなく、米軍は基地に関ついて「設定、使用、運営、防衛又は管理のため必要な又は適当な権利、権力及び権能」を保持し続けることが認められ、かつ「関係法令の範囲で」という文言についても事実上その無効化が図られているのである。

※注：（行政協定第三条一項）

合衆国は、施設及び区域内において、それらの設定、使用、運営、防衛又は管理のため必要な又は適当な権利、権力及び権能を有する。合衆国は、また、前記の施設及び区域に隣接する土地、領水及び空間又は前記の施設及び区域の近傍において、それらの支持、防衛及び管理のため前記の施設及び区域への出入の便を図るのに必要な権利、権力及び権能を有する。本条で許与される権利、権力及び機能を施設及び区域外で行使するに当つては、必要に応じ、合同委員会を通じて両政府間で協議しなければならない。

（地位協定第三条一項）

合衆国は、施設及び区域において、それらの設定、運営、警護及び管理のため必要なすべての措置を執ることができる。日本国政府は、施設及び区域の支持、警護及び管理のための合衆国軍隊の施設及び区域への出入の便を図るため、合衆国軍隊の要請があつたときは、合同委員会を通ずる両政府間の協議の上で、それらの施設及び区域に隣接し又はそれらの近傍の土地、領水及び空間において、関係法令の範囲内で必要な措置を執るものとする。合衆国も、また、合同委員会を通ずる両政府間の協議の上で前記の目的のため必要な措置を執ることができる。」

② 前出の一九六〇年七月七日付アメリカ大使館から国務省に宛てた同年六月二三日開催の地位協定

のもとにおける第一回日米合同員会の概要の報告を内容とする「秘」公電には、さらに以下のように記述されている（吉田前掲書）。

「一九五二年二月二八日に調印された日米行政協定第二六条にもとづいて設置された合同委員会とその分科会などにおいて、議事録に記録された諸々の決定、手続き、解釈、合意事項、取り決めは、一九六〇年一月一九日に調印された新日米安保条約第六条にもとづく日米地位協定の規定に従って変更されないかぎり、引き続きその効力を有する。」

※注：行政協定第二六条

1　この協定の実施に関して相互の協議を必要とするすべての事項に関する日本国と合衆国との間の協議機関として、合同委員会を設置する。合同委員会は、特に、合衆国が安全保障条約第一条に掲げる目的の遂行に当つて使用するため必要とされる日本国内の施設又は区域を決定する協議機関として、任務を行う。

2　合同委員会は、日本国の代表者一人及び合衆国の代表者一人で組織し、各代表者は、一人又は二人以上の代理及び職員団を有するものとする。合同委員会は、その手続規則を定め、並びに必要な補助機関及び事務機関を設ける。合同委員会は、日本国又は合衆国のいずれか一方の代表者の要請があるときはいつでも直ちに会合することができるように組織する。」

こんなふうにして、行政協定の下で、当時の日米合同員会及びその分科会で積み上げられた決定、手続き、解釈、合意事項、取り決めは、地位協定の下でも原則として効力を持ち続けることになったのである。

③ 前述のごとく占領下における基地は、予備作業班及びそれを引き継いだ行政協定下の日米合同委員会で協議し、成立した日米施設協定と岡崎・ラスク交換公文により、行政協定の下でも継続して使用されることになり、その後日米政府間において個別に返還合意がなされていないものはそのまま現在まで存続しているわけであるが、新たな基地の設定についてはどのようにしてなされることになるのだろうか。それを定めたのが前出の地位協定第二条一項（a）である。もう一度見てみよう。

合衆国は、相互協力及び安全保障条約第六条の規定に基づき、日本国内の施設及び区域の使用を許される。個個の施設及び区域に関する協定は、第二五条に定める合同委員会を通じて両政府が締結しなければならない。「施設及び区域」には、当該施設及び区域の運営に必要な現存の設備、備品及び定着物を含む。

ご覧のように、日米合同委員会を通じて日米両政府が協定をすることになっている。しかし、アメリカ側が特定の基地提供を求めたとき、日本側はこれを拒絶できるだろうか。前に参照した外務省『日米地位協定の考え方　増補版』は、第二条のところで、以下のように述べている。

「（第一項（a）第一文と第二文は……と定めている。）このことは次の二つのことを意味している。第一に、米側は、我が国の施政下にある領域内であればどこにでも施設・区域の提供を求める権利が認められていることである。第二に、施設・区域の提供は、一件ごとに我が国の同意によることとされており、従って、わが国は施設・区域の提供に関する米側の要求の全てに応ずる義務を有してはいないことである。地位協定が個々の施設・区域を我が国の個別の同意によらしめていることは、安保条約第六条の施設・区域の提供目的に合致した米側の提供要求を我が国が合理的な理由なしに拒否し得ることを意味するものではない。特定の施設・区域の要否は、本来は、安保条約の目的、その時の国際情勢及び当該施設・区域の機能を総合して判断されるべきものであろうが、かかる判断を個々の施設・区域について行うことは実際問題として困難である。むしろ、安保条約は、かかる判断については、日米間に基本的な意見の一致があることを前提として成り立っていると解すべきである。」

まわりくどく、晦渋な文章であるが、これは端的に言えば、アメリカ側は、安保条約第六条所定の「日本国の安全に寄与し、並びに極東における国際の平和及び安全の維持に寄与する」との目的で個々の基地の提供を要求するのだから、日本側はこれに応じるほかはないのだということになる。要するにアメリカの意思が貫徹されることになる。占領下と異なるのは、それが力ずくなされるのではなく、日米合同員会の協議というソフトな形式を践んでなされるというだけのことである。

(3) 日米合同委員会

さてここで、これまで幾度となく出てきた日米合同委員会について少し触れておくこととする。前にも述べたように旧安保条約及び行政協定の効力発生前に日米政府の協議機関として発足した「予備作業班」は、右発効後は日米合同員会に引き継がれた。行政協定第二六条は以下の通り定める。

1 この協定の実施に関して相互の協議を必要とするすべての事項に関する日本国と合衆国との間の協議機関として、合同委員会を設置する。合同委員会は、特に、合衆国が安全保障条約第一条に掲げる目的の遂行に当つて使用するため必要とされる日本国内の施設又は区域を決定する協議機関として、任務を行う。

2 合同委員会は、日本国の代表者一人及び合衆国の代表者一人で組織し、各代表者は、一人又は二人以上の代理及び職員団を有するものとする。合同委員会は、その手続規則を定め、並びに必要な補助機関及び事務機関を設ける。合同委員会は、日本国又は合衆国のいずれか一方の代表者の要請があるときはいつでも直ちに会合することができるように組織する。

3 合同委員会は、問題を解決することができないときは、適当な経路を通じて、その問題をそれぞれの政府にさらに考慮されるように移すものとする。

それがそっくり地位協定第二五条に引き継がれた。地位協定第二五条を念のため見ておくと以下のとおり行政協定第二六条と全く同じ文言である。

1　この協定の実施に関して相互間の協議を必要とするすべての事項に関する日本国政府と合衆国政府との間の協議機関として、合同委員会を設置する。合同委員会は、特に、合衆国が相互協力及び安全保障条約の目的の遂行に当つて使用するため必要とされる日本国内の施設及び区域を決定する協議機関として、任務を行なう。

2　合同委員会は、日本国政府の代表者一人及び合衆国政府の代表者一人で組織し、各代表者は、一人又は二人以上の代理及び職員団を有するものとする。合同委員会は、その手続規則を定め、並びに必要な補助機関及び事務機関を設ける。合同委員会は、日本国政府又は合衆国政府のいずれか一方の代表者の要請があるときはいつでも直ちに会合することができるように組織する。

3　合同委員会は、問題を解決することができないときは、適当な経路を通じて、その問題をそれぞれの政府にさらに考慮されるように移すものとする。

日米合同委員会は、日米政府間の協議機関で、日本側が外務省北米局長（代表）、法務、農水、防衛、外務、財務の幹部計六名、アメリカ側が在日米軍司令部副司令官（代表）、その他の在日米軍幹部（五名）、アメリカ大使館公使（一名）計七名、あわせて一三名からなる本会議と、その下に補助機関として分科委員会・特別分科委員会・部会などが置かれている。

日米合同委員会で協議がなされる事項は、地位協定の実施に関して必要とされる全ての事項――基地の提供・返還、基地の使用・管理、税制・通関上の優遇措置、米軍の構成員・軍属・それらの家族の権利義務、刑事裁判権、民事請求権・裁判権等――であり、特に基地の提供の決定は、わざわざ特記されている。しかし、基地の提供の決定について、事実上、日本側にはアメリカ側の要求を拒むことができないと解されていることは既に述べたとおりである。ではその余の事項についてはどうだろうか。勿論、建て前としては対等平等なのであろうが、吉田敏浩の詳細な研究によれば、アメリカ側の意思が尊重される運用がなされているのが実態であるとされている（吉田前掲書）。

日米合同委員会の最大の問題点は合意の内容が原則として公表されないことである。外務省ホームページには「日本国とアメリカ合衆国との間の相互協力及び安全保障条約第六条に基づく施設及び区域並びに日本国における合衆国軍隊の地位に関する協定（日米地位協定）及び関連情報」の欄がもうけられているが、そこに以下の文書が掲載されている。

「日米合同委員会の議事録の公表について

一九六〇年（昭和三五年）六月二三日に開催された第一回日米合同委員会において、次のように合意された。

――合同委員会の公式な議事録は両政府に関する正式な文書と見なされ、双方の合意がない限り公表されない。」

これにより、合意内容が口頭確認事項として議事録中にある場合は勿論、別途文書が作成されている場合も議事録添付として記録保管されるので、結局合意内容は、日米双方の合意がない限り、つまりどちらかに何らかの不都合がある場合には、公表されないのである。

この点について、外務省は、前記ホームページの欄中「よくある質問(日米地位協定Q&A)の項で、わざわざ、

「日米地位協定の実際の運用については、日米合同委員会で合意される秘密の合意で決められているというのは本当ですか。」

との問いをたてて以下の回答を示している。

「日米合同委員会は、日米地位協定の実施に関する協議機関です。日米合同委員会における協議を経た合意事項は、そのほとんどが施設・区域の提供、返還等に関する事項であり、従来より、米側との協議の上で、その全文又は概要を公表してきています。今後とも、日米合同委員会での合意についての公表に努力していきたいと考えています。」

たしかに外務省は、前記のホームページの欄に掲載する形で、合意内容をある程度公表している。しかし、それはアメリカ側が同意する範囲のことであり、合意のごく一部であるに過ぎない。また公

表の仕方も合意全文ではなく、その要旨もしくは骨子だけとするものが多い。
それに、それらが公表されるに至ったのは、外務省が自発的にしたのではなく、熱心な人たちが、行政文書開示請求や裁判等により多大の労力をついやし、苦心惨憺した結果、ようやくかち得たものだということも忘れてはならない。

(4) 地位協定は現代の不平等条約

既に述べたように、アメリカ側が占領軍として享有していた既得権、特権的地位、権限を、独立後の日本に駐留することになる米軍にそっくり保障した行政協定を承継し、ドイツ連邦共和国とNATO諸国軍との地位協定（「ボン協定」及び「ボン補足協定」）を参考にしてスマートかつソフトな表現に書き改めた上で、実質は、行政協定が保障した占領時代における米軍の既得権、諸特権、権能の主要部を引き続き保障したのが地位協定である。

従って、地位協定は独立国の主権を尊重する現代国際法の基準を満たさないものであり現代の不平等条約である。それは、以下の点に表れている。

第一点。米軍基地の提供は、米軍の意思を優先する運用が許される仕組みとなっていること。すなわち、一応は、日米間の協議によって合意・決定するということとされているが、それは国会の関与がなく、議事はもちろん、合意内容も原則非公開の日米合同委員会においてなされるものであり、しかもアメリカ側の基地提供の要求を日本側が拒むことはできないとの解釈がなされていることは前述のとおりである。その結果、アメリカ側の指定する場所に、期限の定めもなく、また使用目的・条件を厳密に取り決めることなく基地が提供されているのが実態である。

第二点。米軍の活動は、わが国の法令による規制を受けないとの考え方に基づいていることである。この点について、外務省は、前出の『日米地位協定の考え方　増補版』の第三条第一項に関する説明箇所で、以下のように述べている。

「米軍に提供される施設・区域に右の如き法的地位（筆者注：排他的に使用・管理できる地位）が与えられるのは、第一に、米軍の使用に供される施設・区域に右の如き法的地位が与えられない限り米軍の有効な機能の発揮が妨げられるということによるが、第二に、他方において、我が国に駐留する米軍（集合体としての米軍及び公務執行中の個々の米軍人・軍属）には、後述の如く、地位協定に特別の定めがある場合を除き、一般国際法上我が国の法令の適用がなく……（以下略）。」

もっともこの点に関する説明は、その後微調整されているようである。外務省の前記のホームページの欄中「よくある質問（日米地位協定Q＆A）の項で、

「米軍には日本の法律が適用されないのですか。」

との問いをたて以下の回答を示している。多少ソフトな表現がなされているが、実質は何も変わらない。

「一般に、受入国の同意を得て当該受入国内にある外国軍隊及びその構成員等は、個別の取決めがない限り、軍隊の性質に鑑み、その滞在目的の範囲内で行う公務について、受入国の法令の執行や裁判権等から免除されると考えられています。……（以下略）」

第三点。様々な特権が米軍や米兵・軍属に与えられていること。特に、刑事事件にかかわる特権によって、法的正義が害されており、民事事件にかかわる特権によって米軍の行為者責任を問い被害救済を求める被害者の権利奪われており、その他米軍の活動、訓練、基地の管理によって市民生活に様々な不利益、被害、犠牲が押し付けられ、平穏な市民生活が脅かされる事態が頻発している。

地位協定については、これまでに日弁連、渉外知事会（米軍基地を置く主要一五都道府県の知事による組織）、沖縄県、各野党、さらには与党自民党の「日米地位協定の改定を実現し日米の真のパートナーシップを確立する会」からも、政府に対し意見書、要望書等が提出され、具体的な改正の提案がなされている。このうち参考文献に掲げた日本弁護士連合会「日米地位協定の改定とこれを運用する制度の改善を求める意見書」（二〇二二年八月一八日）は詳細な調査・検討をふまえた非常に優れたものである。是非とも紹介をしたいが、何せ長文であるから省略したい。読者には直接一覧を乞う次第である。

これに対して、政府は、地位協定そのものの改正には一貫して消極姿勢を示し続け、問題が発生すると日米合同員会で弥縫的かつあいまいな運用改善の合意をすることによって糊塗し続け、唯一、基地内及び基地周辺の環境保全に関して地位協定を補足する別途協定（二〇一五年九月環境補足協定）を結んだに過ぎない。しかし、それさえも肝心な基地内への立ち入り調査について米軍側に法的義務を課するものではなく、米軍側の同意が得られなければ結局立入調査はできないという実効性の乏しい協定である。

5　まとめ

現在わが国に駐留する在日米軍は、その数英仏駐屯軍の五〇倍をはるかに超え、使用する基地は、米軍専用基地だけで沖縄の県土の八・一〇％を筆頭にその他一二都道府県に全面積の〇・〇二％、神奈川県ではその面積の〇・六一％を占める規模である。しかもハイテク技術を駆使した最先端の兵器で武装する世界最強と言える巨大な軍隊である。在日米軍は、地球表面の五〇％のエリアをカバーする米インド太平洋軍に属し、その目的・任務は、日本防衛も標榜してはいるが、その軍構成、軍種、演習実態からみて、日本防衛は限りなく希薄化し、名目化している。梅林宏道『在日米軍　変貌する日米安保体制』（岩波新書二〇一七年）は、在日米軍の実態を解明した好著であるが、在日米軍の軍構成を詳細に分析し、以下のように述べている。

「海兵隊は、在日米軍最大の戦闘部隊として沖縄を中心に前進配備されている。なかでも、第Ⅲ海兵遠征軍は、米海兵隊に三つしかない海兵遠征軍の一つである。そのことだけからしても、在日米軍は米軍の世界展開に欠くことのできない戦力供給源であると言える。

海軍に関しては、日本は第七艦隊の中核となる戦闘部隊の母港となっている。空母打撃群と遠征打撃群の世界で唯一の海外母港が日本にある。米本土から見て地球の裏側になるインド洋、アラビア海地域への部隊展開は、第七艦隊なしには極めて困難であろう。これに加えて、新しい米本土防衛のミサイル防衛システムに不可欠の役割を担うようになった。

空軍の役割は、戦略的空輸のハブ基地として機能するとともに、世界に展開する訓練のゆきとどいた戦闘機部隊を供給することである。同時に沖縄には世界最大の空軍弾薬補給基地がある。

陸軍は、太平洋全域にサービスする補給部隊としての役割を担っている。

この他に、在日米軍基地は、少人数ながら陸、海、空、海兵すべてにわたって世界中に派遣できる特殊作戦部隊を擁しているとともに、世界有数のスパイ基地や情報部隊の活動拠点となっている。」

在日米軍は、アジア・太平洋・インド洋から果ては中東にまで睨みをきかすアメリカの世界戦略の一翼を担うことを主たる任務としていることを見事に喝破している。

わが国政府は、二〇二三年度には一兆一六八八億円という気が遠くなるような巨額の経費を負担し、また現代の不平等条約たる地位協定でもって手厚い保護を加え、そのような在日米軍の駐留を支え続けている。そのあまりの理不尽さ、不甲斐なさに切歯扼腕するする人は少なくないだろうと筆者は思うのであるが、いかがでろうか。

現在の国際法のもとにおいて、国家は、その領域内において、条約又は慣習国際法で特例が認められる場合を除き、排他的な管轄権を行使することができる。それは、国はその領域内にある全ての人と物に対して、原則として排他的にそれらを規制する立法管轄権（立法権）、及びこれらの規制を適用する執行管轄権（行政権と司法権）を有し、他国はそれらを尊重しなければならない、ということを内容とする。このような排他的管轄権を領域主権と言う。

領域主権は一国内にある他国軍隊にも及ぶ。在日米軍と地位協定は、この領域主権の侵食を許すという重大な問題を孕んでいるのだ。

岩倉ならば、この事態を見て、きっと「国の恥辱甚だしきもの」と叫んだことだろう。

補論二　明治の昔、政府は不平等条約改正を求めて闘った

1　はじめに

一八六九年初めころ、議定のひとり岩倉具視は、輔相三条実美に送った書簡で、「……目今の如く外国の兵隊をわが港内に上陸せしめ、又居留洋人の我が国法を犯すものあるも、彼が国の官人をしてこれを処置せしむる等は尤も我が皇国の恥辱甚だしきものと謂うべし、断然と前日締結したる通信貿易条約を改訂して、以て我が皇国の権を立てざるべからず……」と嘆き、気張って見せた（『大日本外交文書』第二巻第一冊／石塚裕道『明治維新と横浜居留地　英仏駐屯軍をめぐる国際関係』吉川弘文館）。

それから五年余り後、租税頭《そぜいのかみ》（税制の調査・企画・立案等をする部門の長。現在で言えば主税局長に相当する）松方正義は、部下の租税助《そぜいのすけ》吉原重俊と連名で大蔵卿大隈重信に提出した意見書（一八七四年四月二五日付「税則改定建議」）の中で、次のように嘆きの言葉を発している（五百旗頭薫『条約改正史　法権回復への展望とナショナリズム』有斐閣）。

「交際条約貿易規則と混淆別なく、甚だしきに至りては、税法を軽重し、物品を開閉し、条例を設くる皆彼国領事と協議決定すべき条款を立るに至る。税法不利にして而して改むるを得ず。条例不便にして而して変ずるを得ず。空しく不羈独立の虚名を擁し其実附庸隷属に異ならず　豈可嘆の至にあらずや」

（「現在の英米仏等欧米諸国との通商修好条約・貿易規則はおしなべて、甚だしきは税法にまで介入し、貿易品目を定め、条例を設けるにも皆これら諸国の領事と協議して定めることまで規定している。税法は不利でも改めることはできず、条例に不備があっても改正できない。これでは不羈独立は虚名であって、実際には隷属である。嘆かずにはおられない。」）

これらの嘆きは、岩倉、松方、吉原らにとどまらず、明治維新政府全体が共有するものであったであろうことは疑いない。明治維新政府は、その嘆きの源を取り除くために果敢にチャレンジした。

話は少し遡る。一八六八年一月三日（慶応三年一二月九日）、践祚から一年にも満たず、齢一五歳に達したばかりの天皇により王政復古の大号令が布告された。これにより幕府（将軍）、摂政・関白制度が廃止され、代わって総裁、議定及び参与（あわせて三職という）からなる政治執行体制をとること及び三職の人事が発令された。同日、宮中小御所で行われた最初の三職会議において、紛糾はあったものの御所各門を固めた薩摩、土佐その他の藩兵の威圧の下、岩倉、西郷隆盛、大久保利通らが仕組んだ企み、すなわち徳川慶喜に対し、内大臣の官職及び領地返上（辞官納地と呼ばれている）を命ずることが決定された。統治権力を完全に掌握するまでにはまだ幾多のハードルを乗り越えなければならなかったが、この時点で、事実上、明治維新政府が成立したとみなされる。

※注：このときの三職会議を「小御所会議」と呼んでいる。小御所とは京都御所内の殿舎の一つ。紫宸殿の東北にあった書院造りの建物。一九五四年に焼失した。

明治維新政府は、慶喜を支持する諸藩の動きを封じ、諸外国から正統政権として承認を得るべく、同月一五日、諸外国公使に対し、一片の通告書を発した。これを王政復古の国書と呼んでいる。王政復古の国書には以下のように記されていた（原文は漢文。読み下し文は、井上清『明治維新』日本の歴史20・中公文庫による）。

「日本国天皇、諸外国帝王及びその臣人に告ぐ。さきに将軍徳川慶喜政権を帰さんことを請う。制してこれをゆるし、内外の政事は之を親裁す。すなわち曰く、従前の条約大君の名称を用うといえども、今より後は天皇の称を以て換ふべし。而して諸国交接の職、専ら有司等に命ず。各国公使、この旨を諒知せしめよ。」

明治維新政府がここにあるように「従前の条約大君の名称を用うといえども、今より後は天皇の称を以て換ふべし」と幕府が結んだ条約を継承することを諸外国に通告したのは、幕府に代わる正当政権であることを主張する以上やむを得ないことであったが、それは明治維新政府にとって、おおいなる負の遺産となり、永きにわたって足枷となってしまった。

2　不平等条約の締結

一八五八年六月、先陣を切ったアメリカの強請に抗しきれず、日米修好通商条約締結のやむなきに至らしめられると、幕府は、堰を切ったように、オランダ、ロシア、イギリス、フランス、ポルトガル、プロイセン（後にドイツ）、スイス、ベルギー、イタリア、デンマークと、横並びの内容の条約を締結した。

明治維新政府となった直後にも、スウェーデン・ノルウェー、スペイン、オーストリア・ハンガリー、ハワイ、ペルーとも同様の条約を締結しているが、これらは既に諸条約を継承することを宣言している明治維新政府には、要求がなされれば締結するほかはなかったからである。

これらの条約では、概略以下の如き取り極めがなされた。

・開港・開市……長崎、神奈川（横浜）、函館、新潟、兵庫（神戸）を開港、江戸（東京）、大

坂を開市し、締約当事国たる外国の人民の自由な貿易通商を認める。

・居留地制度……開港、開市された地に外国人居留地なる区画を設定する。締約当事国たる外国の人民はこの区画内での居住・営業が認められる。居留地には日本の統治権は及ばない。
ただし外国人の遊歩・旅行は、居留地の周囲一〇里（二五マイル）の範囲内に限定される。

・法権の制限……締約当事国たる外国の人民が犯した犯罪は、当該国の領事による裁判で当該国の法令に従い処罰される。締約当事国たる外国の人民を相手方とする請求権に関する訴えは、当該国の領事による裁判の管轄とする。締約当事国たる外国の人民が、条約及び附属の貿易規則・税則に違反した場合は、日本官憲より当該国の領事に訴える。

・税権の制限……輸出入物品に課する関税の率は、締約当事国両者の協定による。また外国船の出入港に課する税は、船のトン数に応じて増減するトン税ではなく、出入港ごとに固定された額が課される。

・片務的最恵国待遇……ある締約当事国たる外国以外の外国に賦与した特権及び利益は、他の締約当事国にも無条件で適用される。

・期限の定め……特に定めない。ただし一八七二年七月一日以後は、一年の予告期間を設けて改定協議に入ることができる。

※注：開港・開市の時期について……一八五九年七月、諸条約は批准され、長崎・横浜・函館は同時開港、新潟は一八六〇年一月開港、江戸は一八六二年一月開市、大坂は一八六三年一月開市とされた。しかし、

天皇の条約勅許が得られず、かつ朝廷側より兵庫開港・大坂開市について猛反発がなされた。幕府は、長崎、横浜、函館開港を約束通り実施したものの、その他については締約諸国に使節団を派遣し、延期要請をした。その結果、一八六二年六月六日、イギリスとロンドン覚書が取り交わされ、新潟、兵庫の開港、江戸、大阪の開市を五年間延期することが認められ、他の国もこれに追随することとなった（外務省ホームページ「特別展示『日英交流事始—幕末から明治へ—』 開港開市延期問題と文久遣欧使節団派遣 概説と主な展示史料」・二〇二三年一二月二六日閲覧）。

こうした条項、とりわけ法権の制限（治外法権）及び税権の制限（関税自主権と出入港料自主権の否定）の条項は、わが国の主権を侵害し、わが国及び国民に不利益を課するものであった。そのことゆえに、これら一連の条約は世に不平等条約と呼びならわされている。

3 具体的にどのような不利益があったのか

主権侵害という抽象的・観念的な側面はさておき、これら不平等条約は、わが国及び国民に具体的にどのような不利益が及ぼすことになったのか、以下に見ておくこととする。

(1) 法権の制限に関して

領事によってなされる裁判（これを領事裁判という）は、民事事件、刑事事件とも常に当該国の外国人に有利な判断がなされた。また民事事件の裁判でその裁判結果に不服のある日本人原告が、上訴して争おうとしても、国内には上訴を受理する裁判機関はなく、上訴の道が事実上閉ざされていた。

※注：相手方がイギリス人であれば、控訴するには上海に、上告するにはロンドンに行かねばならない。他の外国人であれば、控訴段階からその本国に行かねばならない。

その上、わが国の行政上の目的（公共の秩序維持、公衆衛生、不公正もしくは不正な取引防止、風紀の乱れや迷惑行為の取り締まり、港湾等公共施設における規則制定、課税と税の徴収など）のために発布される法令に罰則条項をもうけていても、領事裁判では適用されないために、外国人にはこれら行政法令を守らせることができなかった。

こうしたことを治外法権と呼んでいるのであるが、それがいかに不当なことであったかを示す事例をいくつかをあげると以下のような具合である（井上清『条約改正』岩波新書）。

・瀬戸内海で日本軍艦「千島」とイギリスP・O汽船会社所有の汽船「ラヴェンナ号」が衝突、「千島」が沈没した海難事件（一八九二年一一月）について、日本政府がP・O汽船会社に五〇万円の損害賠償請求を求める訴えを横浜のイギリス領事裁判所に起こしたところ、P・O汽船会社が衝突の責任は「千島」にあるとして一〇万円の損害賠償を求める反訴を起こしたため、先決事件として反訴の可否が争われてしまった。領事裁判所は反訴を不適法として認めない判決が下したが、P・O汽船会社はこれを不服としてイギリスの上海高等領事裁判所に控訴、同裁判所は控訴を適法と判断してしまった。こんなことを認めると反訴提起により日本人からの訴訟維持を事実上不可能に追い込むことができることになってしまうので、日本政府はイギリス枢密院に上告し、原判決取消の判決を得た。これでようやく日本政府を原告とする横浜での領事裁判が進められることになったのだが、もはや訴え提起から三年も経過、日本政府とP・O汽船会社との間に和解成立して訴訟は終結した。日本政府が訴訟維持に要した費用は、得られた和解金よりはるかに多額であった。一私人がこんなふうに割の合わない領事裁判を起こすことなど到底できないだろう。領事裁判の不当性を示す一事例である。

・一イギリス人が東京芝公園で一三歳に満たない日本人少女を強姦した事件について、イギリス領事裁判は、わずかに禁固六月の刑を科したのみであった。

・イギリス貨物船ノルマントン号（船長ドレイクのほかイギリス船員等三九名乗組み）が、雑貨を積み、日本人乗客二三名を乗せて、横浜から神戸へ向かう途中、紀州大島沖で難船沈没（一八八六年一〇月）。船長ドレイク及び乗組員二六名は救命ボートで難を逃れたが、日本人乗客全員と他の一三名の乗組員が死亡した。この海難事件（ノルマントン号事件）につき、イギリス領事の海事審判は船長ドレイクに無罪を言い渡した。これに対し、わが国津々浦々から怒りの声が寄せられ、兵庫県知事名で船長ドレイクを殺人罪で神戸領事裁判所に告発した。事件は横浜領事裁判所に移送され、横浜領事裁判所において判決がなされた。横浜領事裁判所が下した判決は、船長ドレイクを職務懈怠の罪で三月の懲役刑に処するというにとどまった。

・輸入禁止の生アヘン・吸煙アヘンの密輸入事件で、生アヘンは薬用だとの抗弁、アヘンの日本への輸入はイギリス法では禁じられていないとの抗弁を容れてイギリスの横浜領事裁判所は無罪の判決を下した。

・コレラ禍のさなかに日本政府が制定した検疫規則についてイギリス公使パークスはイギリス人には効力は及ばないとして、イギリス人への適用を承諾せず、これに他国も追随した。これは安全・衛生よりも治外法権を守ることを優先させたものであった。その結果コレラ蔓延防止に支障を生じることになった。

同様に石油取締規則、猟銃規則、保税倉庫規則などの税関規則も外国人に無視され続けた。

・外国人に日本の課税法令を適用できないので、居留地において日本酒を製造し、安価に販売。高い税率で課税される酒造業者を圧迫した。

外国貿易においてさまざまな不正手段を用いて日本人商人に損害を与えた事例

治外法権がわが国国民に及ぼす不利益は、日本人名義で居留地外に土地・家屋を所有したり、政府や地方庁が雇い入れた外国人が特別に許可されて居留地外に居住することとなったりして、外国人が居留地外に進出するようになると、日本人との交渉、接触する場面が多くなり、日本人とのトラブルが増えるにつれ、ますます大きく、深刻になって行った。

(2) 税権の制限に関して

当初の協定関税率は、輸入関税は、一般の財に対しては二〇%、酒類には三五%、外国人の生活必需品には五%、輸出関税は一律に五%とされていたが、一八六六年六月、輸入関税をこの時点における過去四年間の平均原価の五%とし、将来の物価変動に左右されないようにこれを品目ごとに重量税に換算して固定する新協定が取り交わされた（輸出関税は税率、課税方法とも従前どおり）。この新協定を改税約書と呼んでいる。

改税約書は、前年一一月、英米仏蘭四か国が、連合艦隊（米は公使を派遣したのみ）を兵庫沖に侵入させ（四か国艦隊摂海侵入事件）、その軍事力を背景に各通商修好条約の勅許、兵庫の早期開港、輸入関税率の改定を要求するという砲艦外交に幕府が屈服し、取り交わされるに至ったものである。

これにより、もともと輸入関税率自体、清国に比べても著しく低率であったのであるが、なおその上に、物価上昇が顕著であったこの当時、将来の物価上昇により、実効輸入関税率は大幅に低下してしまうことが見込まれた。実際、たとえば一八七六年ころの実質輸入税率は、綿製品の二~二・五%程度、毛織物は〇・五%程度に過ぎなくなっていた。

政府は、このことによる税収不足を、地租や諸種の物品税などの内国税によって国民に転嫁し、大衆収奪で補う方策をとった。このため、国民生活は大きな打撃を受けることになった。また国内産業発展という点からみても、輸入品に課される関税額が低いことにより、低価格の外国商品の流入が増大し、国内産業の競争力が奪われ、国内産業の発展の足枷となったし、相対的に高い輸出関税との差が拡大し、輸出産業の発展も阻害された。
また改税約書による外国船の出入港料は、船の大小にかかわらず一律一入港あたり一五ドル、一出航あたり七ドルに固定されていたが、トン税に比べると著しく低額で、十分の一程度であった（清国はトン税が認められていた）。

4 明治維新政府による不平等条約改正への果敢なチャレンジ

(1) 岩倉遣欧使節団のいさみ足

明治維新政府は、この不平等条約という負の遺産解消に果敢にチャレンジしていくことになるのであるが、悲観論もあった。一八七一年初頭、外務省は、省内に御用掛を設置し、条約改正問題の調査を開始したが、同年六月、わが国の現状では文言調整を超えた大きな改正は困難との意見をまとめている。これはまるで戦後日本におけるアメリカ迎合・追随の姿勢を一貫してとり続けている外務省のプロトタイプのようである。

しかし政府首脳部は、野心的であった。同年一一月二三日、岩倉具視を特命全権大使、木戸孝允、大久保利通、伊藤博文らを副使とする総勢四六名にも及ぶ岩倉遣欧使節団（「岩倉使節団」）の派遣が、其の野心的取組の第一弾であった。

岩倉使節団の目的は以下の三つであった（田中彰『岩倉使節団「米欧回覧実記」』岩波現代文庫）。

① 条約締約国を歴訪して元首に国書を奉呈し、聘問の礼をおさめること（通商修好条約締結国との友好・親善）

② 先進諸国の制度・文物を親しく見聞して、その長所を採り、日本の近代化をすすめること（欧米先進国の視察・調査）

③ 条約改正の交渉開始が可能となる時期（一八七二年五月一日）をまぢかに控えて、日本の希望を伝え、各国と商議すること（通商修好条約改正の予備的折衝をすること）

ところが使節団は、最初の訪問国アメリカで、予備的折衝の範囲を逸脱して、実質的な条約改正交渉——日米交渉——に入り込んでしまった。この交渉の模様を、ワシントン駐在のイギリス公使エドワード・ソーントンが、一八七二年四月二日付グランヴィル外務大臣報告書で以下のように報告している（萩原『遠い崖』9「岩倉使節団」）。おそらくフィッシュ国務長官と面談して聞き出したのであろう。

第一に、日本でしっかりした司法制度が確立されたあかつきには、領事裁判は廃止されるべきこと。これにたいして、フィッシュ氏は、かかる制度が実際に導入され、且つ十分に機能していることが判明した場合には、アメリカの領事裁判の廃止に異議を唱えないであろうと答えた。

第二に、日本で外国の貨幣が流通しているのは停止されるべきであり、流通は日本で鋳造される貨幣に限られるべきこと。この点について、フィッシュ氏は何も答えず、ただこの問題を財務当局に打診することになるだろうと述べた。

第三に、両国政府は中立の定義について合意すべきこと。これにたいし、フィッシュ氏は、この問題は非常にむずかしく、これに関連するいかなる場合についても、国際法の専門家の意見を徴する必要があると答えた。さらに同氏は、この問題についての日本側の見解を文書にして提出するよう、日本大使に求めた。

第四に、日本政府は適当と判断した場合、いつでも関税率を変更する権限を持つべきこと。

第五に、両国政府は犯罪人の相互引き渡しについて合意すべきこと。

第六に、両国間の紛争のさい、武力を行使するに先立って、まず仲裁の手段に訴えるべきこと。

第七に、平和時において、日本政府の許可を得ることなく、いかなる外国軍隊も日本領土に上陸すべきではないこと。


各項前段に日本側の要求を、後段にそれに対するフィッシュの回答を示すという形で書かれているが、第四以下はフィッシュの回答が示されていない。そもそも日本側との交渉でフィッシュが回答をしなかったのか、ソーントンがフィッシュから聞き漏らしたのか判然としない。仮に後者であっても第一から第三の回答を見れば、これらと同様、はぐらかし、将来の検討課題、日本側次第というような内容であったであろうと思われる。そのことは、この報告書に記述されている以下の、アメリカ側の対案を見ても言える。これらのうち第一から第三は当時のわが国の政治・社会情勢では実現できる見通しのないもの、第五については、日本側は平等化を企図しているのだから折り合えるものではない。なんとか折り合えそうなのは第四だけである。

第一に、より多くの港、できればすべての港が外国貿易のために開放されるべきこと。

第二に、旅券を所持する条約締結諸国の国民は、商業上の目的で、日本全土を旅行することが許可されるべきこと。

第三に、言論、出版、良心の自由の原則の確立。

第四に、キリスト教徒の保護等。

第五に、片務的最恵国待遇の確認。

右報告書でソーントンは、議論の末、「フィッシュ氏は次のように提案したもののようである」として、その提案内容を以下のように報告している。

「もし外国人の居住地域が今後二年間に開港場から五里以内、今後四年間に一〇里以内と拡大されれば、アメリカはいまから四年後に、外国人の課税とその運用を日本政府の判断に委ねることに同意するかもしれない。」

条約改正問題については、伊藤とアメリカに赴任していた森有礼駐米少弁務使（代理公使）がアメリカとの先行決着をすることの利を熱心に説いた。いずれも英語に自信のある外国通の自信家であるが、条約改正交渉に必要な国際法の知識を欠き、アメリカ側の思惑に対する洞察も欠く、「才子の求名の説」に過ぎなかった。しかし、使節団に同行してなにかと「助言」にいそしんだ駐日アメリカ公使デ・ロングも伊藤、森を側面的にサポートしたこともあって、心を動かされたのであろうか。岩倉らは、フィッシュのこの提案を聞いて、アメリカは税権については譲歩する意思があると見て、一時、これに乗って本格的な条約改正交渉に入り込もうとしたのである。

ところがフィッシュから、携行した信任状では、使節団の目的は条約問題に関しては「日本の希望を伝え、各国と商議すること（通商修好条約改正の予備的折衝をすること）」と定められており、それを超えて交渉・合意をするには天皇の委任状（「国書御委任状」）が必要だと指摘され、同年三月二〇日、留守政府からこれをとりつけるべく、大久保と伊藤を帰国させたのであった。

これはおおいなる時間と経費のロスであったが、これによりアメリカとの条約改正交渉に入ることについて他からの情報、知識を得て再考する時間が与えられることになったことは岩倉使節団にとってはむしろ幸いなことであった。

限定的とはいえ外国人居留地外での外国人の居住（いわゆる内外人雑居）を認めることにはまだハードルは高かったと思われるが、仮にアメリカに内外人雑居を限定的にでも認めれば、他の締約国は、それこそ一切の譲歩なしに片面的無条件最恵国待遇条項をもとに同じく内外人雑居を求めてきただろうから、大混乱になっていたと思われるのだ。

日米交渉は、その後二か月にわたり中断する。その中断中に、使節団がこのような日米交渉を進めることを諫め、ストップをかけようとする働きかけがあった。働きかけを行ったのはパークスが賜暇でイギリス本国に帰国している間駐日代理公使を務めていたフランシス・アダムズと駐日ドイツ公使マックス・フォン・ブラントの両名で、アダムズが日米間の条約改正交渉が始まったとの情報を得て、ただちにブラントと共同歩調をとったのである。アダムズはベルリンへの転任の途次、ブラントは本国への一時帰国の途次だという体裁で、一緒にワシントンを訪れた両名は、同年六月二六日から二九日までワシントンに滞在して、岩倉らと面談した。その面談の模様を綴ったアダムズの覚書（一八七二年七月一一日付アダムズよりハモンド外務次官への半公信）には、以下のように猛然と日米交渉打ち切りを迫ったことが記されている（萩原前掲書）。

第一、条約の片務的最恵国待遇条項を示しての恫喝的発言

「もし大使がアメリカと即刻条約を結ぶようなことになれば、もちろんドイツは最恵国待遇条項を援用し、日本がアメリカにたいしておこなう一切の譲歩を要求するが、同時にドイツは日本がアメリカから獲得するかもしれない如何なる譲歩に関しても、これを日本に与えることに同意しないであろう」

第二、アメリカに長期滞在は他国への非礼との発言

「このようにしてアメリカ滞在を長引かせ、かくしてヨーロッパの宮廷を訪問する時期を限りなく延期することは、後者に対して正しい態度とはいえず、それは使節団を受け入れるヨーロッパ側に不愉快な印象を与えるおそれがある。」

この働きかけは効果てきめんであった。木戸の日記、六月二六日のくだりを見ると以下のように記されている。

「プロシア（ドイツ帝国）日本公使フォン・ブラント、この度本国に帰るにより、この地を過ぎ、使節尋問として、三時来訪、条約上に付き一難論吐出す。これまた一の条理あり。実に条約上に付き、そも森、伊藤等の議論を取用し、今日に至りしばしばその損害を見る。才子の一時求名の説を看破せざるときは、国家の事もまた危うし。余ら、当地の形情等に暗くして、先に迷惑せしを悔ゆ。」

アダムズとブラントがワシントンを去った直後の同年七月二日、使節団は日米交渉打ち切りの方針をほぼ決定、最終的には、同月二二日、その日の朝、国書委任状を持参して戻った大久保、伊藤をまじえて、日本政府として締約国と個別の条約改正交渉はしないこと、ヨーロッパの地において合同会議を開いて条約改正を協議すること、アメリカにも代表を派遣することを申し入れること、使節団による日米交渉は打ち切ることをアメリカ側に通告することを決定した。

使節団は、同日行われたフィッシュとの最後の会談に臨み、この決定通り、フィッシュに申し入れ・通告を行い、日米交渉を切り上げた。こうして使節団がワシントンをあとにしたのは同月二七日、ボストンを経てイギリスに向かったのは八月六日のことだった。サンフランシスコに同年一月一五日に上陸して以来、アメリカ滞在は、実に七か月近くに及んでしまった。

こうして岩倉をはじめ使節団の主要メンバーは、この失敗に学び、条約改正問題での使節団の任務は、わが国の希望を伝え、相手国と協議すること、つまり予備的折衝をすることにあることを再確認したのであった。それでも、彼らは、次の訪問先であるイギリスでの外相グランヴィルとの会談で、治外法権の弊害、行政規則制定権や関税自主権の回復の必要性を果敢にかつ堂々と論じているのである。

(2) 本格的な交渉へ

本格的に条約改正交渉が始まるのは、いわゆる「明治六年の政変」（一八七三年一〇月）によって西郷隆盛らとともに副島種臣外務卿が下野した後を襲い、寺島宗則が外務卿に就任した後のことであった。

寺島が立てた交渉方針案は、実務的・実践的知略に満ちたものであった。それは、入口で扉を閉ざされてしまうおそれのある領事裁判廃止（法権回復）要求を真正面からとりあげることを避け、関税自主権の回復と税関行政に焦点をあてた部分的行政規則制定権の回復に要求を絞り、英米仏独に駐在する公使を通じて、各任地国に通告し、各公使に任地国との交渉を進めさせるというもので、一八七六年一月、政府方針として承認され、実行に移された。

もっとも寺島の胸中には法権回復への並々ならぬ決意があり、上に挙げた要求を通じて法権回復要求に連動させて行こうという目論見があった。

寺島外交の下では、各国駐在の公使に大きな裁量権が与えられていた。そのために外務省本省の指導は貫徹せず、各国との交渉は各公使の考え方によって進展度合いに差が生じ、アメリカと英独仏三国とで、全く異なる進展を示した。

アメリカとの交渉では、吉田清成駐米公使が精力的に交渉を進め、一八七八年七月、アメリカ側は日本側の要求をほぼ認め、そのかわり日本側はアメリカ側が求めた輸出関税の撤廃と下関など新たに二カ所を開港することを認める内容の協定（「吉田・エヴァーツ協定」）が調印されるに至った。これには各国との現行条約にある片面的無条件最恵国待遇条項の適用を回避するため、他の諸国と同じ協定が成立したときに発効するとの条件が付されていたことは言うまでもないことである。岩倉使節団の失敗の教訓が生かされたのであった。

これに対して、英仏独三国との交渉は難航した。特に西南戦争後の財政危機に対処するため、関税自主権の回復よりも税収増を一刻も早く実現したいという大蔵省の要求が政府内で有力化したことを反映して、これら三国に駐在する公使は協定税率の引き上げ要求で足並みを揃えようとしたため、あくまでも関税自主権の回復に重きを置き、その旨の指示をする寺島とこれら三国駐在公使との対立が表面化した。そのことが、これら三国との交渉で大きな障害要因となった。

それは同時に、政府内における大蔵卿の大隈と外務卿の寺島との対立となり、条約改正に消極的なイギリスに日本政府内の対立を利用した交渉戦術とらせることになったと指摘されている。

かくしてこれら三国との交渉は頓挫するに至り、一八七九年九月、寺島は外務卿を更迭され、六年に及ぶ寺島外交は終わりを告げた。


寺島のあと外務卿に就任したのは井上馨であった。井上は、第一章「西郷隆盛は永続革命をめざしたのだろうか」の中でも述べたが、政商三井組（後の三井財閥）と深い関係を持つ人物である。一八七三年五月当時、大蔵大輔（大蔵省の次官だが長官である大蔵卿大久保が岩倉使節団の副使として外遊中であったので実質上は大蔵省のトップであった）として大蔵省の実権を掌握していたが、一八七三年度予算編成をめぐって、司法省、文部省と対立し、大蔵省を去った経歴の持ち主であった。大蔵大輔退任前後の時期に、疑獄事件に連座して追及を受けたこともあるし、大蔵省を去り一民間人となってからも三井組と組んでさまざまな利権あさりに余念がなかったようである。要するに今風に言えばダーティな人物であった。

井上は、一八七八年七月、盟友伊藤博文の要請で、参議兼工部卿として政府に復帰した。そこに降ってわいたかのような寺島の挫折という幸運にめぐりあわせることになり、外務卿に推されたのであった。条約改正交渉にも介入しようとする大蔵省を牛耳る大蔵卿大隈に対しても対等に渡り合える人物として期待されたのである。

(3) 井上外務卿のもとでの条約改正交渉の前進

井上は、右に述べたように胡散臭い人物であるとともに彼の外務卿在任時代の絶頂期には後世から鹿鳴館時代と呼ばれることになった極端な欧化政策と欧米偏重策を進めたことでも何かと批判を受ける人物である。しかし、冷静かつ客観的に見れば、井上は、不平等条約改正には真摯に取り組み、その力を如何なく発揮したと言ってよいように思われる。その功は正当に評価されなければならない。

井上外交の絶頂期は、イギリス型の立憲主義、議院内閣制に立って早期国会開設・憲法制定を説く大隈を政府から追放した「明治十四年の政変」とともに始まる。わが国は、この政変によって生み出された薩長藩閥政権のもとでプロシア（ドイツ帝国）型外見的立憲主義に立つ明治憲法を制定し、絶対主義的天皇制国家の地歩を固めた。その意味で「明治維新という時代」は、「明治十四年の政変」とともに終焉したと言ってよいのであるが、まさにこの「明治維新という時代」の終焉後に迎えた井上外交の絶頂期に、不平等条約改正交渉が大きく前進したのであった。その経過をごくかいつまんで見ておくこととする。

井上は、試行段階を経て、一八八〇年七月、①税権については、重要品目の輸入税率を引き上げ、その他品目の輸入税率については三〇％を上限として自主決定とすることを求める、②法権の全面的な回復は日本の裁判制度・法制が整備された後の課題として当面は、主として検疫規則、出版条例、各港地方警察規則、海港規則など一定範囲の行政規則の外国人への適用を認める、という基本的な改正要求を明確にして各国駐日公使に交渉開始を申し入れ、一八八二年一月、東京に締約諸国代表を集めて条約改正予備会議を開催した。しかし、イギリスを最右翼としてヨーロッパ諸国の壁は厚く、会議は難航した。

この状況を見て、井上は抜本的な転換を図ろうとした。四月になって、井上は、数年後の内地開放（居留地の廃止、内外人雑居、遊歩・旅行制限の撤廃、外国人にも内地人と同等の権利を与えることなどを総称して「内地開放」という）とこれを条件とする法権の全面的回復をバーターとする案を提起したのである。内地開放は、締約国諸国の強い要求である一方、欧化政策により「文明開化」が進展していわが国現今の状況からわが国にとっても必ずしも受け入れられないものではないと見て、勝負手を打ったのである。この勝負手により、局面は、大きく開け、確かな前進が見られることとなった。

井上はその後の困難な交渉を乗り切り、一八八六年五月、締約国諸国から派遣された全権委員からなる条約改正会議を東京で開催、その場で法権回復と内地開放を定める裁判管轄条約案と、関税や出入港税や貿易規則などを定める通商航海条約案の審議が開始された。審議が進み、一八八七年四月には裁判管轄条約案はほぼ確定案を見るに至り、引き続いて通商航海条約案の審議に入った。

この時点でほぼ確定案に達した裁判管轄条約案の内容は、批准後二年以内に内地開放をし外国人にも内地人と同等の権利を与える、欧米諸国にならい裁判所法・刑法・民法・商法・訴訟法などの基本法を制定する、これら基本法典は締約国諸国政府に検討機会を与える意味で批准後一六か月以内に英訳して通知する、外国籍の法官（判事・検事）の任用、内外人の係争案件については外国人判事の加わる裁判体で審理する、有効期間は批准後一七年間とするなどというものであった。

しかし、ここで欧化政策と欧米偏重策に反対する政府内保守派がうごめき、在野の自由民権運動団体や保守的な国家主義団体等をたきつけ、反対運動に火を付けた。またたく間に反対運動は燃え広がった。特にやり玉に挙げられたのは、基本法典の検討機会を締約国政府に与える事前通知と外国人法官の任用の二点で、これはわが国の主権を投げ捨てるものだと激しく論難された。

こうした反対運動の盛り上がりにより、政府も慎重姿勢に転じ、同年七月、井上は、条約改正会議の無期限延期を通告することを余儀なくされ、同年九月、外務大臣を辞任した。これにより八年に及ぶ井上外交は終わりを迎え、不平等条約改正は先送りとなってしまった。

※注：一八八五年一二月、太政官制廃止・内閣職制施行により外務卿という呼称は廃止され、外務大臣と称されることになった。第四章「明治憲法制定史序説」参照。

5　不平等条約改正の完結

条約改正交渉は、後続の外務大臣に引き継がれて行く。それは大隈重信、青木周蔵、榎本武揚、さらには陸奥宗光と実に四人にも及び、ようやく難関イギリスとの間で妥結し、日英通商航海条約調印に至ったのは日清戦争開戦間際の一八九四年七月、批准に至ったのは開戦後の同年八月のことであった。この時期には、欧米に倣った司法組織と法典の整備を進めていたわが国には、法典の整備やその事前検閲を疑われる等の条項を設ける必要はなくなっていたので、上記の如き裁判管轄条約の独自の意義は薄れ、通商航海条約に一本化されることになった。

日英通商航海条約の主な項目は、法権回復、内地開放、重要品目の輸入に関する協定関税率引き上げ、その他の品目輸入税率の自主決定、相互的最恵国待遇、経過条項（批准後五年を経て発効し、その後一二年で有効期間満了となる）、などであった。

これに引き続いて、他の締約国とも相次いで、横並びの内容の通商航海条約が調印・批准されたのは勿論のことである。

かくしてわが国は、一連の通商航海条約が発効とともに、完全に治外法権を脱し、その一二年後の一九一一年八月、各通商航海条約の期間満了、改正により関税自主権を回復した。

6　まとめ

以上不平等条約改正の歴史を駆け足で見てきた。

井上外交の絶頂期以後の不平等条約改正交渉成功譚は、脱亜入欧と近代化、軍事力の強化を推し進め、日清戦争を勝ち抜くまでに力を蓄え、帝国主義国の最終ランナーとして国際社会に躍進した「実績」と「力」を背景とした「頑固・傲慢」の国権外交によるものである。筆者は、これに危うさを感じ、むしろ、安政五か国条約締結以来、西欧列強諸国に翻弄されてきたわが国が、明治維新政府樹立後、敢然とこれら西欧列強諸国に対等平等を主張して立ちあがり、壁にぶつかり跳ね返され続けながら苦闘した不平等条約改正交渉失敗譚にこそ、現代の私たちが学ぶべきものがあると考える。学ぶべきものは不羈独立の精神である。

小国が、不羈独立の精神をもって大国の横暴に抗して立ち上がり、繰り返された失敗譚の積み重ねにより、人類は、大国が小国の主権を踏みにじった時代、「力」と「頑固・傲慢」の強面外交をもってしか国家の独立と主権、諸国家の対等平等が実現、確保できなかった暗闇の時代を克服し、諸国民の公正と信義に期待し、「正義と秩序を基調とする国際平和」が夢ではなく、ようやく展望できる時代にさしかかっているのである。

明治維新政府の不平等条約改正交渉は、小なりと言えども、人類のその巨大は歩みへの貢献として記憶にとどめられて然るべきである。

第三章　ニワトリからアヒルの帝国軍隊

1　帝国軍隊の創業の銘

帝国軍隊の創設期の歴史を少したどってみたい。

戊辰戦争を戦ったいわゆる官軍は、薩・長・土・肥の西国雄藩をはじめ錦の御旗のもとに結集した諸藩の藩兵からなる寄せ集めの軍隊であった。それらはおおいに働き、旧幕軍の反抗を鎮定することに貢献したが、戦役の終結とともに、続々と帰藩して行った。彼らが帰藩してしまうと、中央政府には、旧幕府から接収した富士山・朝陽など四隻の軍艦からなる海軍などわずかの兵力のほか、見るべき兵力は存在しなくなった。

この状態を一新したのが、御親兵の設置であった。明治維新政府は、一八七一年四月二日、鹿児島藩歩兵四大隊、砲兵四隊、山口藩歩兵三大隊、高知藩歩兵二大隊、騎兵二小隊、砲兵二隊の合計一万の兵を各藩に召し出すことを命じ、同年四月一一日、勅令によりこれを御親兵として、兵部省管轄下に置くことが発令された。このことを『陸軍省沿革史』は、明治初年以来の曲折をふりかえり、以下のように感慨をこめた言葉でつづっている（山県有朋編・一九〇五年刊／大山梓『山県有朋意見書』原書房）。

「四年四月東山西海道二道に鎮台を置き、次いで薩、長、土三藩の兵を以て御親兵を組織するに及び、初めて兵を朝廷に備ふるを得るに至れり」

同年六月下旬、公称一万人からなる御親兵の集結が完了し、ここに兵部省管轄の帝国軍隊（陸軍・海軍）が名実ともに発足したことになる。同年八月に実施された廃藩置県による中央集権国家体制への移行は、これらの武力を背景にしてはじめてなし得たものであったと言われている。

廃藩置県により諸藩の軍隊は解体され、相前後して、東京、大阪、熊本、仙台に鎮台が置かれ（四管鎮台）、旧藩兵約八〇〇〇名が鎮台兵としてこれら鎮台に配置された。

しかし、この帝国軍隊の実情を嘆く者たちがいた。兵部大輔（筆者注：卿が長官で、大輔は次官であるが、このとき卿は空席であったので事実上の長官であった）山県、兵部少輔川村純義・兵部少輔西郷従道らである。彼らは、同年一二月、連名で政府に「軍備意見書」を提出し、現状は、国内の動乱を鎮圧するものに過ぎず、対外防衛に堪えないと指摘した（大山前掲書。これ以後の山県の意見、建言等の出典はいちいち断らないが、同書である）。

「天下現今の兵備を論ぜんに所謂親兵は、其実聖体を保護し禁闕を守衛するに過ぎず。四管鎮台の兵、総て二十余大隊。是内国を鎮圧するの具にして、外に備ふる所以に非ず。海軍の如きは数隻の戦艦も未だ全く完備に至らず。是れ亦果して外に備ふるに足らんや。」

その上で、同意見書は、内地の守備のために全国の二〇歳以上の男子からなる常備兵・予備兵を設けること及び以下のように沿海の防御のために軍艦の建造と砲台の構築、軍備拡張を提言する。

「皇国沿海の防禦を定む。則ち戦艦を造る也。海岸砲台を築く也。……皇国沿海万里四面皆敵衝なれば、悉く砲台を併列し、之が備えを為す能はず。故におおいに海軍を皇張し、至大の軍艦を造り、砲台の及ばざる所を援け、内地を保護すべし。」

ここで言われている内地の守備、内地の保護とは、今日の言葉に言い換えれば「専守防衛」である。かくして、これ以後、「専守防衛」の帝国軍隊の拡張と近代的編成が急速に進められるのである。

一八七二年一月、山県は、「内国陸軍の施設を論ず」と銘打って以下のように近衛兵と鎮台兵を截然と区別することを説き、近衛条例・鎮台条例の制定を建議した。

「内国陸軍の施設を論ぜんに、近衛兵（御親兵たる目、雅順ならざるを以て近衛兵と改むべきか）を盛んにし、聖躬《せいきゅう》を保し、禁闕を護し、鎮台兵を整治し、以て内国を綏撫《すいぶ》し、人心を鎮圧し、教化と並び行い、天下をして朝威の向かう所と皇威の盛んなる所以を知らしめば則ち府県一治の実効日を刻して待つべきなり。因って別に近衛及び鎮台条例を附奏す」

これは直ちに採用され、同年三月東京鎮台条例及び大阪・鎮西・東北鎮台条例が定められ（翌一八七三年七月一本に統合）、同年四月近衛条例が制定された。これにより近衛兵は天皇と皇宮の守護、鎮台兵は、国内の治安維持にあたることがその任務であることが明確にされた。その上で、近衛兵は天皇直属であり、天皇の勅命をうける近衛都督の下に置かれ、技芸に精通する職業軍人をもってあてるとされたが、鎮台兵は職業軍人をあてるか徴兵によるかは明確にはされなかった（大江志乃夫『徴兵制』岩波新書）。

一八七二年二月、兵部省が解体されて、陸軍省と海軍省が創設された。同年一二月には次のごとく「全国徴兵の詔」が発せられて国民皆兵制度に進む。

「朕惟うに、古昔郡県の制、全国の壮丁を募り、軍団を設け、以て国家を保護す。固より兵農の別なし。中世以降、兵権武門に帰し、兵農始めて分れ、遂に封建の治を成す。戊辰の一新は実に千有余年来の一大変革なり。この際に当り、海陸兵制もまた時に従い、宜《よろしき》を制せざるべからず。今、本邦古昔の制に基づき、海外各国の式を参酌し、全国徴兵の法を設け、国家保護の基を立てんと欲す。汝百官有司、厚く朕が意を体し、普く全国に告諭せよ。」

「全国徴兵の詔」の趣旨を説明した「太政官告諭」は、わが国の古来の制度は全ての民が兵であり、戦役を終えれば普通に農民、職人、商人にもどるというもので、後世の双刀を帯び、威張りかえって何の仕事もせず飯を食らい、あまつさえ人を殺しても何の罪も問われない武士という類のものではなかった云々とくどくど述べた上で、以下のように武士を廃して四民平等、自由・平等の世が実現したからには国民すべてが兵役を担う国民皆兵制度にすることは当然のことだと徴兵制をとるべき理由を説き明かした（岡義武『明治政治史（上）』岩波文庫）。

「わが朝上古の制、海内挙げて兵ならざるはなし。有事の日天子之が元帥となり、丁壮兵役に堪ゆる者を募り、以て不服を征す。役を解き家に帰れば、農たり工たり又商賈《しょうこ》たり。固より後世の双刀を帯び武士と称し、抗顔座食し、甚だしきに至りては人を殺し、官其の罪を問わざる者の如きに非ず。……（中略）

太政維新列藩版図を奉還し、辛未《しんび》の歳（筆者注：一八七一年）に及び遠く郡県の古に復す。世襲座食の士は其の禄を減じ、刀剣を脱する許し、四民漸く自由の権を得せしめんとす。是れ上下を平均し人権を斉一にする道にして則ち兵農を合一にする基いなり。是に於て士は従前の士に非ず。民は従前の民に非ず。均しく皇国一般の民にして国に報ずるの道も固より其別なかるべし。」

翌一八七三年一月徴兵令が制定・布告され、これにあわせて鎮台条例も改正された。改正鎮台条例は、従来の四鎮台のほかに名古屋、広島にも鎮台が置かれ、六管六鎮台制とし、各鎮台が管轄する区域として軍管が定められた。

徴兵令には、全国六鎮台の定員と毎年の募集人員の丁寧な説明があり、その最後に以下のように明記された（鈴木淳『維新の構想と展開』講談社学術文庫）。

「以上六鎮をもって全国兵備を管し、所属の府県より毎歳の定員を徴募し、以て管内の守衛に充《あ》つ。」

以上が草創期の帝国軍隊の略歴である。要するところ天皇と皇居の守護兵たる近衛兵に対し、それとは截然と区別された全国の鎮台兵は、四民平等と自由の権利を得た全ての国民から徴兵され、「内国の保護」、「管内の守衛」、すなわち専守防衛と各管内の治安維持とを任務とすることが定められたのである。これが帝国軍隊のその創業の銘であったことを確認しておきたい。

2　最初の砲艦外交――朝鮮威嚇――

海外において、帝国軍隊がはじめて武力による威嚇のために用いられたのは一八七二年九月のことである。以下にその顚末を述べることとする。

(1)　岩倉使節団と留守政府

前年一二月通商修好条約締結国との友好・親善、欧米先進国の視察・調査、通商修好条約改正の予備折衝を目的とする岩倉遣欧使節団（「岩倉使節団」）が旅立った。岩倉使節団の陣容を見ると、岩倉具視、木戸孝允、大久保利通、伊藤博文など明治維新政府の主要人物の名前がずらりと並んでいる。しかし、あとに残り政務を取り仕切る留守政府のメンバーも、凡庸の人と言われた三条実美はともかくとして、西郷隆盛、大隈重信、板垣退助、井上馨、山県有朋、副島種臣、江藤新平といずれ劣らぬ傑物が名を連ねている。これでは使節団の面々も腰をすえて任務を遂行できないと考えたのもさもありなんである。

両者の主要メンバーは、留守政府は使節団メンバーのできる限り承諾なしに制度、法令等の改廃をすることを差し控える、諸省の長官人事等も新規のものは行わないなどを約する誓約書をとりかわした。田中彰『岩倉使節団「米欧回覧実記」』（岩波現代文庫）によると、これは大隈の提言によるものだということである（もっとも井上の提案という説もあるとされ、断定は避けられている）が、留守政府側からの発案らしい点、興味深い。

⑵　朝鮮紛議

その留守政府内で、後世から征韓論の名で呼ばれる朝鮮討つべしとの論がかま首をもたげることになるのであるが、まず、少し、その前史を見ておこう。

征韓論は、一八世紀終わりころから、朝鮮圧服もしくは朝鮮善導など日本の優越性を誇示する論が一部に説かれていたが、そんなあたりに淵源があるようだ。幕末期の俊秀吉田松陰も、『幽囚録』の中で次のように述べている（奈良本辰也『吉田松陰著作選』講談社学術文庫）。根は深い。

「今、急に武備を修め、艦略《ほ》ぼ具はり砲略ぼ足らば、則ちよろしく蝦夷を開墾して諸侯を封建し、間に乗じてカムサッカ・オコツクを奪ひ、琉球に諭し、朝覲《ちょうきん》会同すること内諸侯と比としからしめ、朝鮮を責めて質を納れ貢を奉ること古の盛時の如くならしめ、北は満州の地を割き、南は台湾・呂宋の諸島を収め、漸に進取の勢を示すべし」

（奈良本現代語訳……「今急いで軍備をなし、そして軍艦や大砲がほぼ備われば、北海道を開墾し、諸侯に土地を与えて統治させ、隙に乗じてカムチャッカ、オホーツクを奪い、琉球にもよく言い聞かせて日本の諸藩主と同じように幕府に参観させるべきである。また朝鮮を攻め、古い昔のように日本に従わせ、北は満州から南は台湾・ルソン諸島まで一手に収め、次第次第に進取の勢を示すべきである。」)

ただ、そんなことはあっても朝鮮とわが国の関係は、幕末も国交は途絶えることなく、釜山近くの草梁に倭館を置き、朝鮮から対馬藩主に交布された特許状により対馬藩の船と人を通じて交易がなされていた。

会津藩が降伏し、戊辰の内乱終結のめどがたったのは一八六八年一一月であるが、翌一八六九年一月、明治維新政府は、対馬藩を通じて朝鮮に対し、王政復古を告知する文書(「書契」と呼ばれる)を交付しようとした。ところが、朝鮮側は、その文書中に「皇」とか「勅」とかいう天皇を朝鮮王の上位にあることを示す文言が使われていると難詰し、これを受理しなかった。

当時、朝鮮は、一八六四年に即位した高宗《コジュン》の父、つまり大院君《テウォングン》が実権を握り、原則的で強硬な攘夷政策を断行していた。それは情況に応じて柔軟に姿態を変えるいわば手段としてのわが国の攘夷論(幕末攘夷を唱えた人たちも西欧列強諸国との力の差を目の当たりにして開国論に転じたことを想起すればよい)に対し、原理主義的な攘夷論であったと言われいる(趙景達『近代朝鮮と日本』岩波新書)。朝鮮が書契を受理せず、わが国との国交を閉ざそうとしたのは、大院君の原理主義的攘夷論がそうさせたのかもしれない。

明治維新政府の中心人物の一人、木戸は、この問題について次のような強硬論を唱えた(『木戸孝允日記』旧暦明治元年一二月一四日のくだり)。

「明朝岩公御出立に付き、前途の事件御下問あり。よって数件を言上す。其の大なる事件二件あり。一は速やかに天下の方向一定し、使節を朝鮮に遣し彼の無礼を問い、彼もし服せざる時は罪を鳴らして攻撃、大いに神州の威を伸張せんことを願う。……」

もっとも井上清はこのような筋書きに異論を述べる。概略を紹介すると以下のとおりである（井上『明治維新』中公文庫）。

そもそも書契が朝鮮側に示されたのは明治元年一二月一九日（旧暦）、仮に一回目の折衝で朝鮮側が受理しなかったことをすぐ知らせても木戸が日記に記した日よりも一か月以上後になる。実際には、対馬藩は幕府時代以来の対朝鮮貿易を独占するために、なんとしても書契を受け取らせようと朝鮮側とおよそ一年交渉を続けていたのだから、明治元年一二月一四日（旧暦）までに書契不受理を木戸が知るはずはない。だから木戸は書契不受理とは無関係に対朝鮮強硬論を唱えていたのだ。

いずれにしても朝鮮討つべしという対朝鮮強硬論は、この時期の明治維新政府全体を捉えていたことは確かである。外務省が新たな動きを示したのは一八七〇年三月のことだった。久留米藩の頑固な攘夷主義者として知られた外務省官員佐田白茅《さだはくぼう》らを朝鮮に派遣し、実地調査のうえ対朝鮮施策を献策することを命じたのである。翌四月、佐田は二〇日余り草梁倭館に滞在し、実地調査したがもはや交渉で朝鮮側を動かすことはできないと見たとして三〇個大隊出兵論を唱える視察報告書を提出した。

しかし、強硬論にたっていた木戸がその後微妙にポジションを変え、政府一致して強硬策をとり難い形勢になったことに加えて、未だ軍備が整っていないこと、朝鮮の背後には清国が控えていること及び欧米列強との関係悪化の懸念があることなどから、政府として、おいそれと実行に移すわけには行かなかった。そうしてそのまま時日が経過し、一八七一年一二月、多事多端のなか、岩倉使節団は旅立って行ったのであった。

(3) 砲艦外交と征韓論の沸騰・大分裂

使節団のメンバーがどう思ったかはわからないが現実には先述の誓約書は気休め程度のものに過ぎなかった。留守政府は、誓約書などどこ吹く風、鬼のいぬ間の洗濯とばかりに独走を始める。その一つが対朝鮮強硬策の推進であった。

対朝鮮強硬策の先頭に立ったのは外務卿副島であった。副島は、一八七二年九月、草梁倭館を外務省の直轄下に置き、大日本公館とした上で、それに伴う事務整理、朝鮮側との交渉と、あわせて侵攻の下準備としての調査・測量を行わせるために、部下の外務大丞花房義資に命じて、軍艦春日と汽船有功丸に乗り込んだ歩兵二小隊を率いて草梁に赴かせた。

これは、欧米列強が先鞭をつけた砲艦外交そのものであった。

これに対し、朝鮮当局は、一切交渉に応じず、倭館との窓口となる役人を引き揚げ、朝市を閉鎖し、公館のまわりを練り歩かせる、さらには公館における交易活動に対する監視と取り締まりを強化したりするなど、非暴力の抵抗を示した。

こうして留守政府において、一気に征韓論が沸騰し、留守政府のトップである太政大臣三条の手に余る事態となって行った。一八七三年一月、三条は、藁をもすがる思いで、重要案件山積を理由に岩倉使節団の木戸、大久保両名に召還訓令を出す。五月、大久保帰国、七月、木戸帰国、九月、岩倉ら残りのメンバー帰国。しかし、閣議は紛糾する。

一〇月二六日、英国公使館書記官アーネスト・サトウは、日記に次のようにしたためている（萩原『遠い崖10「大分裂」』）。

「朝鮮との戦争の問題をめぐって、副島と西郷と板垣が辞職した。かれらはこの戦争を強く望んでいた。後藤と江藤も辞職した。大隈と大久保と大木（喬任）は残った。海軍卿勝海舟と外務卿寺島と工部卿伊藤が後者に加わった。」

「副島は五万の兵を率いて朝鮮に侵攻するつもりであった。すなわち、これを二手にわけ、一方は朝鮮の北部国境東側に、他方は西側に向かい、それぞれの上陸地点に一万の兵を守備隊として残し、残りの兵力をもって南下する計画であった。」

「岩倉は強く反対した。この結果朝鮮との戦争ばかりでなく、台湾遠征計画も当分放棄された。」

留守政府が一八七二年九月に行った草梁倭館接収は、その後の征韓論の沸騰の陰に隠れた地味な事件である。しかし帝国軍隊が、創設以来はじめて、幕末の黒船のように、朝鮮を威嚇する道具として用いられたものであり、明治という時代における政府による砲艦外交の嚆矢であったことを確認しておきたい。それに引き続く「明治六年の政変」と呼ばれる政治過程を経て、同年一〇月、征韓論には一旦幕が引かれることになった。なお征韓論の顚末とその後については第一章「西郷隆盛は永続革命をめざしたのだろうか」において詳しく述べたので繰り返さない。

3　海外における最初の武力行使——征台の役——

(1)　序

一八七一年創設以来、帝国軍隊の他国への最初の一撃は、征台の役であった。概略のところは知られていることではあろうが、話の順序として、まずその経緯をたどってみることにする。

一八七一年一一月、琉球の宮古島から年貢を運んで本島への帰路についていた船が遭難し、台湾南部の東海岸・八瑤湾《パーヤオワン》に漂着、乗組員六六名中、五四名が原住民に殺害され、残り一二名が清国の地方行政機関に保護されるという事件が発生した。
かつて琉球国は、薩摩藩に服属するところであり、廃藩置県直後のこの時期には琉球国に対する処置は手付かずであったから、この事件の報が伝わると、鹿児島県士族は、「台湾（蕃族）征伐」の声に沸き立ち、自ら出兵することを願い出る者あとを絶たず、鹿児島県内は騒然とした状況となった。こうした動きにおされて、翌一八七二年五月、時の鹿児島県大参事（県行政のトップ）大山綱良は、政府に次のような建白書を差し出した（鈴木前掲書）。

「伏して願わくは綱良皇威により、問罪の使を興し彼を征せんと欲す。故に謹んで軍艦を借り、直ちに彼が巣窟を指し、その巨魁をほろぼし、上には皇威を海外に張り、下には島民の怨恨を慰せんと欲す。」

しかし、政府としては、帝国軍隊の創設と廃藩置県によりようやく中央集権国家への緒についたばかりの今、軍艦を貸して鹿児島県士族に「台湾（蕃族）征伐」をさせることなど出来ようはずもない。そこで、政府は、自らの手で、これを決行する検討を始めた。これを決行する上で、最大の懸念事項は、決行した時、清国がどう出るかということだった。台湾は、清国の領土であるから、「台湾（蕃族）」征伐を決行して清国との戦争に発展するようなことになっては困る、それは絶対に避けなければならないことだ、だから清国の出方を探り、清国との戦争に至らないようにする必要がある。これが政府の考えるところであった。

少し時計を巻き戻すが、日清間で、日清修好条規の締結交渉が始まったのは、一八七〇年八月のことである。外務省の権大丞柳原前光らによる予備折衝を終えて、一八七一年四月、大蔵卿伊達宗城が、全権大使として清国に乗り込み、清国側全権大使李鴻章との間で、交渉を重ねる。ようやくにして締結・調印に至ったのは同年九月であった。これは、相互尊重、相互援助、全権公使の交換、相互の開港場（横浜・神戸・上海・寧波など）での交易、相互の領事裁判権の行使を承認しあうもので、本文一八条、付録の通商規則・海関税則三三款からなる完全平等条約であった。

これに対して、同年一一月、パークス不在の間のイギリス公使の代役を務めていたフランシス・アダムズ代理公使が、相互援助の条項が「攻守同盟」と解される余地があるとの懸念を表明、その批准に待ったをかけた（萩原『遠い崖』8「帰国」）。そのため批准は先延ばしされ、批准未了のまま、岩倉使節団が旅立って行ったのであった。

その後、留守政府内では、最恵国待遇条項や内地通商条項がないなどの異論もあったが、一八七二年三月、帰国中のパークスが本国外務省の諮問に答えてアダムズが問題にした日清修好条規の条項は「攻守同盟」とは解されないとの見解を示した（『同9「岩倉使節団」』）こともあって、結局、これを批准することに決し、一八七三年三月、批准書交換のため、副島外務卿が柳原を従えて清国に赴いたのであった。

その際、副島及び随行の柳原らは、別件の台湾問題についても策をめぐらし、行動に移した。日清修好条規の批准書交換を終え、気持ちが緩んでいるであろうと見込んだのか、柳原は命を受けて総理各国事務衙門（清国外務省）に赴き、琉球・宮古島島民の遭難事件を説明した上で、「犠牲者らは日本国の人民だ。清国はいかなる措置をとるのか」と詰問したのである。そのやりとりについて副島は北京から東京の政府に以下のように報告している（『日本外交文書』第六巻／萩原『遠い崖』11「北京交渉」）。

「台湾生蕃処置は、本月二〇日、柳原大丞を総理各国事務衙門に遣し、談判いたさせそうろう処、清朝大臣、土蕃の地は政教禁令相及ばず、化外の民たる旨相答え、別に辞なく、都合よく相済みそうろう」

副島は、清国側の答えに満足し、ほくそ笑んでいるようだ。これで、かの「台湾蕃族」は清国民ではないし、その住む所は清国の支配が及ばない地、無主の民・無主の地なのだから、兵を派遣して討ったとしても清国が容喙できることではないし、容喙しないだろう、と。

イギリス公使パークスは、同年三月、賜暇を終えて帰任、副島は七月帰国、早速、八月に両者の会談が行われた。副島は、清国との話し合いで、清国は、かの「台湾蕃族」の行為には何の責任も持てない、日本政府がこれを罰する権利を持っていると答えたと述べ、およそ一か月後に、一隻ないし数隻の軍艦を派遣することになると語ったとのことである（パークスが本国外務省に送った覚書／萩原前掲書）。

(2) 征台の役

「明治六年の政変」により、前に見たアーネスト・サトウの日記一八七三年一〇月二六日のくだりにあるがごとく、「台湾遠征計画」は当分延期されるかに見えた。しかし、わずか四か月後の、一九七四年二月、韓国への西郷使節派遣は、即開戦に至る、今は戦備誓っておらず内治を優先させるべきだという一点で結合した岩倉、大久保、伊藤らが牛耳をとる政府は、「台湾蕃地処分要略」を決定するに至ってしまった。

これに対し、木戸は職を賭して反対の声をあげる（四月一八日辞表提出）。山県も反対、伊藤博文は消極的意見であった。

反対の声は政府部内だけではなく、英米両国公使からもあがった。まず英国公使パークス。一八七四年四月七日、パークスは本国外務次官に対し、次のように報告している（同日付パークスよりテンダール外務次官への半公信／萩原前掲）。

「日清両国に紛争をひきおこすおそれのある事件が突発した。日本は士族階級をなだめるために、台湾の原住民を懲罰する遠征軍を派遣しようとしている。この原住民なるものは、すくなくとも遠征の名目上の目的を提供しているが、真の目的は台湾の一部の獲得である。」

「清国政府の見解と意向を知るために、わたしはウェードに電報を打った。日本政府は、輸送用に外国船舶を雇用しようとしているからである。清国側がこの遠征を清国領土に対する侵略とみなす場合、イギリスは、危険、ことによったら戦闘行為に参加する危険をおかすことなしには、輸送に従事することはできない。他方、清国側がこの遠征に同意する場合、われわれとしては黙っているほかはない。」

※注：ウェードは駐清英国公使。ウェードは、パークスに電信での問い合わせに対し、五月二日、清国側は、日本の遠征については何も知らないし、台湾はその領土であると主張している旨返信している。

次に米国公使ビンガムであるが、彼は、台湾全土が清国の領土であるという前提に立ち、日本が台湾（蕃族）征伐を実行することは清国に対する敵対行為であり、そのような目的のために、アメリカの船舶とアメリカ人を使用するは認めない、断固として阻止すると抗議した。

政府は、既に、台湾蕃地事務局を長崎に置き、その長官に大隈をつけ、西郷従道（陸軍中将。以下「従道」）を台湾蕃地事務都督に任命して、遠征の準備に入らせていたが、思わぬ事態に動揺し、四月一九日、急きょ延期を決定した。大隈は、これに従い、遠征強行を唱える従道の説得に努めたが、既に長崎で出兵の準備を終えていた従道は次のように述べて息まき、頑として聞き入れない（萩原前掲書）。

「この際姑息の策に出でんか、かえりて士気を鬱屈せしめさせ、其の禍、佐賀事変（筆者注：佐賀の乱）の比にあらず。……強いて之れを止めんとせば、璽書を奉還し、賊徒となりて直ちに生蕃の巣窟を衝き、以て累を国家に及ぼさざるべし。」

同年二月に起きた佐賀の乱（「明治六年の政変」により西郷らとともに下野した江藤新平をかついだ佐賀県不平士族の反乱）を鎮圧し、江藤を含む領袖らを斬罪・梟首に処し、一段落つけて東京に戻った大久保も一大事とばかりに五月三日に長崎にかけつけた。しかし、その前日の二日に既に谷干城（海軍少将）が、約一〇〇〇名の兵を率い、台湾へ向けて出発してしまっていた。そこで四日、あらためて長崎現地において、大久保は、大隈、従道と協議し、不都合が生じたときは一切の責めを負うとの決意のもとに、延期を覆して決行することを決めてしまった。

従道は、この決定を得て、残存部隊を率い、長崎を出航、台湾に向かった。二二日、台湾社寮《しゃりょう》港に全軍（兵が約二二〇〇名、人夫・職人など後方支援要員約八〇〇名、総数約三〇〇〇名）集結して行動を開始し、いたるところで村落を焼き払い、六月三日には原住民の居住地区を制圧した。

このとき台湾原住民の犠牲者の数は不詳、一方、日本軍の方は、戦死者は一二名、マラリアによる病死者五六一名であったという（田中前掲書）。

(3)　征台の役始末記

征台の役について、少し補足がある。その後始末である。これは実に興味深い経緯をたどるが、ごくあらましを述べるにとどめよう。

現地での軍事行動が、六月三日に完了した後も、英国公使パークスから、国際法違反だと厳しい追及がなされた。しかし、応対した寺島外務卿は、①清国は蕃地に対して何の権利ももっていない、②日本は蕃人を懲罰し、さらに蕃地の秩序維持、再発防止のために必要な一切の措置をとる完全な権利を有している、と息巻き、これをものともしなかった。前年三月、前任者の副島外務卿の使者、柳原外務権大丞が総理各国事務衙門に赴いた際、清国側からとった言質を唯一の論拠にしての居直りである。

その一方で日本政府は、七月一五日、清国との交渉により、償金を獲得して撤兵するとの基本方針を決定、駐清公使として赴任していた柳原にその旨伝達し、交渉にあたらせた。しかし、当然のことながら、清国側の態度は硬化しており埒があかない。清国側は、「土蕃の地は政教禁令不相及《あいおよばず》、化外の民」などと言ったことなどはない、と断然言い張る。

言った、言わない、の水掛け論をしてもどうしようもないし、仮にそのような発言があったとしても、その発言を聞いて直ちに話を打ち切り、その言質を軍事行動の口実に用いるなどという日本側のやり口を清国側が受け入れるとは考えられない。

そこで一切の責めを負うと豪語していた大久保は、自ら和戦を決する権を含む文字通りの全権弁理大臣となって、清国に渡り交渉することとなった。その決定をみたのは、八月二日のこと、一六日には、大久保は日本を発った。

だがいくら天下の大久保が出ても交渉がおいそれと前に進むわけではない。清国側が、自国の領土に不法に侵攻し、軍事行動をされながら、それを不問に付し、あまつさえ償金を払うなど到底認める筈はない。一方、日本側も、弾劾を受けたまま撤兵するわけにはいかない。いよいよ決裂かという危機が迫る。

そこに駐清英国公使ウェードが仲介工作に入った。両国ともいかに強がりを言っても、この時期に戦端を開くに至ることなどさらさら望んではいない。ウェードはそこを巧みについた。

実に延々二か月半、大久保の粘り（この粘着質ぶりにはおそらく清国側も閉口しただろう）、交渉決裂して帰朝するもやむなしとの揺さぶり、ウェードによる巧みな仲介工作、これらが相乗効果を発揮し、ようやくにして清国側が折れた。曰く、「両便の弁法」（「お互いの顔が立つ方法」という意味だと思われる）をとることにしようと。ついに一〇月三一日、交渉は妥結を見た。取り交わされた協定書の内容要旨は以下のとおりである（萩原前掲書）。

第一条　日本国は、保民義挙の行動と主張。清国は、これを不是としない。
第二条　清国は日本国に撫恤銀、費用銀を支払う。
第三条　日本軍の撤退期限を同年一二月二〇日とする。
別紙支払証書　撫恤銀一〇万両　費用銀四〇万両

ここに撫恤銀とは、宮古島遭難者殺害事件の罹災者遺族への給付金であり、費用銀とは日本が支出した諸雑費の補てんである。五〇〇万両は当時の邦貨にして約七八万円、当時の国家予算における歳入が六〇〇〇万円ほどであるから、多額というべきか、それほどでもないというべきか、筆者にはわからない。しかし、大久保がこの結果に満足し、その後政府内における威信を高めたところをみると、全体として首尾よしと評価されたのであろう。期限までに台湾から日本軍の撤退が完了し、金銭の支払いもなされたことは言うまでもない。

しかし、この結果を政府内にあって、ひややかに見ていた人がいた。参議兼海軍卿の勝海舟である。アーネスト・サトウが一一月二六日、勝を自邸に訪ね、勝の談話を録取した覚書には次のようにしたためられている（萩原前掲書）。

「政府がこの成功で有頂天になり、傲慢なふるまいに出ることをおそれている。しかし、近く予定されている大久保の帰国までには、その傲慢さがどのような方面にあらわれるのか、それを予測するのは不可能である。」

征台の役に、長くとどまりすぎたようだ。先を急ごう。

4　武力による威嚇、武力の行使の定着

(1)　有司専制と言われる大久保政権

征台の役の後始末である北京交渉を「首尾よく」まとめて、大久保が横浜に帰り着いたのは一八七四年一一月二六日のことであった。既に同年一月の官制改正により全国の警察を掌理し、地方行政を所管し、殖産興業を職掌とする内務省が設置され、内務卿に就任した大久保は、次第に政府内で重きをなすようになっていたが、この北京交渉の結果、ますますその威信は高まり、政府内での大久保の比重は一層重くなり、今や大久保政権と言ってよい様相を呈することとなった。

しかし、西郷がかつてそうであったように大久保もまた依然として目を光らせている旧主君の父で維新改革に対する不平・不満の塊、守旧派の頭目とも言うべき左大臣島津三郎久光の政府の足を引っ張るような言動に手を焼いていた。その上、同年一月、赤坂喰違事件による岩倉受難、四月、征台の役に走る政府に異論を唱えて木戸が下野したことなど、政府は弱体化していた。世情も、佐賀の乱こそ鎮圧したものの、各地に不平士族の反抗はくすぶり続け、同年一月の板垣、後藤象二郎らの「民撰議院設立建白書」以後、自由民権運動もおいおい盛んとなり、依然として落ち着きのない状態が続いた。

そこで大久保は、政府強化のため木戸に政府復帰を働きかけたが、木戸は固辞し続けていた。この

状況を打開するために、伊藤とその盟友井上馨や有力な民権派の人たちが相呼応して一方が木戸を、他方が板垣を政府に復帰させるための下工作をし、大久保、木戸、板垣三名の話し合いの場をつくり、木戸、板垣をともに政府に復帰させようとした。

その結果、一八七五年一月と二月に、大久保、木戸、板垣、伊藤、井上の五者による会談が行われることになった。これらの会談は、いずれも大阪で行われたことから、一般に、全体をひとまとめにして「大阪会議」と呼んでいる。

「大阪会議」では、大久保、木戸、板垣がお互い譲り合い、合意にこぎつけることができた。その結果木戸と板垣は、同年三月にあいついで参議に就任し、政府に復帰した。「大阪会議」における合意の成果は、木戸、板垣の政府復帰だけではなく、同年四月、いわゆる「漸次立憲の詔」の発布となって表れた。これにより、元老院、大審院、地方官会議の招集、漸次に立憲政体を創設することが宣せられた。

しかしめでたしとは行かず、新たな混乱が始まった。「漸次立憲の詔」発布直後、政府序列第三位の右大臣地位にある岩倉は、一連の動きに終始反対し、辞表を提出し、病気を理由として引きこもってしまった。また、同二位の左大臣の地位にある守旧派の島津も元老院設置に反対し、種々慰留工作に一旦元老院議長を引き受けるとの意向を示したが、ついには辞表を提出するに至ってしまった。

発足した元老院の船出も混乱続きであった。難航した元老院議官の人選はようやく終わったものの、元老院の権限、とりわけ元老院を立法機関・議法機関たること明確にしようとする元老院側が起草した元老院章程改正案をめぐって、板垣とその余の参議が対立し、改正案を支持する板垣と反対する伊藤が、閣議で激しく論争した。板垣は政府内で孤立するようになり、遂に同年一〇月、参議辞職に追い込まれ、その余波で翌一八七六年三月には木戸も辞職してしまった。

かくして政府は、元の木阿弥、大久保頼みの状態となり、大久保は、他の追随を許さぬ高みに上り詰めた。世に大久保独裁と言う。

大久保独裁は、前に見た勝海舟の「政府がこの成功で有頂天になり、傲慢なふるまいに出ることをおそれている」との予感どおりの傲慢なふるまいであったのか、井上清が前掲書において書いているように、不断の危機に対応するための豪気果断、明敏審密の手腕の発揮と見るべきか、どちらであろうか。この物語の中で、それに答えることはしないので、読者の判断にお任せしよう。

以下にはこの物語の「ニワトリからアヒルの帝国軍隊」なるタイトルかつテーマに即して、簡潔にその後の経過を整理しておくこととする。もっとも大久保は、一八七八年五月一四日朝、登庁の途中、紀尾井坂で、島田一良ら六名の士族に襲われ、非業の死をとげたので、これを見届けたわけではない。

(2) 琉球処分

まずは琉球処分である。征台の役を通じて、清国も琉球は日本国に属することを認めたと強引に解釈した大久保は、早速、これを名実ともに日本国に属するものとする措置を次々にとった。

既に、一八七二年九月一四日、琉球王国を改めて琉球藩とし、国王尚泰《しょうたい》を「藩王」とし華族(侯爵)に列せしめる措置がとられていたが、大久保は、一八七五年七月、腹心の内務大丞松田道之を琉球処分官に任命、琉球に派遣し、清国との冊封と朝貢関係の廃止、明治年号の使用などを厳命させた。

しかし、尚泰は抵抗し、これに応じようとはしなかった。

一八七九年一月、松田は、再度、琉球を訪れ、同様の命令を伝達したが、尚泰はまたもこれにも応じなかった。三月、松田は、みたび琉球を訪れる。今度は、丸腰ではなく、約一六〇名の警察官と熊本鎮台の兵約四〇〇名を率いていた。四月、松田は、この力を以て尚泰を威圧し、琉球藩廃止、沖縄県設置を押し付け、新たに県令を置いて施政にあたらせることにし、五月、尚泰を上京させた。

しかし、王族や士族の清国への亡命などによる抵抗が続き、農村の地方役人層にまで抵抗が波及した（県政加担者を殺害した「サンシー事件」など）。

※注：サンシーとは政府の押し付けた新たな県行政への「賛成」の意味である。この事件は、一八七九年七月に発生した。宮古島島民一同が新県政に非協力を申し合わせていたにもかかわらず、これに反して警部派出所に雇われた一島民に対し、島民の多数が集団的暴行に加わり、遂には殺害するに至ったというもの。

この琉球処分と呼ばれる強硬措置は、後の日清戦争の背景要因ともなった。

(3)　江華島事件

わが国で、通説の分類によると「征韓派」とされる一群の人たちが、敗退・下野した直後の一八七三年一二月、朝鮮では、大院君《テウォングン》が失脚、高宗《コジョン》が新政権（高宗の妃・閔妃《ミンビ》の一族が実権を握ったので閔氏政権と呼ばれる）を発足させ、庶政親裁を宣言した。新政権は大院君政権の内政・外交施策を全否定することを打ち出した。おのずから日本への対応も見直し必至となった。とりわけ、翌一八七四年五月、征台の役が始まると、余勢を駆って朝鮮にも攻め込むのではないかと新政権は焦燥感に駆られていた。

草梁の大日本公館（かつて対馬藩の管轄下にあった倭館を一八七二年九月に外務省が接収し、大日本公館としたことは前に述べた）には外務省官員七等出仕広津弘信が赴任していた。広津は、朝鮮新政権の動きを見逃さず、今が交渉を進めるチャンスとばかりに外務省に行動を促す意見をあげた。その結果、上位者である同省官員六等出仕森山茂とともに交渉を始めることとなった。しかし、朝鮮側の態度は相変わらずであった。

広津は、森山の命を受けて、一八七五年四月、帰国し、外務卿寺島宗則に対し、新政権の動向を報告し、軍艦を朝鮮近海に派遣し、海路の測量などをして新政権にゆさぶりをかけつつ、交渉申し入れをするのがよいとの建言をした。

寺島は、その建言をいれたのであろう。前年二月の政府決定（一〇四頁参照）に従い、軍艦による威嚇作戦を実行させた。五月末、軍艦雲揚《うんよう》が釜山入港、続いて軍艦第二丁卯《ていぼう》が入港した。両艦は、砲撃演習を行うなど、さかんにデモンストレーションを開始した。

そのデモンストレーションのさなか、九月二〇日、二一日に、王都漢城の西方、漢江河口に位置する江華島《カンファンド》沿岸において、大事件が勃発した。

『大日本外交文書第八巻』に収録された雲揚艦長・井上良馨の同年一〇月八日付報告書によると、この事件は、あらまし次のように朝鮮側に非があるという趣旨の報告がなされている（鈴木淳「『雲揚』艦長井上良馨の明治八年九月二九日付け江華島事件報告」史学雑誌二〇〇二年一一巻一二号から鈴木がまとめた要点をそのまま引用）。

① 朝鮮から清国牛荘《ニューチャン》までの航路研究中に清水の補充を必要と考え、海図に水深の記載がある江華島付近に寄港しようと考えた

② 九月二〇日、端艇に乗り、江華島の第三砲台（日本側呼称）付近で「此辺に上陸良水を請求せんとし右営門及び砲台前を航過せんとするや」突然銃砲で発砲された

③ 端艇から「号火」で本艦に信号し、これに応じて「雲揚」が「彼国に釜山和館より兼て通知せし」国旗を檣上に掲げて来航し、艦載砲で答発し、「彼亦発射」した

④ 第一砲台に航進し、砲撃の後「彼より放射如雨」なかを上陸し、戦闘して砲などを捕獲して艦に積み込んだ上、城内を焼き尽くした

⑤ 諸所捜索の上、一孤島に上陸して清水を得た

ところがこれとは別に井上艦長が九月二九日付で作成した先行報告書があり、その写しが当時の艦隊指揮官伊藤祐磨の遺族から防衛省防衛研究所に寄贈されていた。そこには概略以下のように記述されていた（鈴木前掲論文により筆者要約）。

「長崎から清国牛荘までの航路研究の命を受けた。二〇日、江華島塩河河口付近で端艇を降ろして、測量、調査及び朝鮮官吏に対する尋問のため、自らもこれに乗り込み、塩河を遡ったところ、同島に設置された砲台や営門から大小砲の攻撃を受けた。小銃で反撃しつつ、帰艦。人的損害なし。翌二一日、雲揚にて塩河を遡り、攻撃を加える。第三砲台を砲撃して破壊、昼食後、第二砲台に陸戦隊を揚陸させ焼き払う。翌々二二日、永宗島砲撃。陸戦隊を上陸させ、朝鮮側の三五名余りを殺し、一六名を捕虜とした。陸戦隊の負傷者は二名、うち一名は帰艦後死亡。捕虜は、捕獲した大砲三六門、小銃、楽器等を運ばせた後放免。同夜は翌日午前二時に至るまで勝利の祝宴を開き、戦死者の霊を慰めるため分捕りの楽器を列奏し、各々愉快を尽くした。さらに翌々二三日、運びきれなかった捕獲品を積み込み、帰還の途に。」

※注：塩河とは江華島と本土との間の狭い水路状の所。

これによると飲料水を求めたというのではなく、測量、調査及び朝鮮官吏に対する尋問のため、ボートで塩河を遡上したことが発端だということであり、雲揚の反撃（攻撃）は、その場でなされたものではなく、翌日、翌々日である。しかも被害は、ほぼ一方的に朝鮮側に生じており、日本側は、戦利品まで捕獲し、祝宴さえ張ったとされている。

朝鮮内海に入り、ボートをおろし領海内深く入り込み、測量、調査及び朝鮮官吏を尋問するなどということは朝鮮の主権を侵害する無法な行動であるから朝鮮側が威嚇射撃をするのは正当だということになる。逆に、それをかわして本艦にもどり、翌日、翌々日に体制を整え、軍艦による攻撃を加えたことに非があることになる。それを都合よく粉飾し、朝鮮への言いがかりの具としようと考えた上層部の命により、井上は書き直しを余儀なくされたのであろう。思うに、井上は、同年七月に、雲揚で朝鮮東岸を航海した際の報告書で、断固とした征韓論を唱え、朝鮮西岸には砲台が設けられているようであるがそれらは旧式の砲が置かれているだけであるから、西岸に接近する機会があれば、試してみたいと述べていたくらいであったから、堂々と朝鮮砲台を攻撃したという九月二九日付報告書の書き直しをせざるを得なかったことは屈辱的なことであったに違いない。

世にこれを江華島事件と呼ぶ。これをわが国の朝鮮に対する無法な武力攻撃と言わずして何と言おうか。

この江華島事件について、国権主義・国粋主義に転じた後の徳富蘇峰は一九三三年に刊行された『公爵山県有朋伝中巻』の中で、書き換えられた後の報告書に従い事件概要を説明しているにもかかわらず、次のように論評している。日本側の策謀によるとする説は古くからあったようだ。

「朝鮮問題の解決は、明治六年朝鮮遣使論の破裂、西郷等の辞職に由りて、中止さるゝに至ったが、西郷派に属する薩摩軍人には、之に?ず（筆者注：かかわらずか？）征韓論を主張し、時機を待て、朝鮮問題を解決せんことを計画するものがあった。明治八年朝鮮近海における雲揚艦長井上海軍少佐の海軍演習は、川村（筆者注：薩摩出身の海軍大輔川村純義）と黙契の下に計画された示威運動であった。」

(4) 日朝修好条規――朝鮮侵略の一里塚

江華島事件を、ねつ造した報告書に基づいて、朝鮮側の無法な武力攻撃とさかさまに描き上げた政府が、参議兼開拓使長官黒田清隆を特命全権弁理大臣とし、井上馨を副大臣として、六隻の軍艦（乗り組んだ兵員は総計およそ八〇〇名）を率いて、朝鮮問責の談判に向かわせたのは、翌年一八七六年二月一〇日のことであった。そのとき山県陸軍卿には、大軍を率いて、下関で待機させていたという。

黒田が「雲揚砲撃事件」を持ちだして朝鮮側を厳しく問責したことは言うまでもない。それでもって一撃を加え朝鮮側を追い込み、武力を誇示して行われた日朝交渉は予め勝負は決まったも同然で、同月二七日、朝鮮側は日本側の要求通り日朝修好条規に調印することを余儀なくされた。日朝修好条規は、朝鮮を「自主の邦」として清国から切り離し、輸入関税はゼロとし、日本通貨の流通、開港場から四キロメートルの内地通行権及び朝鮮沿岸の測量権を認める、治外法権を定めるなど一方的な不平等条約で、パークスでさえ、イギリス本国にこんなことを書き送っている（岡前掲書）。

「第一〇款は特に注目に値する。日本政府は、日本と外国との条約中の治外法権条項に近時不満を述べて来たのに、朝鮮における自国民の裁判管轄権を抜け目なく規定したからである。外務卿が余にむかって、右の規定は朝鮮側に対しては日本に在留するその国民に対する裁判管轄権を与えていないと説明したように、日本政府はこの権利を相互的なものにしなかった点においてもこれらの条約を模倣している。」

※注：第一〇款は、現代語になおすと以下のとおりである。
日本人が開港にて罪を犯した場合は日本の官吏が裁判を行う。また朝鮮人が罪を犯した場合は朝鮮官吏が裁判を行うこと。しかし双方は、その国法をもって裁判を行い、すこしも加減をすることなく努めて公平に裁判することを示すべし。

これは朝鮮侵略の一里塚となった。

5　東アジアの憲兵・侵略の軍隊へ

帝国軍隊は、外国にわが国の要求をおしつけるために海外で武力による威嚇をし、或いは武力行使を繰り返すようになった。創業の銘である「内国の保護」、「専守防衛」、「四民平等と自由の担保」、各鎮台の「管内の守衛」（治安の維持）は羊頭狗肉と化した。そこに至るまでに、わずか四年、あまりにも変わり身の早さに驚くばかりである。

そこからさらに東アジアの憲兵、侵略の軍隊へと飛躍するには、もうひと飛びである。その飛躍の筋書きを描き、実践して行ったのは、山県有朋であった。参議兼陸軍卿であった山県は、一八七九年一二月、陸軍及び海軍双方の軍令を一手に引き受ける参謀本部が設置されると、陸軍卿を辞し、参謀本部長に就任、文字通り帝国軍隊のけん引役となった。山県による帝国軍隊の拡張・強化への積極的な取り組みの概略を以下に見ておこう。

(1)「進隣邦兵備略表」(上奏)

一八八〇年一一月、参謀本部長山県は、清国に武官を派遣して兵制、軍備、地理などを調査研究させ、目下の国際関係、近隣諸国の兵制・軍備の状況を整理した『隣邦兵備略』を刊行、上表文「進隣邦兵備略表」を添えて、その一冊を天皇に上呈した。『隣邦兵備略』本文では清国、英領インド、蘭領インドなどの軍備の現況が整理されているだけであるが、上表文は概要以下の通り、帝国軍隊を近隣の外敵(この時点における仮想敵国は清国)と対峙できるものに拡張整備することの必要性を訴えるものであった。大山前掲書には約七五〇〇字に及ぶ長文の全文が収録されているが、筆者がその要旨を拾って以下に示すこととする。

現在の国際関係は、修好条約や万国公法は強者の名目を借りて私利を貪り、弱者は哀情を訴える道具に過ぎない。万国対峙、各国国境を画して軍備を強固しなければいずれの国も独立を守ることはできない。たとえば清国を見れば、広大な領土と膨大な人口と一〇〇万を下らないが常備兵を持つが、イギリス、フランス連合軍が仕掛けた戦争（筆者注：一八五六年～一八六〇年のアロー号事変）でたちまち降伏した。

最近のヨーロッパでは、兵の多寡を論ずることが国の貧富を論ずることよりも優先される。軍備を急がなければならないのは、渇きをいやし、飢えをしのぐようなものだ。

そのヨーロッパ諸国は、東方に進出し、圧迫すること盛んで、トルコ、ペルシア、インドへはここ五〇年、清国にはここ三〇年に及んでいる。わが日本は東方の辺縁にあるので、それは一番遅く、幕府の末期にこれを迎えた。幸いわが国は、陛下のご英断で、万機刷新し、兵制も欧米諸国の制度を取り入れ、外国からの侮辱を受けるに至っていない。陛下のご英断と臣僚の奮闘で、その後軍備を整え、小康を得ているが、近時、それに安んじているように見える。

アロー戦争敗北後の清国は、軍備拡張と洋式化は著しいものがある。これは一面アジア東方への強力な援軍になるが、他面脅威にもなる。また清国が疲弊すればわが国も欧州諸国、ロシアから圧迫を受ける。隣邦の清が軍備を強化すれば、わが国も軍備を等しく強化しなければならない。よってわが国は、軍備を強化することが急務である。

(2) 陸海軍拡張に関する財政上申

一八七三年、朝鮮では政変があり、大院君が失脚し、高宗《コジョン》の庶政親裁という名の閔氏政権となったこと、そのもとで一八七六年、日朝修好条規が締結されたことは既に述べたところである。日朝修好条規は釜山のほか元山、仁川を開港し、各開港場から四キロメートル以内の日本人内地通行権を認めた。そのことは日本の米穀が流入したことによる朝鮮農民の窮乏化と風俗習慣の違いからくる進出した日本人に対する反感があいまって、朝鮮民衆の中に反日機運の高まりをもたらした。それは開明的で親日的な人々が台頭し政府で重きをなすようになると、閔氏政権に対する反発と大院君《テウォングン》待望論を醸成して行った。そこに国費の濫費による政府の財政危機が原因で兵士に対する米穀の現物給付が長期にわたり滞るという政府の失態が重なり、一八八二年七月、兵士が実力行使に出た。これは瞬く間に王都漢城の民衆を巻き込む暴動に発展した。これを壬午軍乱と呼んでいる。

壬午軍乱は、兵士や民衆による日本公使館焼き討ち、日本の勧告で組織され、一般兵士集団とは異なる少数エリート兵士集団である別技軍の日本人教官殺害など反日暴動的様相を鮮明にしたため、公使花房は済物浦《チェムルポ》からイギリス船に乗り込み、命からがら長崎まで逃げ帰った。朝鮮はこのあと、騒乱の中で大院君が復権、政権返り咲きをすることになったが、宗主国を任じる清国が軍隊を派遣して騒乱を鎮圧、大院君を逮捕して清国に連行し、軍隊の一部を駐留させるという事態を招くことになった。

この壬午軍乱を機に清国を脅威と見た山県（当時参事院議長）は、翌八月、「陸海軍拡張に関する財政上申」を政府に提出、海軍については軍艦四八隻、鎮守府を東西に分かつ、陸軍については先年徴兵令改正で常備兵四万人と定めたが未だ充足されていないので早急に充足させ、さらに将来増員を図るべきだ、その障害となる財政については大蔵卿松方正義とも相談したが煙草税をあてればよいと建議した。その中でこんなことを述べている。壬午軍乱に際して朝鮮に軍隊を派遣し、宗主国としての面目を施した清国との対決を意識し、軍備増強を唱えているのである。

「我が隣邦の勢いを察するに駸々《しんしん》として勃興し、決して軽忽《けいこつ》に附すべからざるものあり。……（中略）若し今に及んで我が邦尚武の遺風を回復し、陸海軍を拡張し、我が帝国を以て一大鐵艦に擬し、力を四面に展べ、剛毅勇敢の《の》精神を以て運転せずんば則ち我の嘗て軽侮せる直接附近の外患、必ず将に我が弊に乗ぜんとす。坐して此極に至らば我が帝国また誰とともに其の独立を維持し、誰と倶に其の富強を語らん。故に曰く、陸海軍の拡張を謀るは方今の急務にして政府の宜しく之に孜々《しし》たるべき所なり。

※注：参事院は、「明治十四年の政変」後に太政官達第八九号（明治一四年一〇月二一日）により創設された。右太政官達第一条は「参事院は太政官に属し内閣の命に依り法律規則の草定審査に参預するの所とす」と定めている。参事院の具体的な権限は、内閣の命により法令起草又は審査にあずかり、各種の権限争議を採決し、法令の疑義に対して説明を与えることであった。後、法制局となる。

山県のこの軍備拡張の建議は、閣議で採択され、同年一二月二二日、軍備拡張の詔勅が下された（徳富前掲書）。

「朕祖宗の遺烈を受け、国家の長計を慮んぱかり、宇内の大勢を通観して、戎備《じゅうび》（筆者注：軍備）の益々皇張すべきことを惟う。茲に廷臣と謀り緩急を酌量し時に措くの宜しきを定む。……」

こうして当面のところ清国を仮想敵国とする外征軍へと帝国軍隊を変貌させる軍備拡張が行われることになった。

(3)　主権線・利益線

やがて明治憲法が発布され、一八九〇年一一月二九日施行となるが、その施行当日に第一回帝国議会が開会された。このとき山県は、内閣総理大臣に任ぜられており、翌一二月六日、施政方針演説で、以下のように演説した。

「……けだし国家独立自営の道に二途あり、第一に主権線を守護すること、第二には利益線を保護することである。其の主権線とは国の疆域を謂ひ、利益線とは其の主権線の安危に、密着の関係ある区域を申したのである。凡そ国として主権線、及利益線を保たぬ国は御座りませぬ、方今列国の間に介立して一国の独立を維持するには、独り主権線を守禦するのみにては、決して十分とは申されませぬ。必ず亦利益線を保護致さなくてはならぬこと、存じます。今果して吾々が申す所の主権線のみに止らずして、其の利益線を保つて一国の独立の完全をなさんとするには、固より一朝一夕の話のみで之をなし得べきことで御座りませぬ。……」

主権の及ぶ範囲即ち国境の外にそのバッファゾーンとして利益線をとり、その防護のため軍備を増強しなければならないと山県は言明したのである。

ではこのとき山県はどこを利益線と考えたのであろうか。これより九か月前の同年三月、山県は、閣議で閣員に「軍事意見書」及び「外交政略論」なる意見書を回覧し、右帝国議会施政方針演説に言う主権線、利益線をについて滔々と意見を開示している。そのうち「外交政略論」では、朝鮮を清国の属国から離脱せしめ、ロシアの干渉を排し、朝鮮におけるわが国の優越的地位を確保することに失敗すればわが対馬の主権線は「頭上に刃を掛くる」形勢を迎えることになると述べ、朝鮮を明確に利益線と位置付けている。

「我が邦の利害もっとも緊切なる者朝鮮国の中立これなり。明治八年の条約は各国に先立ち其の独立を認めたり。爾来時に弛張ありと雖も亦線路を追わざるはなく、以て十八年に天津条約を成すに至れり。然るに朝鮮の独立は西伯利《シベリア》鉄道成るを告ぐるの日とともに薄氷の運に迫らんとす。朝鮮にして其の独立をたもつこと能はず、折げて安南緬甸《めんでん》（筆者注：ベトナム・ミャンマー）の続きとならば、東洋の上流は既に他人の占める所となり、而して直接に其危険を受ける者は日清両国とし、我が対馬諸島の主権線は頭上に刃を掛けるの勢をこうむらんとす。」

利益線はその後、台湾、満州、中国全土、さらにはアジア全体に引かれることになる。それと同時に、国境も広げられて行った。かくして帝国軍隊は、東アジアの憲兵、侵略の軍隊へと変貌をとげることになった。

6　まとめ

以上、明治維新政府によって創設された帝国軍隊のたかだか十数年の歩みを見てきたわけだが、帝国軍隊の創業の銘――「内国の保護」、「専守防衛」、「四民平等と自由の担保」、各鎮台の「管内の守衛」（治安の維持）――をいとも簡単に放擲し、東アジアの憲兵、侵略の軍隊への道をひた走る帝国軍隊の姿を確認することができた。

帝国軍隊にそのような変貌をもたらしたのは外的要因と内的要因の二つが考えられる。

外的要因は当時の国際社会のあり姿である。帝国主義の時代であった当時の国際社会においては、戦争は国家固有の権能であり、国家間の紛争は最終的には戦争によって決着をつけられるという無差別戦争観が支配していた。先進列強諸国は、領土と権益の維持・拡大、すなわち世界分割を競い合い、後進諸国は侵略され、植民地化され、蹂躙・収奪された。先進列強諸国は世界分割競争でより優位に立つために軍事力を強化し、合従連衡工作を繰り返し、はては分岐対立し、抗争の結果戦争を引き起こした。明治維新政府は、わが国が参入した当時の国際社会の荒波をまともに受け、「内国の保護」、「専守防衛」、治安維持の帝国軍隊を創設し、これを強化しようとしたわけであるが、次第に先進列強諸国の驥尾に連なる道へと進んで行ったのであった。

内的要因は、絶対主義的天皇制国家への歩みと確立である。絶対主義的天皇制国家は、万世一系の天皇のしろしめす神国日本は万邦無比であらねばならないという国家思想に裏打ちされている。故に、政府指導層にとっては、当時の国際社会にあって、植民地化され、蹂躙・収奪される後進国に甘んじるという選択があり得ないのは勿論、先進列強諸国の世界分割競争には加わらず東アジアの片隅で小さな独立国家として営みをなすという選択もあり得ない。彼らにとっては、ただひたすら先進列強諸国に追いつき、追い越すという道一択だったのだ。

補論三　自衛隊について考える

1　はじめに

本論において、帝国軍隊が創業の銘をかなぐり捨てて、東アジアの憲兵、侵略の軍隊への道をひた走った歴史の序章を語った。しかし、それのみで終えてしまったのでは少し物足りないのではないだろうか。やはり、このことを語った以上は、現在のわが国に存在する自衛隊についても語っておくべきであろう。因みに言っておけば自衛隊が軍隊であることに異論をはさむ人はまずいないと思われるので、以下の行論においては、いちいち自衛隊という名の軍隊という言いまわしはしないで、単に自衛隊と言うこととする。

ここで述べようとすることは、帝国軍隊について語った当時の国際社会は大きく変化し、現在の国際社会は全くこれと異なるものとなっていること、日本国憲法第九条（「九条」）は自衛隊の存在を決して認めるものではないこと、それにもかかわらず創設され、今や世界有数の軍事力を有するに至ってしまった九条違反の自衛隊についてどう考えるべきか、などである。もっとも本書全体のバランスを考慮するとそれらについて詳論するスペースはないので、簡単なスケッチをする程度のことになることをご了承頂きたい。

2　国際社会はどのように変化したか

(1)「正義と秩序を基調とする国際平和」

一九世紀以後の先進列強諸国の領土分割競争の火花は、やがて火を吹いて第一次世界大戦となり、主としてヨーロッパを舞台にして一九一四年から一九一八年までの長きにわたって破壊と殺戮が続けられた。

第一次世界大戦は、戦闘員および民間人の犠牲者総計約三七〇〇万人に及ぶ人類史上未曽有の惨害をもたらしたが、その惨害の中から、戦後の国際社会は、戦争を国家固有の権能とする無差別戦争観と先進列強諸国が赤裸々に相争う世界分割競争的国際関係観を根本的に転換させ、戦争を違法とし、諸国家が平和的に共存する道を模索し始めた。しかし、それは容易なことではなかった。

とにもかくにも国際社会に戦争を非とする国際法が成立し、国際平和を集団的に保障するための包括的国際機構である国連が設立され、活動を始めることになったのは、第一次世界大戦に倍する惨害を人類にもたらした第二次世界大戦を経た後のことであった。しかし、それさえもようやく形がつくられたというに過ぎず、第二次世界大戦後今日に至るも、その努力と営みは、前進しては停滞、後退、そしてまた前進しては停滞、後退の繰り返しを続けている。

ただ言えることは、人類には、もはや戦争は国家固有の権能とし無差別戦争観が支配し、世界分割競争が展開されたかつての国際社会に戻す選択はあり得ないということであり、個別国家が戦争に訴えることを非とし、国連によって平和と安全が維持される国際社会を確立することをめざして前進しなければならないということである。もし、それができないならば人類は生成・発展・死滅の自然史を全うすることなく核戦争によって強制的に滅びさせられることになるだろう。

筆者は、戦争を非とし、国連により平和と安全を維持することを「正義と秩序を基調とする国際平和」と呼んでいる。

(2)「戦争と平和に関する国際法」

「正義と秩序を基調とする国際平和」は、一群の国際法（条約及び慣習国際法。以下同じ）によってかたちづくられる。そのような一群の国際法を、筆者は「戦争と平和に関する国際法」と呼んでいる。

その現在の到達点を整理すると以下のとおりである。

① 開戦法規（Jus ad bellum）

国連憲章第二条四項は、「すべての加盟国は、その国際関係において、武力による威嚇又は武力の行使を、いかなる国の領土保全又は政治的独立に対するものも、また、国際連合の目的と両立しない他のいかなる方法によるものも慎まなければならない。」と定める。これは武力行使禁止原則と言われ、これにより二つの例外を除き一般的に武力行使は禁止され、違法とされることになり、これに違反して他国を攻撃し、侵略した場合には、「平和に対する罪」（侵略の定義に関する一九七四年一二月国連総会決議）もしくは侵略犯罪（国際刑事裁判所規程第八条の二）として国際法廷の場で処断されることもあり得ることになった。

二つの例外の一つは国連によるもしくは国連が認める集団的安全保障措置としての武力行使（国連憲章第四二条）、もう一つは自衛権（個別的もしくは集団的）の発動としての武力行使である（同第五一条）。前者は、これを発動できる条件が未整備で、現状では看板倒れになっており、これを改善・改革することが焦眉の急である。後者は、国際法上の自衛権は、その行使の要件として、i．急迫不正の侵害の存在、ii．他に取り得る方法がないこと（必要性）、iii．必要最小限度の範囲にとどまる措置であること（均衡性）の三要件を満たすことが必要と解されているが、これが大国・強国によって平然と無視されている現実を日々目の当たりにしており、このような現実を変えて行くことがこれまた焦眉の急となっている。

これらの焦眉の急となっている問題を解決し、「正義と秩序を基調とする国際平和」をほんとうに確立するためには、国連とその関連機関、とりわけ国際司法裁判所及び国際刑事裁判所を充実・発展させることが必要である。

※注：国際法上の自衛権について少し深く考えてみたいという読者には、田岡良一『国際法上の自衛権』（勁草書房）と森肇志『自衛権の基層——国連憲章に至る歴史的展開』を読まれることをお薦めしたい。前者は、

田岡が京大教授を定年退官する前後五年間の歳月をかけて書き上げた研究生活の仕上げのような著作、後者は、現在は東大教授をつとめる森が、東大社研助手となったころからあたためてきたテーマについて約一〇年に及ぶ研究の成果をまとめた博士論文に加筆・修正を加えた研究生活の劈頭を飾る著作であり、いずれも読む者の脳髄に軋みを覚えさせるほどの力作である。

両者共通しているのは、第一次大戦前に、国際法上、自衛権として論じられてきたケースは、いずれも侵略等違法な武力攻撃に対して反撃するという本来的な自衛権とは次元の異なるものであったと整理し、本来的な自衛権が国際法上に登場することになったのは、国際社会で、戦争・武力行使を違法化する取り組みが始まった第一次大戦以後のことであることを明確にしている点である。田岡は「伝統的な自衛権＝緊急避難」と「第一次大戦後の新自衛権概念」と分別し、森は「治安措置型自衛権」と「防衛戦争型自衛権」と分別しておられる。

これらの著作は、その性質からいって、あくまでも原理論的、本質論的分析とその展開であるから、ただちに実践的に役立つわけではない。しかし、国際法上の自衛権に関する深く掘り下げた論述は、実践的思考のトレーニングとして有益である。

自衛権は、一九世紀から第一次大戦に至る無差別戦争観の時代には単なる政治・外交上のイッシューに過ぎず法的規範性のない概念であった。第一次大戦後は、戦争・武力行使違法化の進展とともに、自衛権は国際法上の法的概念へと成長したが、依然として規範性に乏しいものである。極論すれば、それは戦争・武力行使禁止原則の抜け道作りの道具概念に過ぎないと言えるかもしれない。しかし、筆者は、それでも、解釈や実践を通じて国際法上の自衛権を限定し、極小化し、武力行使禁止原則と国連によるもしくは国連関与の集団的安全保障を実効あらしめるための努力を怠ってはならないと考えるものである。

さて、本文中で触れた国連憲章第五一条であるが、以下のように定めている。

「この憲章のいかなる規定も、国際連合加盟国に対して武力攻撃が発生した場合には、安全保障理事会が国際の平和及び安全の維持に必要な措置をとるまでの間、個別的又は集団的自衛の固有の権利を害するものではない。この自衛権の行使に当って加盟国がとった措置は、直ちに安全保障理事会に報告しなければならない。また、この措置は、安全保障理事会が国際の平和及び安全の維持又は回復のために必要と認める行動をいつでもとるこの憲章に基づく権能及び責任に対しては、いかなる影響も及ぼすものではない。」


ここには「集団的自衛権」という文言は使われておらず、「個別的又は集団的自衛の固有の権利」⇒「この自衛権」とされているに過ぎない。そもそも国際法上、集団的自衛権なる法的概念は存在しなかったからである。しかし、国際法学者らは、この条文の「個別的又は集団的自衛の固有の権利」との文言から「集団的自衛の固有の権利」を分離抽出し、それを「集団的自衛権」と概念構成をするに至った。その意味で、「集団的自衛権」は、この条文の解釈により戦後国際法学が創作したものと言えるのである。

国際法上新たに出現した「集団的自衛権」の意義をめぐって、国際法学者らの間では、①自衛権共同行使説、②他国防衛説、③自国防衛説の三説が唱えられている。
①説は、武力攻撃を同時に受けた複数の国が、共同して自衛権を行使するのが「集団的自衛権」だとい

う見解で、一九五〇年代に活躍したイギリスの著名な国際法学者バウエットがこの説を唱えている。この説によれば、「集団的自衛権」とはいっても、たまたま複数の国の自衛権が競合するに過ぎず、なんら従来の自衛権とかかわるものではないことになる。

②説は「集団的自衛権」とは、文字通り攻撃を受けた他国を防衛するために武力行使に訴える権利であると捉える。国際司法裁判所は、一九八六年、ニカラグア事件判決で、この立場を明らかにしている。もっとも被害国が「武力攻撃を受けたことを宣言すること」と「明白な支援要請をすること」を要件としており、支援国の固有の権利としての「集団的自衛権」の位置づけは著しく弱まり、「集団的自衛権」の発動は抑制される。

③説は、密接な関係にある他国が攻撃を受け、それが自国の安全に重大な影響を及ぼすときに武力行使に訴える権利であると説く。支援国の固有の権利であることが前面に出され、現実の運用によっては大国のエゴを正当化するものとなり得る。わが国では、二〇一五年九月、いわゆる安保法制が制定され、武力攻撃事態法において「我が国と密接な関係にある他国に対する武力攻撃が発生し、これにより我が国の存立が脅かされ、国民の生命、自由及び幸福追求の権利が根底から覆される明白な危険がある事態」を存立危機事態と定義し、存立危機事態において武力行使をなし得ることが定められた。これは③説に立って集団的自衛権を法認したものである。

国際法学者らの中ではかつては③説が多数説であったが、国際司法裁判所が②説を採用したことに加え、②説のほうが集団的自衛権の行使がより限定的になるとの理解のもとに、国際法学者らの中では②説が多数説となっている。

筆者は、①説に魅力を感じるが、「集団的自衛権」と構成しつつ、①説のようにレア・ケースを想定した論では説得力がないと思う。そこでその趣旨を生かし、次のように考えてみたい。

もともと国連憲章五一条の規定を置くことになったのは、中南米諸国やアラブ連合諸国などの弱小国の異議申し立てに対処するための苦肉の策であったことを考えると、弱小国が、武力攻撃を受け、自力で対処できないときに他国の支援を得られる方途を確保できるようにするためであったと言えるのではないか。それならば同条中の「個別的又は集団的自衛の固有の権利」⇓「この自衛権」との文言は、そのことを織り込んで解釈するべきであろう。そうすると、各加盟国は、自衛権を有しており、これを独力で、もしくは他国の支援を求めて行使する固有の権利があると解するのが相当だと考える。つまり「集団的自衛権」と言っても、それはあくまでも武力攻撃を受けた国自身の自衛権であり、弱小国家の生存権保持のための最後のよりどころということになる。それは結局のところ、国連による集団的安全保障措置に期待し、それを充実させる方向へ国際社会をいざなうことになる。

② 戦時国際法（jus in bello）

ハーグ条約（「陸戦ノ法規慣例ニ関スル条約」及び同附属書「陸戦ノ法規慣例ニ関スル規則」）、ジュネーブ諸条約とその第一及び第二追加議定書など国際人道法といわれる一群の国際条約・国際慣習法が成立している。

これらにより、傷病者等の保護、衛生要員・衛生施設の保護、文民たる民間人の保護、捕虜の人道的処遇、敵対行為に直接参加していない者に対する人道的な待遇、文民たる住民の生存に不可欠な物の保護、危険な力を内蔵する工作物等（ダム、堤防、原子力発電所）の保護、文化財及び礼拝所の保護、文民の強制的移動の禁止、過度の傷害又は無用の苦痛を与える兵器等の使用禁止、自然環境に広範、長期的かつ深刻な損害を与える戦闘の方法・手段の禁止、などの戦時におけるルールが確立し、これに違反した場合は戦争犯罪として処罰されることになった。これらはジュネーブ諸条約第二追加議定書で、非国家団体と国家あるいは非国家団体どうしの武力抗争にも適用されることになっている。

なお、これと密接に関係するジェノサイド条約や国際人権法と呼ばれる一群の国際法がある。これらの国際法を実効あらしめるためにも国連とその関係機関、とりわけ国際司法裁判所及び国際刑事裁判所を充実・発展させることが必要である。

3　九条と現実との乖離

(1)　九条の解釈

九条の解釈は既に汗牛充棟、論じ尽くされているところであるが、筆者の考えるところをごく手短に述べておくこととする。

①　ごく素直な文理解釈とひねった解釈

九条は以下のとおり定めている。

第一項……日本国民は、正義と秩序を基調とする国際平和を誠実に希求し、国権の発動たる戦争と、武力による威嚇又は武力の行使は、国際紛争を解決する手段としては、永久にこれを放棄する。

第二項……前項の目的を達するため、陸海空軍その他の戦力は、これを保持しない。国の交戦権は、これを認めない。

これは、前文で「平和を愛する諸国民の公正と信義に信頼して、われらの安全と生存を保持しようと決意した」と宣言していることも考慮に入れれば、全ての戦争、武力行使の放棄、あらゆる戦力を保持しないことを定めたものと解釈される。これがごく素直な文理解釈で、筆者はこれが正しいと考える。

もっとも第一項に「国際紛争を解決する手段としては」とあることをとらえ、同様の語句が用いられている一九二八年のパリ不戦条約は自衛権行使を否認するものではなかったこと、同条約以来国際法上この文言は自衛権行使を排除する趣旨であると解されていることを理由にあげて、九条第一項も自衛のための武力行使までも放棄するものではないと解釈すべきだという論者もいる。この点に関して筆者は以下のように考える。

パリ不戦条約は、一九二八年、アメリカの国務長官ケロッグ、フランスの外務大臣ブリアンの提唱で、締結された国際条約で、これは本文として以下の二か条を定めるに過ぎない至ってシンプルな条約である。

第一条　締約国は国家間の紛争の解決のために戦争に訴えることを非とし、かつ締約国相互の関係において、国家政策の手段としての戦争を放棄することを、各々の人民の名で厳粛に宣言する。

第二条　締約国は、締約国相互の間に起こる全ての争議または紛争は、その性質又は原因の如何を問わず、平和的手段以外の方法で処理または解決を求めないことを約束する。

第一条に、「国家間の紛争の解決のため」とか「国家政策の手段として」とかの語句があることをとらえて、パリ不戦条約は、自衛戦争を放棄・禁止するものではないと国際法学者の多くは説明し、広く一般にそのように理解されている。しかし、第二条には、「全ての争議または紛争を、性質、原因の如何を問わず、平和的手段以外の方法で処理または解決を求めない」と書かれている。このことから次のように言える。パリ不戦条約は、本来的には、全ての戦争を違法化することを目的としていたのであり、決して自衛戦争を認める趣旨の取り決めではなかったのだと（田岡良一『国際法上の自衛権』勁草書房）。

ところが、各締約国は、この条約批准に際し、それぞれ一方的に、「自衛権の行使を留保する」との趣旨を明示した交換公文を差し入れ、自衛権を行使するとの条件で批准をしたのだから自衛権は行使できるという抜け道を残してしまった。そうしてパリ不戦時条約批准後も、諸国は、自衛のという名分をたてて戦争や武力行使を突っ走ることになった。第二次世界大戦はその結末であった。

こうしたてんまつを見れば明らかなようにパリ不戦条約の「国家間の紛争の解決のため」とか「国家政策の手段として」という語句由来の九条第一項所定「国際紛争を解決するために」という語句を、このような論者のように解釈することは曲解以外のなにものでもない。

しかし、この点は百歩譲ってそのような論者の見解を仮に受け入れたとしても、第二項により「陸海空軍その他の戦力は、これを保持しない。国の交戦権は、これを認めない。」としている以上、たとえ自衛の目的であっても戦力を持つことができないことは明らかである。これはひとひねり入れられた解釈だが、このようなひねった解釈も、先の素直な文理解釈も結論は同じ、すなわち九条の下において自衛隊は認められず、自衛隊は九条に違反し、違憲の存在だということになる。これが九条の正しい解釈である。

②　或るひとつの俗説――芦田修正論

筆者が示した九条の正しい解釈、とくに第二項を援用して九条は全ての戦力を放棄し、従って自衛隊は違憲の存在であると解する者は、憲法学者や法律家の中では多数派であるが、一般国民の中では、今や少数派になっている。それは現在の国際社会が「正義と秩序を基調とする国際平和」のあるべき姿からあまりにも程遠い現実を正直に反映しているように思われる。

憲法学者や法律家の一部にも、そうした国際社会の実情及び自衛隊が存在し、国民多数がこれを受け入れているという現実をふまえ、その実情・現実に即した九条解釈論を提唱する人が出てきている。

しかし、筆者は、一国平和主義とか九条原理主義とか揶揄されるような硬直した形式的九条解釈論ではなく、右の実情・現実をも包み込み、深みと幅を持った検討を加えることにより、上記の正しい解釈を維持し、国民多数の支持を獲得することは可能であると考えている。そのことは後に述べることとして、ここでは、九条制定経過を意図的に捻じ曲げる或る一つの俗説を俎上にあげてみることとする。この俗説は、政府の公権的解釈や国民多数の九条認識に影響を及ぼしているのではないかと思われるので、徹底的に批判をしておきたいのである。

その俗説とは、九条第二項の「前項の目的を達するため」という語句と第一項の「国際紛争を解決する手段としては」という語句を直結させ、文理上自衛のための戦力は放棄されていないと説くもので、これを何故か、芦田修正論と呼ぶ。しかし、こんな俗説に対する反論はごく簡単なこと、以下の九条の条文確定に至る経過を示すだけで足りるだろう。

（九条制定経過）

まず、一九四六年二月一三日、日本政府へ交付されたＧＨＱ草案では九条は以下の案文であった。

「国民の一主権としての戦争は之を廃止す。他の国民との紛争解決の手段としての武力の威嚇又は使用は永久にこれを廃棄する。陸軍、海軍、空軍又はその他の戦力は認められない。交戦状態の権利は付与されない。」

これに基づき、わが国政府は、同年四月一七日、帝国憲法改正草案を公表し、六月二〇日第九〇帝国議会に提出した。同草案の九条案文は以下のとおりである。

「国の主権の発動たる戦争と、武力による威嚇又は武力の行使は、他国との間の紛争の解決の手段としては、永久にこれを抛棄する。陸海空軍その他の戦力の保持は、許されない。国の交戦権は、認められない。」

同草案は六月二五日衆議院に上程、憲法改正案委員会に付議され、さらに同委員会に附置された小委員会において各条の逐条検討が行われた。

七月二五日の小委員会。まず社会党委員が九条の前に「日本国は、平和を愛好し、国際信義を重んずることを国是とする」との一か条を設けるとの修正案を提起すると、保守系委員からも、政府原案は消極的で主体性を欠く印象を受けるので、九条第一項に「日本国民は永遠に平和愛好民たることを宣言する」、「日本国民は、平和を愛好し、国際信義を重んずることを国是とし……」など国際社会に向けて積極的に平和主義を発信する内容の文言を入れた方がよいとの意見が続出した。これらを受けて七月二九日の小委員会で、芦田均委員長が次の試案を呈示した。

「日本国民は、正義と秩序を基調とする国際平和を誠実に希求し、陸海空軍その他の戦力を保持せず、国の交戦権を否認することを声明する。前項の目的を達するため国権の発動たる戦争と武力による威嚇又は武力の行使は、国際紛争を解決する手段としては、永久にこれを放棄する。」

これに対しても、「声明する」ではなく「宣言する」とした方がよい、声明や宣言では禁止的色彩が弱くなり、これに反する事態が生じても憲法違反にはならないのではないかとの法制局意見、宣言するでは作為・不作為の法規範にならないからこの試案はおかしい、一項、二項の順序もおかしいなどの意見が続出し、持ち越しとなった。

ついで八月一日の小委員会でも、積極的、主体的に国際社会に平和貢献できるような条文とするための熱心な討議が続いた。その討議を引き取り、芦田委員長がまとめ、小委員会修正案として確定したのが現行条文と一字一句違わぬ九条案であった。この九条案——つまりは現行条文なのであるが——について当日の小委員会で次のように説明している（八月一日小委員会議事録。原文のまま）。

「前項のと云ふのは、實は双方ともに國際平和と云ふことを念願して居ると云ふことを書きたいけれども、重複するやうな嫌ひがあるから、前項の目的を達する爲めと書いたので、詰り兩方共に日本國民の平和的希求の念慮から出て居るのだ。」

重複を厭わなければ条文案は次のようになると芦田委員長は説明しているのである。

第一項……日本国民は、正義と秩序を基調とする国際平和を誠実に希求し、国権の発動たる戦争と、武力による威嚇又は武力の行使は、国際紛争を解決する手段としては、永久にこれを放棄する。

第二項……日本国民は、正義と秩序を基調とする国際平和を誠実に希求し、陸海空軍その他の戦力は、これを保持しない。国の交戦権は、これを認めない。


〈捏造された九条制定経過〉


以上の経過を見れば、芦田修正論なるものは愚論珍論の類とも言うべきものであるが、その芦田修正論を世に広めたのは、なんと芦田本人であるから驚きである。

芦田は、一九四六年一一月、日本国憲法公布直後に刊行した『新憲法解釈』（ダイアモンド社）という著書の中で、九条二項に「前項の目的を達するため」の語句が入ったことを根拠に、「憲法九条一項の国際紛争を解決する手段としての戦争とは侵略戦争のことであり、自衛のための戦争や武力行使は放棄されていない」などと、上記の説明と相反する説明をし始めた。

その後、芦田は、新聞紙上で、あるいは一九五七年、内閣に設けられた憲法調査会の場で、嘘をつき、ホラを吹き続けたのであった。

新聞紙上では、一九五一年一月一四日付毎日新聞への寄稿文が最初だった。彼は次のように述べている。

「……憲法九条の二項には、『前項の目的を達するため、陸海空軍その他の戦力は、これを保持しない。』とある。前項の目的とは何を意味するか。この場合には、国策遂行の具としての戦争、または国際紛争解決の手段としての戦争を行うことの目的をさすものである。自衛のための武力行使を禁じたものとは解釈することは出来ない。（中略）第九条の第二項の冒頭に『前項の目的を達するため』という文字を挿入したのは、私の提案した修正であって、これは両院でそのまま採用された。従って戦力を保持しないというのは絶対にではなく、侵略戦争の場合に限る趣旨である。」

芦田は、一九五六年三月三〇日付東京新聞への寄稿文でも同旨のことを繰り返し、一九五七年一二月、内閣・憲法調査会第七回総会でのヒアリングでも、長々と同趣旨のことを陳述した。

上記の東京新聞への寄稿文では、芦田は、「自己の日記、メモに基づいて書いた」とし、「修正案に関するやりとりは上記小委員会の議事録に全部記録されているはずである」とまで述べている。当時は、よもや日記が公刊されることになるとは思いも及ばなかったのだろう。また上記小委員会は秘密会だから、まさか議事録が公開されて嘘がばれるとは思いもよらなかったのだろう。実に堂々たるものだ。

驚くことに東京新聞までも調子に乗って芦田の嘘の上塗りをしている。ずっと後の一九七九年三月一二日付紙面において、芦田の説明を証明する決定的資料を入手したとして、芦田日記の一九四六年七月二七日のくだりの抜粋だと称する一文を載せたのである。そこには確かに、上記の芦田寄稿文を裏付ける事実が記載されていた。

（天網恢恢疎にして漏らさず）

しかし、天網恢恢疎にして漏らさず、芦田の嘘、ホラを証明する事実が明かされる日が来た。

その一。芦田の死後、一九八六年に、「芦田均日記」が岩波書店より公刊されたが、その日記の一九四六年七月二七日の項には、東京新聞が芦田日記の抜粋だとして報じたような内容の記述は一切なく、勿論、それ以外の日付の項にもそんな記載はなかった。あわてた東京新聞は、社内で調査をし、問題の日記抜粋記事は東京新聞記者が芦田の記憶を聞いて書いた作文であったことを認め、「お詫び」の上「虚報記事」を削除する措置をとった次第。なんともお粗末というほかない。

その二。一九八三年に公刊された森清監訳『憲法改正小委員会秘密議事録：米国公文書公開資料』（第一法規出版）において、ＧＨＱ側に提出されたという上記小委員会（秘密会）速記録英訳版が掲載された。そこには芦田が指摘したような事実の記載は一切なされていなかった。なおその上に、一九九五年、秘密会とされた小委員会の議事録が全て公開された。そこに記録された芦田委員長の説明は既に紹介したとおりであった。

なお、第九〇帝国議会で修正議決された日本国憲法案は、一九四六年一〇月一二日、「帝国議会において修正を加えた帝国憲法案」の件名で、ふたたび枢密院に諮詢された。枢密院においては、二回にわたり審査委員会が開催され、審議された上、これを可とする議決がなされたのであるが、その審査会で、九条の修正の趣旨について以下のような質疑応答がなされている。答弁者は金森徳次郎憲法担当大臣である（「第九十議會議決後に於ける帝国憲法改正案樞密院審査委員會記録」法制局）。

問　第九条は語句修正の結果実質的に変更されたことになるのか。

答　第二項の「前項の目的を達するため」とあるのは、第一項の「日本国民は、正義と秩序を基調とする国際平和を誠実に希求し」を意味するもので、第一項全体を意味するものではない。またこの語を加えても、この目的の限度内というが如き意味ではなく、戦力は保持しないという意味である。加わったものは云わば枕詞で、従前と趣旨に於いて何等変更はない。

(2)　政府の九条解釈——厳密な論理よる統制と専守防衛

①　厳密な論理による統制——二重の縛り

政府は、もちろん自衛隊は九条の下で存在できる、九条に適合するとの見解であるが、上記のような俗説をそのまま取り入れたわけではない。しかし、目的による選別というその論理の組み立ては利用している。政府がもう一つ利用している論理の組み立てがある。それは質量面からの選別という論理の組み立てである。それは自衛隊の前身である保安隊について、一九五二年一一月二五日、プレスリリースされた左記閣議了解に示されている（同月二六日付朝日新聞朝刊）。

一、憲法第九条第二項は、侵略の目的たると自衛の目的たるとを問わず「戦力」の保持を禁止している。

一、右にいう「戦力」とは、近代戦争遂行に役立つ程度の装備、編成をそなえるものをいう。
一、「戦力」の基準は、その国のおかれた時間的、空間的環境で具体的に判断せねばならない。
（以下の五項目はこのこととは関連性がないので省略する。）

政府は、国際法上自衛権は各国固有の権利として認められており、九条もこれを放棄するものではないことを所与の前提として確認し、その上で、前者の目的による選別という論理の組み立てと後者の質量面からの選別という論理の組み立てを利用し、以下の二重の縛りにより自衛隊は九条に適合するとの見解を示している。

第一の縛りは、自衛権行使のための必要最小限度の実力を持つことは許される（一九五四年一二月二二日鳩山内閣統一見解）というものである。

第二の縛りは、自衛権を枠づける以下の自衛権行使三要件である（一九五四年四月六日衆院内閣委員会佐藤達夫法制局長官答弁・鳩山内閣統一見解）。

i　武力攻撃が存在すること
ii　武力攻撃を排除するためには実力を用いる以外ほかに方法がないこと
iii　武力攻撃を排除するための必最小限度の実力の行使であること

第二の自衛権行使三要件は前述した国際法上の自衛権行使の要件をほぼそのまま用いたものである。

これらに借用した二つの論理の組み立てを合わせ一本で、自衛隊合憲の政府見解を導き出しているのである。これは法制官僚が苦心惨憺の末作り上げた見事な作品だと言ってよい。

この政府見解は、一面において自衛隊の合憲性を論証して政府の防衛政策を正当化するが、他面において自衛権を行使できる条件、その手段・方法・態様及び自衛隊の目的、装備、編制、運用の内容を規制しようとするものである。この後者の面が、筆者の言う厳密な論理による統制である。

② 専守防衛と国防の基本方針

右見解を示して間もなく政府は、この厳密な論理による統制を踏まえて、わが国の防衛政策の基本は専守防衛であると標榜するようになった。

その嚆矢となったのは、一九五五年七月、航空自衛隊に戦闘機その他の航空機を導入することの可否が問われた国会論戦の中で、当時の杉原荒太防衛庁長官が、次の答弁である。

「厳格な意味で自衛の最小限の防衛力を持ちたい。……決して外国に対し攻撃的・侵略的空軍を持つわけではない。もっぱらの専守防衛という考え方でいくわけです。」

一九五七年五月に策定された「国防の基本方針」は、専守防衛の具体的展開である。

(国防の基本方針)

ⅰ　国際連合の活動を支持し、国際間の協調をはかり、世界平和の実現を期する。
ⅱ　民生を安定し、愛国心を高揚し、国家の安全を保障するに必要な基盤を確立する。
ⅲ　国力国情に応じ自衛のため必要な限度において、効率的な防衛力を漸進的に整備する。
ⅳ　外部からの侵略に対しては、将来国際連合が有効にこれを阻止する機能を果し得るに至るまでは、米国との安全保障体制を基調としてこれに対処する。

これによれば、世界の平和と安全は国連により実現されるべきであること、つまり「正義と秩序を基調とする国際平和」を実現すべきであることを確認し、それが実現するまでの間は、日米安保条約に基づき自衛隊と米軍とが共同して対処するというもので、自衛隊の目的・任務は極めて抑制的・限定的なものであることが明示されている。

ここでは自衛権の行使の地理的範囲についての言及はないが、それはこの文意から明らかだという趣旨なのであろう。それを明確に述べたのが、一九七二年一〇月三一日、参議院本会議における田中角栄首相の答弁である。田中首相は、次のように述べた（同日参議院本会議議事録）。

「専守防衛は、防衛上の必要からも相手の基地を攻撃することなく、もっぱらわが国土及びその周辺において防衛を行うことであって、わが国防衛の基本的な方針であり、この考え方を変えるということはまったくない」

田中首相は、相手の基地を攻撃しない、もっぱらわが国土及びその周辺において防衛を行うことが専守防衛であると述べているのである。

(3) 九条と現実との乖離

厳密な論理による統制のもとで政府が確立した防衛政策、すなわち専守防衛論と「国防の基本方針」は、それなりに意義はあったのだが、政治が厳密な論理による統制に抵抗し、恣意的解釈を加えたりするようになると機能しなくなる。そこが厳密な論理による統制と法的統制とは違うところで、厳密な論理による統制によっては政府の暴走を止めることはできなかった。その結果、いまや九条と現実との乖離は堪えがたいところまで進んでしまった。

その進み具合をごく手短に整理すると以下のようなことになる。

① 七八年ガイドライン

「国防の基本方針」に言う米軍との共同対処の具体的なありよう、細目をはじめて公式に確認しあったのが一九七八年日米防衛協力ガイドラインである。

i　日本は、原則として、限定的かつ小規模な侵略を独力で排除する。侵略の規模、態様等により独力で排除することが困難な場合には、米国の協力をまって、これを排除する。

ii　自衛隊及び米軍が日本防衛のための作戦を共同して実施する場合には、双方は、相互に緊密な調整を図り、それぞれの防衛力を適時かつ効果的に運用する。

iii 自衛隊は主として日本の領域及びその周辺海空域において防勢作戦を行い、米軍は自衛隊の行う作戦を支援する。米軍は、また、自衛隊の能力の及ばない機能を補完するための作戦を実施する。

自衛隊は盾、米軍は矛と言われるが、その趣旨がものの見事に示されているではないか。

② 九七年ガイドライン

一九九六年四月、日米安保共同宣言でなされた安保再定義により、自衛隊の役割はわが国の防衛のために米軍と共同対処することに加えてアジア・太平洋地域の安全のためにも米軍と協力することが確認された。その確認どおり、九七年ガイドラインでは「日本周辺地域における事態での日本の平和と安全に重大な影響を与える場合（周辺事態）」に焦点を当てた改訂がなされ、その後の周辺事態法等一連の有事法制制定へとつながった。しかし、周辺有事の際の後方支援等は別として、自衛隊が武力行使できるのはわが国が武力攻撃を受けたときのみであるとの原則、及びその際に自衛隊が果たす役割はあくまでも盾であり、矛の役割は米軍に専属するという役割分担は九七年ガイドラインでも維持された。

なお、二〇〇五年一〇月に開催された日米安全保障協議委員会（Security Consultative Committee＝「ＳＣＣ」、いわゆるツー・プラス・ツー）で「日米同盟：未来のための変革と再編」なる文書が作成されたが、その冒頭で以下の確認がなされ、自衛隊と米軍の協力範囲はアジア太平洋地域はおろか全世界規模に拡大されている。

「日米安全保障体制を中核とする日米同盟は、日本の安全とアジア太平洋地域の平和と安定のために不可欠な基礎である。同盟に基づいた緊密かつ協力的な関係は、世界における課題に効果的に対処する上で重要な役割を果たしており、安全保障環境の変化に応じて発展しなければならない。」

③ 安保法制

自衛隊が果たす役割はあくまでも盾であり、矛の役割は米軍に専属するという役割分担は、二〇一五年九月制定の安保法制により一変した。

安保法制は、以下のように自衛隊運用の法的枠組みを新たに設け、あるいは従来のものを拡張し、自衛隊の活動に対する地理的限界を取り払い、自衛隊を海外に出動・派遣する道を開いてしまった。

国際平和共同対処事態（国際平和支援法）、重要影響事態（重要影響事態法）、国連平和維持活動・国連の統括しない国際連携平和安全活動（国際平和協力法）、存立危機事態（存立危機事態法）、米軍等武器防護活動（自衛隊法）、邦人の保護・救出活動（自衛隊法）など

これらのうち存立危機事態法は、従来の自衛権行使三要件を以下の武力行使三要件に改め、集団的自衛権を認めた二〇一四年七月一日閣議決定に基づき、その内容をそのまま法制化したもので、存立危機事態において自衛隊が集団的自衛権を行使するための要件、手続きを定め、海外で直接武力行使する道を開いた。ここに自衛隊は盾だけではなく矛の役割も果たすことが認められ、かつ自衛権行使の地理的限界が取り払われることが法令上も明確にされるに至ったのである。

i　我が国に対する武力攻撃が発生した場合のみならず、我が国と密接な関係にある他国に対する武力攻撃が発生し、これにより我が国の存立が脅かされ、国民の生命、自由及び幸福追求の権利が根底から覆される明白な危険がある場合であること

ii　これを排除し、我が国の存立を全うし、国民を守るために他に適当な手段がないこと

iii　必要最小限度の実力を行使すること

④　敵基地攻撃能力――反撃能力保有

こうした流れをさらに推し進めたのが敵基地攻撃能力保有論である。

九条の下で敵基地攻撃が許されるかどうかをめぐってはじめて国会論戦が行われたのは、自衛隊が創設されてまだ二年もたっていない一九五六年二月のことだった。同月二九日、衆議院内閣委員会において、船田中防衛庁長官が、野党からの質問に答える鳩山一郎首相の答弁書を代読した（同日同委員会議事録）。

「……わが国土に対し、誘導弾等による攻撃が行われた場合、座して自滅を待つべしというのが憲法の趣旨とするところだというふうには、どうしても考えられないと思うのです。そういう場合には、そのような攻撃を防ぐのに万やむを得ない必要最小限度の措置をとること、たとえば誘導弾等による攻撃を防御するのに、他に手段がないと認められる限り、誘導弾等の基地をたたくことは、法理的には自衛の範囲に含まれ、可能であるというべきものと思います。」

このように限定的かつ条件付きで法理的には敵基地攻撃は可能とされたものの実際には安保条約第五条の下で自衛隊は盾、米軍は矛という役割分担がなされている限り、敵基地攻撃能力保有論は観念的な議論にとどまり、実践的な議論ではなかった。このため敵基地攻撃能力保有論はごく一部のマニアックな人たちの議論に過ぎず、政府の現実的防衛政策のテーマとして取り上げられることはなかった。

しかし、右に見た安保法制の成立・施行により、自衛隊が集団的自衛権を行使して同盟国軍とともに海外で武力行使をすることが認められ、自衛隊が盾だけではなく矛としての役割を果たす法的枠組みが作られると、敵基地攻撃能力保有論は、俄然、現実的・実践的防衛政策上の議論となった。

未だ安保法制が法案として形をなしていなかった二〇一三年二月二八日、安倍晋三首相は、衆議院予算委員会で、次のように述べている（同日同委員会議事録）。

「敵基地攻撃について言えば、私の問題意識としては、それをずっとアメリカに頼り続けていいのだろうかということなんだろうと思います。ですから、F35を導入するのであれば、F35の能力もあります、そういうものも生かしていくことができるかどうかということについての検討はしなければならない。」

安倍首相のこの発言は敵の弾道ミサイルを発射寸前に叩くことは九条のもとで可能か否かという従来の観念的な議論ではなく、自衛隊をこれまでのように盾にとどまらせるのではなく米軍に依存してきた矛――つまりは相手国の領土への攻撃――の役割も果たせるように検討しなければならないという極めて現実的・実践的な防衛政策上の議論である。

実は、同月七日には、安倍首相は、「集団的自衛権の問題を含めた、憲法との関係の整理につき研究を行うため、内閣総理大臣の下に『安全保障の法的基盤の再構築に関する懇談会』(以下「懇談会」という)を開催する」旨の「安全保障の法的基盤の再構築に関する懇談会の開催について」と題する文書を決裁し、同文書は同日発出されている。こうした経緯を見ると、安倍首相は、集団的自衛権を容認する安保法制の構想の検討作業を開始させた上で、敵基地攻撃能力保有論を国会でぶちあげたことがわかるのであるが、このことは、敵基地攻撃能力保有論が集団的自衛権容認と密接不可分の関係にあることを如実に示していると言えよう。

このように現実的・実践的議論となった敵基地攻撃能力保有論は、安倍首相亡き後の二〇二二年一二月策定された「国家安全保障戦略」なる政府の防衛政策の基本文書において、敵基地攻撃能力という言葉を反撃能力に変更し、公式に採用されるに至った。その中で反撃能力に関して長々と記述されているのでその一部のみを以下に紹介しておくこととする（傍線は筆者）。

「我が国への侵攻を抑止する上で鍵となるのは、スタンド・オフ防衛能力等を活用した反撃能力である。（中略）このため、相手からミサイルによる攻撃がなされた場合、ミサイル防衛網により、飛来するミサイルを防ぎつつ、相手からの更なる武力攻撃を防ぐために、我が国から有効な反撃を相手に加える能力、すなわち反撃能力を保有する必要がある。この反撃能力とは、我が国に対する武力攻撃が発生し、その手段として弾道ミサイル等による攻撃が行われた場合、武力の行使の三要件に基づき、そのような攻撃を防ぐのにやむを得ない必要最小限度の自衛の措置として、相手の領域において、我が国が有効な反撃を加えることを可能とする、スタンド・オフ防衛能力等を活用した自衛隊の能力をいう。（中略）この反撃能力は、憲法及び国際法の範囲内で、専守防衛の考え方を変更するものではなく、武力の行使の三要件を満たして初めて行使され、武力攻撃が発生していない段階で自ら先に攻撃する先制攻撃は許されないことはいうまでもない。（後略）」

ここでは専守防衛を変更しないと述べられているが、その専守防衛とは先制攻撃しないという意味で使われているに過ぎず、前述した専守防衛とは中身が完全にすり替えられてしまっている。そのことは明らかである。しかも先制攻撃しないと言ってみても、集団的自衛権行使の関連で具体的な場面を想定してみると、わが国と密接な関係のある国の軍隊が交戦状態に入ったときには、わが国に対して未だ何らの武力攻撃がない段階でも相手国領域内への攻撃が可能だということになるのだから、それは空文句、単なる枕詞に過ぎないことになる。

今日のイスラエルのガザ武力攻撃を、ハマスの大規模テロへの反撃であり、国際法に従って自国及び自国民を守る権利の行使だとして、国際社会の一部がこれを擁護している現実（二〇二三年一一月八日、わが国を含む先進七か国外相会議声明を想起されたい）を見るならば、反撃能力保有論がどこに行き着くことになるのか明らかではないだろうか。

魂の失われた専守防衛は空虚であり、無力である。

⑤　世界有数の軍事力

「国家安全保障戦略」と同時に策定された「防衛力整備計画」なるこれまた政府の防衛政策の基本文書で、反撃能力保有を含む軍備拡大の計画が詳細に示されている。そのいちいちを述べることは省略するが、それに要する費用は、二〇二三年度から二〇二七年度までの五年間に四三兆円程度という目の玉が飛び出るような金額が示されている。

わが国の軍事費支出は、二〇一八年度以後、急ピッチで増額されており、スウェーデンのストックホルム国際平和研究所（ＳＩＰＲＩ）調査によれば、二〇二二年度一年間の支出額六兆四〇三億円は世界第一〇位にランクされるということだが、五年間四三兆円、単年度平均八兆六〇〇〇億円の支出額は為替レートにより左右されるとはいえ、おおむねロシア、インド並みであり世界第三位～五位程度にランクされることになる。

4　九条と現実との乖離をどのようにして解消するべきか

(1)　改憲論

九条から乖離する現実をつくり出し、益々その乖離を大きくしてきた政権与党の自民党は、九条を自衛隊の現在及び将来に適合させるために次に示す九条改正案を提起している（二〇一八年三月自民党改憲四項目条文素案）。

第九条の二（※第九条全体を維持した上で、その次に追加）
（第一項）前条の規定は、我が国の平和と独立を守り、国及び国民の安全を保つために必要な自衛の措置をとることを妨げず、そのための実力組織として、法律の定めるところにより、内閣の首長たる内閣総理大臣を最高の指揮監督者とする自衛隊を保持する。
（第二項）自衛隊の行動は、法律の定めるところにより、国会の承認その他の統制に服する。

これは、筆者からすれば九条の核心部分を骨抜きにするもので、事実上の九条廃棄論であるから、検討に値しない。

ところで上記安保法制制定以後、九条と現実との乖離があまりにも顕著になったことから九条の規範性が失われてしまったことを嘆き、九条の規範性を回復するためと言って立憲的改正を唱える人たちが目立つようになった。それらを代表して元衆議院議員菅野（旧姓山尾）志桜里の主張に耳を傾けてみたい。菅野は、二〇一七年一二月二六日、朝日新聞デジタル誌『論座』誌上に「立憲的憲法改正のスタートラインとは」なる一文を書いているが、その中で九条改憲問題について、おおむね以下の趣旨のことを述べている（筆者要約）。

「自衛隊の自衛権統制は憲法の本質的中核的役割であると考えられるが、集団的自衛権を一切否定してきた憲法九条と、集団的自衛権の一部を解禁した安保法制とが併存しているのが現状であり、九条の自衛権統制は不全状態となっている。

立憲主義・平和主義の観点から、いかにこの現状を改善していくべきか。

まず安倍式「自衛隊明記」の提案は、憲法違反の安保法制を事後的に憲法で追認するものであって、立憲主義の観点から認められない。のみならず安保法制以上に集団的自衛権を拡大していく余地を憲法上確保するものでもあり、平和主義の観点からも、外交・安全保障政策としても認めるべきでない。

では九条をいかに改正すべきか。立憲主義の観点からは、安保法制以前の自衛権の合憲的解釈を、そのまま九条に明文化するということが考えられよう。つまり、九条の二、あるいは九条三項を新設し、従来の「自衛権行使三要件」を書き込んで、「この要件下での個別的自衛権の行使に限る」と自衛権の範囲を明文化して歯止めにするという方法だ。」

筆者は、その嘆きをともにするものであり、九条と現実との乖離をなくし、九条の規範性を回復するための知的格闘それ自体には共感を覚えるが、安保法制によって生み出された九条と自衛隊の組織・編成・装備・運用を所管する防衛法制との乖離を、九条を変えることにより埋め、防衛法制を九条に従わせ、立憲的統制を回復しようとする試みには賛同し難い。率直に言って、菅野の議論は逆立ちしているように思えるのである。

確かに安保法制により防衛法制の九条からの乖離は顕著になってしまったが、その乖離の進み具合は、上述したとおりであり、安保法制によりいきなり乖離が始まったわけではない。多くの人は、進み来た九条と現実の乖離に対し、現今に至るまで九条を拠り所として批判してきたのではなかっただろうか。九条を現実にあわせて改正してしまったなら、その拠り所を失ってしまうばかりか、国際社会を覆う諸国家の軍事的対峙の現実、すなわち「正義と秩序を基調とする国際平和」が危殆に瀕している現実を変えて行くための拠り所も失ってしまう。

菅野の主張に対して二つの問題点を指摘できる。

一つは、諸国家が軍事的に対峙する国際環境が不変であり、かつ今のように自民党中心の憲法を平然と踏みにじる政権が続く限り、いくら理想を捨て現実に近づける条文に改定しても、それが守られる保障はないということだ。

もう一つは、九条は、「正義と秩序を基調とする国際平和」を創り上げることを日本国民と日本政府の責務とし、そのことを通して九条の非軍事平和主義を実現することをさし示しているのに、現実の前に屈服し、その責務を放棄し、九条の非軍事平和主義の実現を諦めてしまう敗北主義に陥ってしまっているということである。

(2) 九条と現実との乖離を解消する道はあるか

一般に、九条は、戦争放棄、戦力不保持、交戦権否認の非軍事平和主義の規範として見られているが、筆者は、それと同時に「正義と秩序を基調とする国際平和」実現への努力義務を日本政府と日本国民に課する規範でもあると考える。

前に述べたが、九条は、本来は以下の条文になるべきところであったが、重複を避け、第二項の、「日本国民は、正義と秩序を基調とする国際平和を誠実に希求し、」を「前項の目的を達するため」と言い換えたに過ぎない。

第一項……日本国民は、正義と秩序を基調とする国際平和を誠実に希求し、国権の発動たる戦争と、武力による威嚇又は武力の行使は、国際紛争を解決する手段としては、永久にこれを放棄する。

第二項……日本国民は、正義と秩序を基調とする国際平和を誠実に希求し、陸海空軍その他の戦力は、これを保持しない。国の交戦権は、これを認めない。

重複を厭わず書かれたこの条文を眺めながらあらためて考えるに、「日本国民は、正義と秩序を基調とする国際平和を誠実に希求し」の語句は九条のキーワードであり、これなしには九条は成り立ち得ないことがわかる。

九条は、没歴史的・抽象的な非軍事平和主義を宣言したのではなく、「戦争と平和に関する国際法」の確立、とりわけ国連の創設と国連憲章の制定に至る経過を踏まえ、この人類の歴史的偉業をさらに推し進めるとの見地に立って「正義と秩序を基調とする国際平和」の確立とともに徹底した非軍事平和主義を宣言したのである。すなわち、九条の真骨頂は、日本政府と国民は、一方で、「正義と秩序を基調とする国際平和」を確立する努力をすることを通じてわが国において非軍事平和主義を実現させる義務がある、他方で非軍事平和主義をわが国で実現する努力をすることにより「正義と秩序を基調とする国際平和」を確立させる義務がある、という二重の規範性にあると言うべきなのである。

九条に反するわが国の政治の現実は国際社会において「正義と秩序を基調とする国際平和」が未だ確立していない現実を反映している。九条は、そのようなことを想定して、「正義と秩序を基調とする国際平和」を完成させるための努力をする義務を日本政府と国民に課している。その義務をもう少し具体的に言えば前節⑴項①、②で提起した焦眉の急と言うべき課題を一歩一歩前進させる努力をする義務である。

その際、国際社会において現に横行している軍事大国の侵略に対し、国際政治論的アプローチや地政学的アプローチ、或は観念的平和論的アプローチをするのではなく、「戦争と平和に関する国際法」を守り、発展させる観点、「正義と秩序を基調とする国際平和」を誠実に追求する立場に立って徹底的に非難し、糾弾し、侵略をやめさせるあらゆる努力をすることが何よりも大切なことである。拙著『九条とウクライナ問題　試練に立つ護憲派の混迷を乗り超えるために』（あけび書房）は、ロシアのウクライナ侵略が始まって四か月の時点で緊急出版されたもので、やや荒っぽい記述が目につくが、こういう観点と立場が貫かれている。一読を乞いたい。

では現に存在する自衛隊にはどう対処するべきか。まず、小林直樹東大名誉教授（故人。以下小林という。）「違憲合法論」を紹介し、そのあと結論を述べることとする。

小林は、一九七三年から一九七五年にかけて三つの論文を発表し、自衛隊「違憲合法論」を提唱した。

第一論文は、『法律時報』一九七三年七月臨時増刊号に掲載された「憲法九条の総合的検討――新段階における平和憲法の泥位」で、字数の詰まった同誌の紙面四二頁に及ぶ長大なものだった。この論文で、小林は、文理的解釈、憲法全体の構造連関、基本的人権規定との立体的・総合的関連を考察し、自衛隊の機能と性格、核時代における軍備の無効性を解き明かし、憲法九条を一切の例外なしの非軍事平和主義を定めたものと解釈している。そして、そのように解釈される憲法九条は、現代において現実的な規範価値を持つものと再評価している。その上で、小林は、自衛隊は違憲であるが、それは国民の圧倒的な支持を得た野党連合政権の樹立により、縮小・解体

（もしくは平和的再編）をする道をとるしかなく、それによって漸進的に憲法九条を実現していくほかはないとの展望を示している。

第二論文は、同じく『法律時報』一九七五年五月臨時増刊号の「憲法九条の政策論――平和憲法下の安全と防衛」で、第一論文では書ききれなかった憲法九条の下での安全保障の方式に焦点をあてたものである。小林は、軍縮、平和のための運動と教育、外交・経済・文化等の平和的手段を用い、これらと組み合わせた非暴力的な日本独自の市民防衛論などを提起している。

第三論文は、『ジュリスト』一九七五年五月一日号に掲載された「防衛問題の新状況」で、第一論文、第二論文をふまえて、自衛隊は違憲であり、縮小・解体（平和的再編）されるべきことが大前提であるが、現に保守政権の下で、整備されてきた自衛隊を法的に統制することも同時に大切な課題であるとし、「自衛隊違憲合法論」を提起したのであった。

小林は、右第三論文で以下のように述べる。

――現実の自衛隊の存在は、学界の大勢や野党側の違憲論によって消滅するどころか着実に成長を遂げてきている。（中略）まっとうな解釈論からすれば、それは依然として〝憲法上あるべからざる存在〟である。現実には、しかし、それは実際上も形式上も「合法的」に存在し、機能している特殊な組織（集団）である。このように「違憲」と「合法」の矛盾した事実を正確に捉える方法について、従来の憲法理論は格別の考察を行ってこなかったが、今日の状況はそういう放置を許さないほど異常を深めていると思う。

（中略）

前述した（イ）「違憲」性と（ロ）「合法性」の双面をそのままに、一つの矛盾状況として受けとめるのが正確な法的認識となるように思われる。

（中略）

このような視点と認識の実践的意味は、一方で自衛隊の存在と生活状況（活動・訓練・隊員募集 etc）の一応の合法性を認め、その法的コントロールを確実に行わしめるとともに、他方ではその根拠法規そのものの違憲性を常時自覚させ、平和憲法の理想への引きもどしの運動と政策を促進させることにある。


どうであろうか。小林の提起は、今日的に見ても輝きを放っていると言えないだろうか。

自衛隊は肥大化するばかりであり、二〇一五年九月制定の安保法制により米軍と共に他国を攻撃することを可能とするなどの自衛隊の運用の大改編がなされ、二〇二二年一二月には、それを実施することを可能とする組織、装備・編成・能力を備え、敵基地攻撃能力（反撃能力）を保有することを今後の防衛政策の要とすることを謳いあげた「国家安全保障戦略」、「国家防衛戦略」及び「防衛力整備計画」なる国防三文書が策定され、実施に移されている。

自衛隊内部では民主的に成立した政府をクーデターで転覆させることを構想・研究する幹部が野放しになってきたし、自衛隊員の思想・表現の自由、団結権が保障されておらず、陰湿なパワハラ、いじめ、セクハラなどの非違行為が後を絶たない。自衛隊情報保全隊は、自衛官のみならず国民を直接対象にした情報収集活動などで思想良心の自由、表現の自由を侵害する活動をしているとして世上話題を提供している。

このように大きな問題を抱える自衛隊を単に違憲の存在だと言って放置することは一種の自己欺瞞であり、一歩踏み込み、自衛隊は違憲の存在だが手続き的には合法的に存在していることを認め、法律によってその運用と活動を規制して行かなければならない。

違憲の存在であっても自衛隊が合法的に存在する限りはこれを活用しつつ、自衛隊が違憲の存在であること及び憲法九条の非軍事平和主義を忘れることなく、「正義と秩序を基調とする国際平和」を確立する義務を国民として或は政府として果たし、その進展状況に応じて自衛隊活用場面を最小限に狭めるとともに将来的には自衛隊を縮小・解散することを提起していく。このように九条の二重の規範によって国民と政府に課された義務を果たすことにより九条と現実との乖離が解消されるのだ。これが筆者の結論である。

5　まとめ

帝国軍隊が、内国治安を主たる目的として創設された後、すぐに専守防衛の軍隊となり、やがて外征軍としての様相を帯び、近隣国への威嚇の具となり、さらにはアジアの憲兵、侵略の軍隊となって行った様を見た目で、自衛隊の歩みを見ると、これまでのところ、自衛隊はおおむね帝国軍隊の後追いをしているように思われる。

一九五〇年六月二五日朝鮮戦争が始まってようやく二週間が経とうした七月八日、連合国軍最高司令官マッカーサーは吉田茂首相宛て「私は日本政府に対し七五〇〇〇名から成る国家警察予備隊を設置するとともに、海上保安庁の現有海上保安力に八〇〇〇名を増員するよう必要な措置を講じることを許可する。」との奇妙な書簡を送った。これはわが国政府に対し、事実上警察予備隊の創設を命令するに等しいものであった。政府は、急遽いわゆるポツダム政令たる警察予備隊令（政令第二六〇号）を制定、同年八月一〇日公布・施行し、自衛隊の前身たる警察予備隊を発足させた。警察予備隊は同令第三条によると治安維持を任務とするとされており、その実質は、アメリカ占領軍が朝鮮戦争に出動した後のわが国国内における軍事的空白を補い、「間接侵略」からわが国を守る目的の治安維持部隊であった。

一九五二年四月二八日、サンフランシスコ講和条約発効によりわが国が独立した後、政府は、同年七月三一日公布八月一日施行の保安庁法により警察予備隊を同じく治安維持を任務とする保安隊（同法第六一条第一項）に改組し、さらに一九五四年六月九日公布、七月一日施行、自衛隊法施行により再び組織替えしてわが国防衛と公共の秩序維持（治安維持）を主たる任務とする自衛隊を発足させた（同法第三条第一項）。

政府は、自衛隊発足後まもなく、①自衛権行使のための必要最小限度の実力論及び②自衛権行使三要件なる厳密な論理による二重の縛りにより、自衛隊の装備、組織、運用を統制することにより九条との整合性を図ろうとした。そこから当然の事理の如く、専守防衛をわが国の防衛政策の基本とすることとなった。ここまでの自衛隊の足取りは、明治維新政府時代の帝国軍隊と全く同じである。

その後の自衛隊は、帝国軍隊の如くニワトリからアヒルへの急速な姿態変換は見られず、厳密な論理による二重の縛りと専守防衛論が、一応は機能する時期が長く続いた見ることができる。それは、とにもかくにも九条の抑止力が働いていたが故で、九条がなければ帝国軍隊と同じ歩みをすぐにも進めたであろう。

しかし、この間、わが国の保守政権と政権与党は九条を変えようとしてこれに挑戦し続けたわけであるが、自衛隊発足後四〇年余り経過した一九九〇年代後半ころから、九条をそのままにして、自衛隊を再び帝国軍隊の後追いを始めさせ、急速にその姿態転換を遂げさせるようになった。

一九九六年四月の安保再定義以後、わが国政府は、日米同盟深化を叫び続け、遂に二〇一五年九月の安保法制制定と集団的自衛権法認により、厳密な論理による二重の縛りは完全に空洞化し、専守防衛も名ばかりで、世界のどこにおいても米軍とともに武力行使できる外征軍となり、九条を真っ向からふみにじることとなった。

しかも日米同盟のあいかたである米国は、ベトナム戦争、アフガン戦争、イラク戦争など侵略戦争を繰り返し、現在も、先制攻撃、懲罰、報復など他国領域を平然と犯し、国連憲章二条四項に違反する武力攻撃、つまり侵略を繰り返し、「正義と秩序を基調とする国際平和」をひっかきまわし、「戦争と平和に関する国際法」をズタズタに切り裂いてきたのだから、自衛隊の将来は暗い。二〇二二年一二月策定の「国家安全保障戦略」、「国家防衛戦略」及び「防衛力整備計画」なる国防三文書は、アジアの憲兵、侵略の軍隊となった帝国軍隊の後追い宣言だと言うのは果たして言い過ぎであろうか。

しかし、非軍事平和主義の規範としての九条からのかくも大きな逸脱と乖離を、九条のもう一つの規範である「正義と秩序を基調とする国際平和」確立のために努力するべき義務を果たすことにより克服することは不可能ではない。

第四章　明治憲法制定史序説

1　はじめに

明治憲法の起草作業が本格的に進められるのは一八八五年一二月、内閣制度が創設され、伊藤博文が初代内閣総理大臣に就任し、名実ともに政権の要、第一人者となり、瀧井一弘が『伊藤博文——知の政治家』（中公新書）の中で、「知の政治家」、「制度の政治家」と評した活躍ぶりを示すようになった後のことである。

それ以後の経緯の叙述こそが明治憲法制定史の本論となる。しかし、それは政権論で言えば薩長藩閥政権が確固たるものになり、国家論で言えば絶対主義的天皇制国家が確立した後のことである。このときには既に、上からの改革も、農民一揆や没落士族の抵抗、天賦人権論を基調とした自由民権運動など民衆の動向を曲がりなりにも存在した政府内の細い回路を通じて反映させ、不徹底ながらも民主主義的改革を進めた明治維新政府の姿は影も形もなくなり、「明治維新という時代」はとうに終焉していたのである。

この物語は、あくまでも「明治維新という時代」に拘泥して書かれるので、明治憲法制定史も序説にとどめられる。

本題に入る前に、一八七三年一一月、「明治六年の政変」直後の時点の政府機構について簡単に説明しておくこととするので、参考に供して頂きたい。

まず、一八七一年九月、「太政官職制・事務章程」によって定められた政府機構の概要は以下のとおりである。

太政官職制により、太政官に正院、左院、右院を置くと定められる。

正院は、太政大臣、納言（間もなく廃止）、左・右大臣（太政大臣を欠くときは納言、左・右大臣がその代理をする）、参議により構成される。正院事務章程は「正院ハ天皇臨御シテ万機を総判シ大臣納言之ヲ輔弼シ参議之に参与シテ庶政ヲ奨督スル所ナリ」と定めた。これによれば参議は、輔弼・上奏権を有する太政大臣の決定に参与するに過ぎないことになる。

左院は立法機関と銘打たれていたが、正院の補佐をし、諮問事項を議する旨「左院事務章程」で定められており、実際には正院の下位に立つ機関に過ぎなかった。そのため左院の議長後藤象二郎、副議長江藤新平らは、実質上の立法機関に近づけるため、努力した。その結果、一八七二年二月、岩倉具視、大久保利通、木戸孝允らが遣欧使節団の任を得て外遊中に、正院による左院開閉の権限は三〇日を超えて閉じることはできないと制限され、左院議員選任、転任は左院の意見を聞かなければならないとされ、一般に布告する諸法律制度は左院の議決を経ることを原則とするなど「左院事務章程」の改正を実現し、左院は、少しは立法・議決機関の趣を呈することとなった。

右院は、行政機関たる各省の連絡地調整機関であったがあまり機能しなかった。

次に一八七三年五月、留守政府が行った「太政官職制」の改正（いわゆる「太政官潤色」）により以下のように改変された。これによりはじめて「内閣」が公式の用語となり、政府の中枢をなす合議機関と位置付けられた。

太政大臣の輔弼・上奏権はそのままとし、正院事務章程で、太政大臣、左・右大臣及び参議による合議体を内閣と規定し、「内閣は凡百施設の機軸たる所」とした。内閣は合議制の太政大臣の補佐機関、参議は内閣の議官とされ、上奏書には議官の連印が必要とされることとなった。

「明治六年の政変」後の一八七三年一一月、再び太政大臣の権限は強化された。

三条が病気で職務遂行できない間太政官代理職を務めた岩倉は、「太政官潤色」による官制改革の要点である太政大臣の上奏権に対する制約を意識的に無視し、事実上旧に復させた。また行政機関として新たに巨大な権限と職掌範囲をもつ内務省が新設され、大久保が内務卿に就任したことにより、政府における大久保の力が一層強化され、大久保の提唱により参議と各省の卿は兼任する参議・省卿兼任体制がとられることになったことが注目される。

太政官職制のもとでは、天皇の輔弼機関たる太政大臣とこれを補佐する左右大臣、合議制の内閣及び行政機関たる各省並びに立法・議決機関もどきの左院（もしくは元老院）を総称して、政府という言葉を用いるものとする。

2 「漸次立憲の詔」

(1) 大阪会議

一八七三年一〇月、「明治六年の政変」により、西郷隆盛、板垣退助、副島種臣、江藤新平及び後藤象二郎の五参議が下野し、参議兼内務卿となった大久保利通が主導する政権（「大久保政権」）が成立した。しかし、大久保政権発足時、参議兼文部卿として重きをなすことになった維新三傑の木戸孝允は、翌一八七四年（明治七年）五月、征台の役決行に走る政府を批判して職を辞し、郷里の山口に帰った。このため政府は著しく弱体化してしまった。また同年には、一月、岩倉具視右大臣の暗殺未遂事件（赤坂喰違坂の変）、二月、江藤を押し立てた佐賀の乱と、不平士族のテロ・蜂起など不穏な情勢が続き、前参議板垣、副島、江藤及び後藤らが、議会開設を求める「民撰議院設立建白書」を左院に提出、愛国公党を結成して自由民権運動を開始するなど、政府の足元が大きく揺らぐ事態となった。

大久保は、木戸の政府復帰を度々求めたが、木戸は固辞し山口に留まったままで、時日が経過した。そこへ大久保とは異なる思惑ながら、伊藤及び井上馨元大蔵大輔ら旧長州藩出身者及び民選議員設立建白書の起草に関わり板垣とも強いつながりをもった小室信夫、古沢滋らが、木戸の復帰とあわせて板垣も政府に復帰させようと画策し、大久保、木戸、板垣の会談を斡旋した。

こうして一八七五年一月、木戸、大久保、伊藤の会談、木戸、板垣、井上、小室、古澤の会談があいついで持たれ、引きつづいて翌二月、大久保、木戸、板垣、井上、伊藤の五者会談が行われた。これらの会談は総称して「大阪会議」と呼ばれている。大阪会議では、木戸、板垣の政府復帰と、それにかかわる最重要問題として議会開設や立憲政体確立などの問題が、話し合われた。その結果、大久保、木戸、板垣、井上、伊藤の五者間において次の四点についての合意が得られ、木戸、板垣は政府に復帰することとなった(稲田政次『明治憲法成立史　上巻』有斐閣)。

① 権力独占を防ぐ。そのため元老院を設け、立法審査をさせ、国会を開設する準備をする。
② 大審院を設け、司法権の基礎を固める。
③ 地方会議を設けて、上下の民情の把握をする。
④ 天皇の政治への注力を図る。そのため参議と各省長官たる卿とを分離し、参議は内閣の議官として天皇の輔翼に専念する。

これは民選議院設立を急ぐ板垣の急進主義と急ぐべきではないとする木戸の漸進主義を折衷させたものであるが、いわば水と油を無理やりくっつけたに過ぎずやがて分離することは必定であった。

⑵　「漸次立憲の詔」の発布

とにもかくにも、同年三月八日に木戸、一二日に板垣は参議に就任し、政府に復帰した。落ち着く間もなく、木戸、大久保、板垣、伊藤の四参議が、政府内に政体取調局を設け、大急ぎで準備して、四月一四日、立憲政体樹立に関する詔の発布にこぎつけた。これは、その内容に即して「漸次立憲の詔」と称されている（稲田前掲書）。

「朕即位の初首として群臣を会し、五事を以て神明に誓い、国是を定め、万民保全の道を求む（筆者注：五箇条の御誓文のことを述べている）。幸いに祖宗の霊と群臣の力とに頼り、以て今日の小康を得たり。顧みるに中興日浅く、内治の事当《まさ》に振作更張すべき者少なしとせず。朕今誓文の意を拡充し、茲に元老院を設けて以て立法の源を広め、大審院を置き以て審判の権を鞏《かた》くし、又地方官を召集し以て民情を通じ公益を図り、漸次に国家立憲の政体を立て、汝衆庶と倶に其の慶に頼らんと欲す。汝衆庶或は旧に泥《なず》み、故《ことさら》に慣るること莫く、又或は進むに軽く、為すに急なること莫く、それ能く朕が旨を体して翼賛する所あれ」

この詔の発布により左院、右院が廃止され、立法機関として元老院、司法機関として大審院、及び上下の民情を中央政府に反映するための地方官会議が設置されることになるとともに、「漸次立憲の体制を立て」とあるごとく、将来の憲法制定が明治維新政府の将来の課題とされた。ここに憲法制定はようやくスタートラインに立ったことになる。

(3) 元老院をめぐる確執・板垣辞職へ

同年四月二五日、元老院職制並びに元老院章程の制定とともに元老院議官の任命がなされ、元老院が発足し、翌五月二四日大審院諸裁判所職制章程が制定され、大審院も発足した。

元老院章程策定段階において、立法機関・議法機関としての純化をめざす急進的な板垣と、漸進論を唱える木戸との間で、元老院の権限及び議官人選をめぐって対立が再燃した。しかし、大久保、伊藤が木戸を支持し、板垣の考えは十分に反映されず、板垣には大きな不満が残った。

試みに元老院章程第一条を示すと、以下の通りあいまいで、解釈如何でどうにでもなるようなものであった（稲田前掲書。次の改正案条項も同じ）。

元老院は議法官にして新法の設立旧法の改正を議定し及び諸建白を受納するところなり

選任された元老院議官の中でも、元老院が立法機関・議法機関であることを明確にするように改めるべきだという意見が多く、早くも同年五月三一日、章程改正案が上奏された。改正案中の主な条項をあげると以下のとおり右第一条のあいまいさを是正しようとするものであった。

第一〇条　本院の会議において可とする所の議案は天皇陛下准許の後初めて法章となす其れ本院の否とする所のものは法章となすを得ず。

第一一条　本院の会議において否とする者と雖も天皇陛下猶之を採用せんと欲するときは本院に命じ再び之を会議せしむ若し本院の可とする所にして陛下の准許を得ざるときは再議せんことを覆奏するを得べし其れ竟に可否を異にする者は倶に法章と為すを得ず

第一六条　本院は常に行政司法の動静及び其の長官の責任を視察し法律規則に違い或は限外の権力を使い其の他公事を就いて犯戻するときは之を推問して其の事由を上奏す（以下略）

第一七条　本院は国民現有の権利を保護し其の乞願ならびに建白を採聴し其の処分を議することを得る

しかし、木戸は、これを「天皇陛下の大権を限制そうろう処少なからず」と批判するとともにこれを支持する板垣をも厳しく批判した。この批判に大久保、伊藤が同調し、閣議は伊藤と板垣の激しい論争の場となった。

右改正案は、結局、天皇から元老院の議決を経ずして法律を制定することなしとの原則をとるとの勅旨をもらうという条件で廃案とすることに板垣も同意した。気休め程度の譲歩であるが、大久保政権としてはこれが忍耐の限度であった。

政府内では、この問題と並行して、「明治六年の政変」後に大久保が提唱し、採用された参議が各省の長を兼ねる参議・省卿兼任体制を、元のように参議と省卿を截然と分ける参議・省卿分離体制に改め、参議を内閣の議官に専念させ、内閣の権限と役割をより明確にしようという議論が再燃し、大久保、木戸、伊藤が板垣との間で対立が深まった。

同年九月、伊藤が長官を務める法制局が起草し、木戸の校閲を経た元老院章程改正案が出されると板垣はこれに激しく反発した。この改正案は、元老院が法律案の起草権・議決権を持つと解し得る条項を改め、新法の制定、旧法の改正につき意見書を上奏できるとするにとどめること、建白書受理権を立法事項に限定することなど、元老院の権限を縮小し、現章程第一条の解釈如何によっては発揮できる可能性のある元老院の立法機関・議法機関としての役割を、もはや解釈の余地ないほどに限定し、封じ込めようとするものであったからである。このような改正案が出された背景としては、「漸次立憲の詔」が発布されて以後、民撰議院設立を求める自由民権運動が高揚したことに対する大久保政権の危機意識があったことが考えられる。同年六月に、新聞紙条例及び讒謗律という言論弾圧法規が制定されたことは、そのことの表れである。

この改正案を強行すれば、元老院を真の立法機関とすることを主張してきた板垣が強硬に反対し、参議辞職に至るであろうかとは容易に見とおせることであるのに、敢えてこれを強行する挙に出たのであるから、いよいよ大久保政権は、自由民権運動と連なる板垣を追放することを決断したとしか思えない。

案の定、この改正にあくまでも反対した板垣は、同年一〇月、参議辞職、同じく反対した左大臣島津久光も辞職した。
なお、岩倉はどうかと言えば、板垣の政府復帰と「漸次立憲の詔」に反対し、同年四月二一日、辞表提出、病気と称して一切出仕しない状態が続いたが、板垣が辞職へと動き始めた一〇月、ようやく復帰した。

3 「国憲起草の詔」

さて「漸次立憲の詔」で将来制定することとした憲法の起草作業は、一八七六年九月、有栖川宮熾仁元老院議長に対し、下記の通り、国憲起草の勅命が下付され、元老院において開始された(稲田前掲書)。

「朕、ここにわが建国の体に基づき、広く海外各国の成法を斟酌して、もって国憲を定めんとす。汝ら、これが草案を起草し、もってきこしめせよ。朕、まさにこれを撰ばんとす。」

※注:「憲法」は、ドイツ語のVerfassung、英語のconstitutionの訳語。憲法という用語が定着するのは、一八八三年八月、伊藤博文が、ドイツ、イギリス等での調査・研究から帰国した後のことであり、それまでは、国家統治の根本規範という意味で「国憲」もしくは「国法」という言葉が用いられることが一般的であった。

実は、これより前一八七三年六月、左院職制、左院事務章程が改正され、国憲の編纂が左院の職掌事務として追加されている。これにより、一八七四年五月、左院に国憲編纂掛が設置され、左院御雇フランス人ジブスケの助力で、一七九一年制定のフランス憲法やイギリス憲法（成文憲法典を持たないイギリスでも、一二二五年マグナ・カルタ、一六七九年人身保護法、一六八九年権利章典、その他多数の議会法、判例法及び不文の憲法習律など実質上の憲法がある）等、外国憲法の調査・研究が進められていた模様である。

元老院設置とともに左院が廃止され、この作業は宙ぶらりんになっていた。右国憲起草の勅命は、これを元老院が引き継いで進めることを命じたものである。これを受けて元老院は、すぐに国憲取調局を設け、アメリカ、イギリス、フランス等ヨーロッパ各国の憲法を調査・研究し、その成果の上に立って、一八八〇年一二月、「日本国国憲按」（第三次確定案）を政府に提出した。

「日本国国憲按」に対する政府内の意見は否定的であった。このうち特定できる岩倉と伊藤の意見を以下に示しておくこととする（島善高「元老院国憲按の編纂過程（下）」早稲田人文自然科学研究第四八号）。

岩倉意見……「方今、元老院奉命する所の法案を上奏せんとす。臣之を観るに其れ体を得ると雖も恐らくは未だ全備とせず、且つ他の法律に関する条の如きは更に審議せざるを得ず」

伊藤意見……（同月二一日付の岩倉宛書簡）「国憲草案元老院より差し出し方の儀は尊慮の通り

思しめし之有る旨を以て未定校のまま相成りそうろう方然るべしと存じ奉りそうろう。既に出来そうろう草案は、かつて柳原より写一通内々受け取り熟覧仕りそうろう処、各国の憲法を取集焼き直しそうろうまでにして、我が国体人情等にいささかも注意致しそうろうものとは察せられず、畢竟欧州の制度を模擬するに熱中し、将来の治安利害如何と願いそうろうものに之なき様に存じ奉りそうろう。かくの如き皮相の見を以て用意変体に着手之有りそうろう様にては相成らずと憂慮まかりありそうろう次第に御座そうろう処、此度御引き揚げと相成る儀に御座そうろうは、至極然るべき様に存じ奉りそうろう。」

岩倉はこのままでは上奏せず更に審議する、伊藤は上奏せず廃案という結論であった。しかし、結局、「日本国国憲按」は、一応上奏され、その上で不採択とされた。

岩倉、伊藤の意見はいずれも形式的・表面的な理由ばかりで、廃案とされた実質的理由は示されていないが、これを推測することはできる。明治憲法の起草において、八面六臂の大活躍をした法制官僚井上毅（以下、井上馨と区別するため「井上毅」とフルネームで表記する。）は、翌一八八一年六月、岩倉に提出した意見書の中で、以下のように述べている（上記島論文）。

「元老院上奏の憲法草案第八篇第二条に法律の承認を得ざる租税は之を賦課することを得ずと、之すなわち明らかに賦税の全権を国会に付与するものにして、此の条に従えば政府徴税の法案にして若し議院異議ありて議決せざるときは人民は租税を課出することを免れ、国庫よって以て資給する所なからんとす。賦税の全権既に議院にあるときは虎にして羽翼あるの勢いあり。宰相を進退し、内閣を左右す。孰れか敢えて之を防がん……」

「租税法律主義を採用し、租税賦課の全権を議院に付与している。これはイギリス流の議院内閣制をもたらす」ではないかと、激しい非難を浴びせているのである。

要するに政府見解では、元老院「日本国国憲按」は後に見る多くの民間私擬憲法案の同類で、天皇の大権を制限するような急進的憲法は採用の限りではないということ、これが不採択の実質的理由だったのであろう。

4 「元老院日本国国憲按」

そこで、一八八〇年一二月、政府に提出されたが不採択に終わった幻の憲法草案、「元老院国憲按」を概要みておくこととする。

一八七六年（明治九年）九月、有栖川熾仁元老院議長が国憲起草の勅命を受けてから、元老院国憲取調局において、憲法起草作業は精力的に進められ、早くも同年一〇月一四日には第一次案が完成している。こんなに早く形を成したのは、何も拙速に事が進められたことを意味するわけではない。実は、国憲取調局で、その中心を担ったのは横山由清という人物であるが、同人は、左院創設前から法制度・法典整備の作業に従事し、左院発足後は同院における国憲編纂掛の一員として憲法調査に携わっており、経験も知識も豊富な憲法調査のプロだったのである。

⑴第一次案

一八七六年一〇月作成の第一次案は、「日本帝国国憲按」という題名が付されており、第一篇「皇帝」、第二篇「帝国」、第三篇「国民の権利義務」、第四編（タイトルなし）第一章「立法権」、第二章「元老院及ヒ其権利」、第五篇「行政権」、第六篇「司法権」、第七篇「会計」、第八篇「国憲修正」及び附録から成っている（稲田前掲書）。

以下に特徴的なところを見ておくこととする。

① 三権分立の統治構造を定めた。
② 第三篇「国民及其権利義務」には、法の下の平等や各種の自由権が謳われており、後の明治憲法の「臣民権利義務」の原型と言ってよい。
③ 第四篇第一章「立法権」では、立法権は皇帝と帝国議会とに分かつとし、帝国議会の立法権への参画を認め、その帝国議会は元老院とその他の議会により構成される等の規定が置かれている。
④ 第五篇「行政権」において大臣輔弼制が定められている。

⑤　第七篇「会計」では租税法律主義が明記され、予算は元老院の承認を要することが規定されている。

(2) 第二次案

第二次案は、一八七八年七月に作成されている。第二次案では、新たに第七篇「州会及邑会」の篇が追加されて第一次案の第七篇以下が順次繰り下げられたほか篇だては第一次案が踏襲されている。内容面で第一次案と大きく変わったのは、第四篇第一章「立法権」において、帝国議会は元老院と代議士院の二院制からなり、代議士院は人口一五万につき少なくとも一名選出される代議士で構成されると明記されたこと、新たな第四篇「府県会及邑会」において、地方自治の機関として府県会及び邑会を設置する規定が置かれ、地方自治制度が創設されていること、第五篇「会計」において予算は代議士院の承認を要するものとされたことなどである。

(3) 第三次案

一八八〇年一二月、天皇に上奏されるべく整えられた「元老院国憲按」最終案はこの第二次案を改訂した第三次案で、第二次案から変更された点は、以下のとおりである。

①第一篇「皇帝」において、帝位の女系による継承を認める規定を置いた。
②第三篇「国民及其権利義務」において、憲法が停止される場合を「変異の時機に当り」としていたのを「内乱外患に当り」とより限定した。
③第四篇「立法権」において、立法権は皇帝と帝国議会に分かつとしていたところを皇帝、元老院、代議士院合同して行使されると改めた。
④第七篇の「府県会及邑会」を「府県会及区町村会」とした。
⑤第八篇のタイトルを「会計」から「国費」と変え、予算は両院で審議・承認を得ること、代議士院に先議権があること、とされた。

確かに、「元老院国憲按」は、次に見る民間私擬憲法案と共通性があり、井上毅が「イギリス流の議院内閣制をもたらす」と述べたのは決していいがかりではなく彼なりの根拠を持った評価だったのである。薩長藩閥保守派、岩倉、宮中などにとっては眉を顰めさせるものであったのだろう。

※注：この物語には宮中という言葉が度々出てくるので、ここで説明しておくこととする。宮中とは、一般に場所的・空間的な概念であり、天皇が起居、執務、その他日常生活を送る所である。しかし、この物語では天皇の側近グループを指して宮中という言葉を用いることの方が多い。天皇の側近グループは、一八七〇年代後半から一八八〇年代前半には、ニュートラルなものではなく、やや特殊な政治的傾向を持つようになった。一八七五年四月、「漸次立憲の詔」が発布されるなど、天皇親裁、天皇大権を法により羈束し

ようとする流れが勢いを増すにつれて、宮内省侍従局にあって天皇の君徳補導の任に当たる元田永孚《もとだながざね》、佐佐木高行、吉井友実、土方久元ら待補グループが天皇親裁、天皇大権の行使を奨励し、政府をけん制する動きを始めたのである。このような待補グループの動きを封ずるために、政府は、閣議定例化、天皇の閣議臨御等を決め、閣議重視、閣議中心主義を励行することにより、待補グループの天皇に対する影響力を弱め、内閣と天皇との結びつきを強めようとした。政府が、一八七九年一〇月、待補廃止に踏み切ったのもその一環であった。しかし、それでも元待補らの天皇に対する影響力を完全に断つことはできず、天皇とのインフォーマルな信頼関係築いて天皇への影響力を行使しようとする彼ら元待補グループへの警戒、配慮をおろそかにすることはできなかった（坂本一登『伊藤博文と明治国家形成 「宮中」の制度化と立憲制の導入』講談社学術文庫）。

5 私擬憲法案と政府の動き

(1) 私擬憲法案

「民撰議院設立建白書」提出以後、士族反乱と農民一揆の激流に呑み込まれ、沈滞していた言論と結社による非暴力的な運動は、「漸次立憲の詔」が発せられた後高揚期を迎えたが、その後板垣下野後は再び沈滞していた。それが再び高揚期を迎えたのは、「西南の役」の後のことである。

一八七七年二月に始まる西南の役は、同年九月、大久保率いる政府軍の勝利のうちに終結した。しかし、その後遺症はその後の政府に重くのしかかった。大久保暗殺もその一つであるが、それ以上に深刻であったのは、戦費調達のための政府財政のひっ迫とインフレ・米価高騰の進行による自作農、中・上層農民の富裕化（この時点では地租は地価の百分の二・五で、金納であるから、米価高騰による利得は、自作農、中・上層農民の手元に集積する）と江戸時代と変わらぬ割合の現物納付を強いられる小作農民、賃金・給与、日銭稼ぎの都市生活者（彼らはインフレと米価高騰の直撃を受ける。）など下層の人々の生活の窮乏化であった。

一方における富裕化した自作農、中・上層農民の資金力は、農村を地盤とする自由民権運動を高揚させ、他方における下層の人々の窮乏化は、反政府の機運を高め、これまた自由民権運動に結集して行く。

こうして、自由民権運動は、西南の役の余韻冷めやらぬ一八七八年九月、土佐の立志社を中心に愛国社が再建されたのを機に、再び高揚期を迎えた。

翌一八七九年一一月、愛国社が第一回大会を開いて、民選議院設立請願運動を展開することを決めると全国津々浦々から、民撰議院設立の求める声が澎湃として沸き起こり、自由民権運動は、空前の盛り上がりを見せることになった。あけて一八八〇年三月、愛国社は、国会期成同盟へと名称を変更し、同年一一月の第二回大会で、更に大日本国会期成有志公会と改称し、一年後の大会に各地の政治結社が私擬憲法案を作成して持ち寄る旨の合議書を採択した。

※注：このような組織や呼称の変更は、集会条例（一八八〇年四月五日太政官布告第一二号）によるあいつ

ぐ結社弾圧の痕跡である。

これに前後して、民間私擬憲法案が次々と発表された。稲田前掲書には、最も早くつくられたものとして筑前共愛会なる民権団体の「大日本国憲法大略見込書」甲号案、乙号案、千葉の桜井静の手になる「大日本国会法案」、嚶鳴社私擬憲法意見、東京日々新聞の国憲意見、交詢社私擬憲法案、立志社憲法見込案、植木枝盛（立志社）国憲案が紹介されている。その一部を要約して以下に示しておくこととする。

① 嚶鳴社私擬憲法意見（都市民権派と言われる少壮官僚グループ・沼間守一、島田三郎、金子堅太郎、田口卯吉らによる）

「皇帝は立法行政司法の権を総統す」「皇帝は宰相以下の任免権を有する」「国会は一切の法律を議定する所」「国会は天皇及び上下院の三部を以て成る」「国会の租税を賦課し、内外の起債をする権利」「行政官は太政大臣及び各省長官を以て成る」「行政官は合して内閣を成し以て政務を議し別れて諸省長官となり以て当該の事務を理す」「太政大臣は大蔵卿を兼ね諸省長官の首座を占むる」、「太政大臣は皇帝に奏して内務以下の諸省長官を任免」「行政官の議院に対する責任と議院の信を失するときは職を辞する」等々。イギリス流の二院制・議院内閣制を謳い、制限選挙と制限付きではあるが人権保障を規定した。

②　交詢社私擬憲法案（慶應義塾関係の都市民権派グループ・小幡篤次郎、矢野文雄、馬場辰猪らによる）

「天皇は宰相並びに元老院国会院の立法両院によって国を統治す」「内閣は各省長官内閣顧問をもって組成す」「内閣宰相は協同一致し内外の政務を行い連帯してその責に任ずべし」「内閣中首相を一人置き……法律並びに政令はその名を署して之を布告すべし」「内閣の議、決せざるときは首相之を決して上裁を仰ぐを得べし」「首相は天皇衆庶の望みによって親しく之を選任しその他の宰相は首相の推薦によって之を任ずべし」「内閣宰相たるものは元老院議員もしくは国会議員に限るべし」「内閣の意見立法両院の衆議と相合せざるときはあるいは内閣宰相その職を辞し或いは天皇の特権を以て国会院を解散するものとす」「信教の自由（国安を妨害するにあらざればこ」「表現の自由（国安を妨害し、人を誹謗するにあらざれば）」「集会・請願の自由（兵器を携えずして静穏に）」「所有権の不可侵」「令状主義」「拷問禁止」等々。これもまた①と同様イギリス流の二院制・議院内閣制を謳い、制限選挙と制限付きではあるが人権保障を規定した。

③　立志社憲法見込案（坂本南海男、廣瀬為興、山本幸彦、植木枝盛、片岡健吉らによる）

「この憲法制定により、政権を区画し、公衆の権利自由を保全する云々」との総則規定、第一九条から四八条まで三〇か条の民権規程（平等、身体の自由、思想言論の自由、著書出版の自由、財産権、住居の不可侵、租税民主主義、宗教の自由、正当防衛の権利、手後見、参政権等々）、一院制の国会が立法・租税・予算の審議・採否を決定、行政権は国帝がとり、一五名以内の摂政（筆者注：大臣のことか？）、内務・大蔵・陸軍・海軍・外務の五省を置き、各省は法律によりその職務を定める、各省卿は摂政長の指揮を受ける、地方政権と題し地方自治を定める、など。

④ 植木枝盛（立志社）国憲按

民定憲法、フランス人権宣言・一七九三年憲法・アメリカ憲法にならった法律の留保なしの人権規定（三三か条。「日本人民は生命を全うし四肢を全うし形体を全うし健康を保ち面目を保ち地上の物件を使用するの権を有す」、「日本人民は何らの罪ありと雖も生命を奪われざるべし」、思想の自由、信仰の自由、言論の自由、議論の自由、著述・出版の自由、集会・結社の自由、教授・学問の自由、信書の秘密、参政権、抵抗権、不服従の権利、革命権等々）、行政の首長としての国帝、連邦立法院（一院制）にはアメリカ憲法に倣った権限を付与（特に行政権へ広範な介入、弾劾訴追）、連邦制。

⑤ 東京日々新聞の国憲意見（福地桜痴こと源一郎）

天皇は志尊神聖、行政の大権は独り天皇が掌握、天皇は陸海の兵権を統べ、百官を任免する、天皇は人望の帰する者を大臣に任じ、人望に背くの大臣はこれを退ける、天皇無責、上院・下院の二院制議会、内閣大臣は天皇を補佐、天皇に代わり国民に責任を負う。

保守派の福地が主宰する東京日々新聞のものを含め、殆どの民間私擬憲法案は、議院内閣制を志向し、天皇の大権を制限し、レベルの差こそあれ人権規定を設け、イギリス、フランス、アメリカの憲法に学び、それを生かそうとするものであった。これらのうち②の交詢社私擬憲法案は、後に述べる大隈憲法上奏書、「明治十四年の政変」へつながるものであるから記憶しておいて頂きたい。

(2) 政府の動き

先に一八八〇年一二月、政府は、「元老院日本国憲按」を葬ったことを述べたが、政府も、憲法制定を元老院任せにしていたわけではなかった。それより一年前の一八七九年一二月、岩倉は、以下のごとく上奏をして裁可を得、勅命をもって各参議に憲法制定に関する意見提出を求めた(稲田前掲書)。

「明治十二年十二月立憲政体の事に付き、山県参議建議あり。この事に付き余条公(筆者注:三条公)に告げて曰く、明治八年四月十四日立憲政体詔書の件は其の際より下官(筆者注:岩倉自身のこと)終始不同意なり。然れども既に発令あり。今之を如何とも致し難し。宜しく其の緒を継がざるを得ず。依て各参議各自其の意見を建議せしめ、聖慮を以て取捨せられ、国体に適すべき憲法を確立在らせられたき旨を陳ぶ」

既に提出されていた山県有朋の意見及び勅命応じて上奏書の形で提出された、黒田清隆、山田顯義、大木喬任、井上馨、伊藤博文、大隈重信の各参議の意見要旨は以下のとおりであった（稲田前掲書に基づく）。

① 山県意見書（一八七九年一二月提出）

「国憲は早晩制定されなければならない。しかし、今直ちに民会を設けて君民の権を分かつは尚早。特撰議会を開き、府県会中徳識ある者を選んで国憲の条件や立法事項を議し、数年の経験を経て民会とする。」

② 黒田意見書（一八八〇年二月一二日三条、岩倉宛て提出）

「世間で立憲、民権という本を読み、一知半解に喧伝しているが断然排斥するべきである。憲法制定、国会開設は時期尚早である。」

③ 山田意見書（一八八〇年六月提出）

「古来の慣習と今時の勢いを参酌して法律議定、租税徴収並びに費用報告書の検査、費用予算書の検査などに人民に参政権を与え、憲法を仮定し勅許を得、四、五年間は元老院と地方官会議でこれを試みた後憲法を確定する。」

④　井上建議書（一八八〇年七月岩倉宛て提出）

「世論の趨向に従い国会を開く。将来的には二大政党による政権を相争う議院内閣制を見込むが、当面は難しい。まずは民法を編し、憲法を定めるべきだ。憲法で定める事項は、i．元老院を廃し、別に民撰議院に対抗するに足る上議院を設立する、ii．上議院の議員は華士族より一〇〇人を選抜し、平民からも勅撰を以て任命する、iii．議決する事項は、歳出入予算からあらゆる制度法律とする、iv．民法及び憲法は内閣の委員において起草し、議決する、など。その後、下議院を開設する。」

⑤　伊藤上奏文（一八八〇年一二月一四日提出）

「国会を起こして立憲君主制とすることは望ましいが、急ぎ過ぎるべきではない。欧州諸国の立憲制を見ると上下両院は車の両輪である。i．元老院（上院）を発展させ、上下両院のバランスをとる。その議官は一〇〇名を定員とし、華士族中より選ぶ。ⅱ．府県会議員の中から公選した検査員外官を置き、官撰検査官とともに会計検査にあたらせる。ⅲ．天皇の聖断により天下の方向を定める。」

⑥ 大木上奏文（一八八一年五月提出）

「今国家の基礎を定めようとするなら、外国の国憲にならうべきではない。国憲は皇国の柱・基礎、天皇民を安んずるためのよりどころ、その他皇室の憲章に関する事項を明らかにするべきだ。政体については三権の区別、官制の要旨、その他議会の綱領を明らかにすべである。」

⑦ 大隈上奏文（一八八一年三月一一日頃提出――提出時期は稲田推定による）

「第一に憲法制定公布の時期と国議院開設の時期を明示し、第二に採用されるべき立憲政治の基本条件を論ずる。第一については本年中に憲法を制定し、本年末もしくは来年初めに公布し、来年末に議員招集、再来年初め開会という急進的な案を示す。第二については、議会中心主義をとり、政策を掲げて相争う政党が選挙により多数を得て、議会を制し、これにより自党の人物を重要な部署に配置することにより内閣を組織し、天皇親政のもと政権を担う、内閣を組織する政党が議会で少数になったときは退陣する（議院内閣制）、政府高官を政党官と中立官を分別し、天皇親政の実をあげるため宮方三大臣を永久中立官とし、軍官、警視官、法官を中立官とする。これらに加えて第三に人権憲章を憲法の不可分の一部とする。」

大隈上奏文に見られる憲法意見は、目を見張るほど進歩的急進的であり、その内容は前項①の嚶鳴社私擬憲法案、②の交詢社私擬憲法案と類似している。この上奏文のゴースト・ライターは、交詢社の一八八〇年発足時における常議員を務めた有力メンバーであるとされているのもむべなるかなである。姜範錫『明治一四年の政変　大隈重信一派が挑んだもの』（朝日選書）は詳細な検討を加えてこれを書いたのは小野梓だとしている。中村尚美『人物叢書「大隈重信」』（吉川弘文館）は『大隈公八五年史　一』によって矢野文雄、小野の両名が起草したとしている。ほかにも諸説ある。しかし筆者としては、交詢社創設時の有力メンバーが起草したということだけで十分であり、それ以上詮索する必要はないと思う。

大隈の身辺は、上奏文提出後三カ月余りは平穏に推移したが、やがて世にも不可思議な争いにかき乱されてゆくことになる。世に「明治十四年の政変」と言われるものがこれである。

6 「明治十四年の政変」

(1) 序曲——大隈、伊藤、井上三参議の共闘

① 福沢諭吉証言

ここにおもしろい読みものがある。一八八一年一〇月一四日付福沢諭吉から井上、伊藤に宛てた書簡である。福沢は、当時、大隈とは昵懇の間柄で、福沢の慶應義塾を卒業した若く有能な人士が多数大隈を通じて官界に入り、少壮官僚として活躍していた。その多くは、一八八〇年、民権派の一翼をなすとみなされた交詢社設立に関わっている。福沢自身も、一八七九年七、八月、矢野文雄の郵便報知新聞に「国会論」を連載し、その中で、憲法早期制定、国会早期開設、イギリス流の議院内閣制をとるべきことを主張するなど民権派のイデオローグの一人と目されており、交詢社創設時の常議員長であった。以下にその書簡の要旨を掲げる（稲田前掲書）。

一八八〇年一二月、井上から福沢に政府の新聞を発行するので引き受けてもらいたいとの申し出があり、大隈、伊藤、井上、福沢の会談が持たれた。その場で、三者から政府の新聞発行の趣旨の説明があったが、今の政府を維持することを目的とした新聞のように受け取れる発言もあり、目的がはっきりしなかった。翌一八八一年一月初め、福沢が、お断りしようと思って井上を訪ね

たところ、井上は「国会は断然開かれねばならない。薩長藩閥政府はいつまでも維持できない。たとえいかなる政党であっても民心の多数を得たものには政府を渡さなければならない。そういう覚悟で、公明正大に新聞紙上で筆を振るいたい」、「他の参議は国会開設に消極的だが、大、伊、井の三者は固く約束している」と語った。この話に感心して新聞発行を引き受けた。さらに同月中旬、井上が福沢を訪れ、「明後日熱海に行き、伊藤、大隈に会う。三名の間に不和が生ずることはない」などと述べた。福沢が国会の開設目途を聞くと、「容易ではないがまず三年」とのことであった。二月、熱海から帰った大隈が福沢を訪ねてきた。そのとき福沢が国会開設の目途を聞くと大隈は「大事なことなので明言できない。伊、井、二氏と相談中で、二氏も鹿児島参議の説得に尽力している」とのことだった。

同年一月、三者は、薩摩閥の代表黒田と熱海で会談を持ち、国会開設を先延ばしするべきではない、この際断然決意しようと説得するが、失敗に終わる。しかし、三者は、今後も共同歩調をとることを確認しあっている。

これを見ると、木戸が一八七七年五月、大久保が一八七八年五月と相次いで死去した後、大蔵卿にして筆頭参議の大隈、大久保のあと内務卿に就任した実力者伊藤、伊藤の盟友で外務卿に就任した井上の三参議が、民権派の憲法制定、国会開設論とまじめに向き合い、国会開設、憲法制定の断行、政党制と議会中心主義、立憲政体の実現で足並みを揃え、将来の政治体制の構想においても議会で多数の議席をとった政党が内閣を組織するイギリス流の議院内閣制をめざすという点で一致し、共闘関係を結んでいたこと、黒田ら薩摩閥の同意も得られるよう説得工作をしていたこと、民権派のイデオローグたる福沢にまで協力を要請していたことがわかる。

この書簡が書かれたのは「明治十四年の政変」直後のことで、まだ記憶に新しい時期の証言であるから、記憶違いなどと言うことは考えられないし、福沢がことさらに虚偽を述べるほどの当事者性もなく、虚偽だという状況証拠もないから、この証言の信用性は高い。

② 伊藤及び井上と大隈の憲法意見との違い、懸隔

しかし、前節第(2)項で示した伊藤、井上、大隈の上奏文ないし建議書をもう一度ご覧いただきたい。この福沢証言とは異なり、伊藤、井上のものと大隈のものとは相当の違い、懸隔があるように見える。

第一に、国会開設は一致するが、それを実現させる時期、スピードが違う。大隈は急進主義だが、伊藤、井上は漸進主義だ。

第二に、中身が違う。中身の違いその一。伊藤、井上は、官選の議院からなる上議院を先行させ、民選の下議院をあとまわしにし、将来後者が発足した後も前者がこれと対抗できる力を持てるようにするという意見であり、議会との関係で超然内閣を認める余地があるのに対し、大隈は、上下両院同時発足（交詢社私擬憲法案が元老院と国会院の二院制をとることにしているので、大隈案も元老院に触れていないが同じように二院制を前提にしているものと思われる）という意見であり、公選制議院の多数を得た政党が内閣を構成し、少数に転落すれば下野するというもので超然内閣を否定する。中身の違いその二。大隈は、政府高官をはじめ官吏を政党官と中立官に分別するが、伊藤、井上にはそ

れがない。中身の違いその三。大隈は人権憲章を憲法と不可分のものとするが、伊藤、井上は沈黙している。

この違い、懸隔を見るとき、福沢証言との落差は大きいように見える。果たしてこれを合理的に説明できるであろうか。筆者は可能と考える。それはこういうことだ。三者の憲法上奏文ないし建議書は、憲法論としては、見かけ上の違いがあることは明らかであるが、本質的にはイギリス型の立憲君主制・議員内閣制を目指すという点において大きな違いはない。また憲法制定、国会開設の時期やスピードにおいても相当違いがあるように見えるが、ゴール地点については右に述べた如く大きな違いはない。この見かけ上の違いや時期・スピードの違いについては、伊藤、井上の戦術戦略論的な思惑がしからしめたものだと言えるのではないだろうか。伊藤、井上は、旧薩摩藩出身の有力者、あるいは宮中の支持も得て多数派を形成し、憲法制定、国会開設を実現しようとの思惑から薩長藩閥内保守派、岩倉及び宮中からの攻撃を避けようとしてイギリス流の議院内閣制をオブラートにくるみ、穏健かつ漸進的な国会開設と憲法制定論を説いたのである。これに対し大隈は有栖川宮左大臣から上奏文を他見しないとの約束を得ていたので、ストレートに表現した。こういう説明でおおかたの納得が得られるのではないだろうか。

③　大隈と伊藤・井上決別の真相

それでは、現実の事態の進行、すなわち伊藤、井上と大隈が憲法制定問題そのものでの対立局面に至ったことをどのように説明できるだろうか。それについては以下のように説明できよう。すなわちその対立は、憲法制定問題での意見の相違が原因ではなく、ほぼ同時期になされた財政問題に関する建議が誘因となって、伊藤をして、また井上をして、大隈と決別するに至らしめたのだと。しかもそれは単なる決別ではなく、伊藤が自己の提携すべき相手を大隈から薩摩閥に変え、大隈を政府から追放することにより、政府内をまとめ、主導権を握ることを企図したのだと。

財政問題に関する建議が誘因になったとはどういうことなのか。それはおおよそ以下のようなことである。

西南の役後の財政危機及び紙幣濫発によって生じたインフレへの対応めぐって、かねてから大隈大蔵卿主導の積極的財政ではこれに有効に対処できていないという批判が松方正義大蔵大輔などからあがっていたところであったが、一八七九年に、西南の役の戦費として発行された国債の償還期限短縮決定にあわせて大隈が策定しようとした紙幣償却案に松方が公然と反対し、両者の意見対立が先鋭化した。

一八八〇年二月、以前からの持ち越し案件、参議・省卿分離が閣議決定されたのであるが、これにより大隈は大蔵卿を退任し、参議専任となり、佐野常民が大蔵卿に就任したのであるが、大隈は、伊藤、寺島宗則とともに参議として会計部を分掌することとされたため、依然として財政問題に関わり続けることになった。

大隈は、同年五月、財政積極論の立場から五〇〇〇万円（当時の歳出予算の八割程度、地租収入の一・三倍）の外債を導入し、正貨六七五〇万円をもって紙幣七八〇〇万円を償却する案（「正金通用法案」。これにより財政危機に備えるとともにインフレを抑制する効果を期待した）を建議した。これには岩倉右大臣、伊藤は外債導入という点において強く反対したが、参議の中では反対意見は少数派であった。このため、岩倉は、一計を案じ、閣議で議論し、決着させることを避け、天皇の判断に委ねる形をとり、勅裁によって大隈の外債導入案を葬り去った。これが同年六月のことだった。

それでは懸案の財政危機とインフレをどう打開するのか。結局、緊縮財政政策しかないことになる。大隈も一旦は引きさがり、緊縮財政政策に従った。しかし、それは当面引き下がったというに過ぎず、現に進行中のインフレを追い風に、積極財政をとって殖産勧業を図り、税収をあげて財政危機を解決するべきだとの論をあたため、公然主張する時が来るのを待っていた。一八八一年七月ころ、ようやく伊藤の賛同が得られ、大隈、伊藤連名による新たな財政建議案を政府に提出した。これは「公債ヲ新募シ及び銀行ヲ設立センコトヲ請ウノ議」と題し、第一に多額の紙幣を償却し、正貨準備を充実させるために公債五〇〇〇万円を募集すること、第二に右の公債をもととして正金通用の途を確立し、ひいては内外市場金融の円滑化をはかるため一大中央銀行を設立することを建議するものであった(以上中村尚美『大隈重信』吉川弘文館による)。これは外債導入とは言っておらず、かつての外債導入論とは異なるが、見ようによっては、その焼き直しと言ってもよく、伊藤が大隈の年来の主張に歩み寄ったものと見ることができる。これに対し、内閣は、八月初め、詳細取調べを命じたのだが、その直後、前大蔵大輔で内務卿に転じた松方が激しく反発、松方は薩摩閥をバックに大隈に対決する姿勢を示した。同時に松方は、伊藤に対しても追及の矛先を向け、大隈との関係を断つことを求めた。ことここに至って薩摩閥という政治的資源を失い、政府内での自己の勢威を失速させることをおそれた伊藤は、大隈と決別し、薩摩閥と連携を強める方向に転じようとした。これが伊藤、大隈決別の政治的背景事情であり、そこから一歩進めて伊藤は憲法制定、国会開設問題に関して、岩倉・井上毅ラインに乗り換え、薩摩閥、宮中とも組んで、大隈追放へと大転換したのである。

④ 熱海会議失敗が大隈と伊藤・井上の対立の誘因になったのか

二年余り後の一八八二年一〇月頃、伊藤がプロシア（ドイツ帝国）憲法の調査研究のために渡欧し、ウィーンに滞在していたとき、大隈宛に手紙を書きかけたが、途中でやめ、そのまま残された断簡がある。そこには次の文章が記されていた（瀧井一博『文明史の中の明示憲法　この国のかたちと西洋体験』講談社）。

> 僕賢兄と相見ざる已に一年、而して今地球の東西に離居す。徒に離居する而已ならず。国家の為に計画する所の方嚮に至っても亦相隔万々矣。顧みて去春熱海温泉に浴し交膝将来の大計を談ぜしことを思えば、恍惚としてなお目にあるが如し。而して人生の離合夫れ此の如し。徒に離合此の如き而已ならず、其の方嚮変転に至っても亦此の如し。是れ天の然らしむる所か、将た吾輩の自ら求むる所に出るか。僕豈に強いて天人の際を窮めんや。是を窮むるも国家に益するなし。苟も国家を〔以下欠〕

この断簡の文章には、「去春熱海温泉に浴し交膝将来の大計を断ぜしこと」、すなわち熱海での会談のことが出てくる。これは前出福沢証言に、大隈、伊藤、井上の三者が、薩摩閥の代表黒田と熱海で会談を持ったという話が出てくるがそのことと符合している。この会談のことを一般に熱海会議と呼んでいるようである。熱海会議は、憲法制定、国会開設において一致していた大隈、伊藤、井上が、時期尚早論を唱える薩摩閥の重鎮黒田を説得するために、一八八一年一月〜二月、熱海温泉に黒田を招いて行われた。大隈、伊藤、井上は、そこで黒田を説得して憲法制定、国会開設について足並みを揃え、四者結束して、政府をその方向へ動かしていくことを企図したのであったが、黒田は、時期尚早説を変えず、その試みは失敗に終わった。

この断簡の文章は、この熱海会議が、伊藤が大隈と方向を違える分岐点となったことを示唆している。その意味するところは、既定の路線では、薩摩閥の協力を得ることは不可能ではないかと伊藤は逡巡を始めたということである。

坂本一登は、この失敗により、伊藤は大隈、薩摩閥と提携して、憲法制定、国会開設で主導権をとる展望を失う一方で、大隈は、配下の俊秀小野梓が同年二月二八日から三月五日にかけて書き上げ、三月一八日、献策したとされている「今政十宜」なる政論に基づき、公債五〇〇〇万円募集を前提とした積極財政論を唱え、さらに憲法制定、国会開設については急進論を唱えることになった、そうした展開が伊藤を岩倉・井上毅ラインに乗り換え、薩摩閥や宮中と連携を図る方向へいざなった。そして大隈の孤立、追放の誘因になった、と説いている(坂本前掲書)。

小野の「今政十宜」を読むと、確かに「宜しく内閣の組織を改むべし」、「宜しく施治の方嚮を定むべし」、「宜しく外債の導入を決すべし」などの項目があり、それぞれの項目ごとに小野の持論が展開されている。

このうち財政問題について言えば、「今政十宜」の外債導入論が大隈の財政問題に関する建議に影響を及ぼした可能性は大であり、坂本の指摘は的を射ている。が、その顚末とそれに基づく推論は既に上記③で考察済みであるので、話を先に進めることにする。

坂本は、憲法制定問題、国会開設問題についても、大隈が熱海会議失敗後に小野の「今政十宜」に基づき急進論を明確に示す上奏文を書き、それが伊藤との決別の誘因になったかの如く言うのであるが、筆者はこれには同意できない。

前に、大隈上奏文は、交詢社の創設メンバーの手になるものと推定しておいたが、それは小野であろうと、矢野であろうと、福沢であろうと誰でもよく、憲法制定と国会開設を急ぎ、イギリス流の議院内閣制、政党制に立つ立憲主義、人権保障をめざす私擬憲法案を発表した交詢社と深い関係のある者であれば誰でもよいことなのだ。何故ならば、大隈上奏文は、その私擬憲法案と基本的には同じと見てよいからである。

ところで「今政十宜」は三月一八日に大隈に献策され、交詢社私擬憲法案は『交詢雑誌』第四五号（一八八一年四月二五日発行）に発表されたが、大隈上奏文は三月一一日頃提出されている（稲田政次はそのように推定している）から、時間の前後だけから見ても大隈上奏文は小野の「今政十宜」とは無関係だと見てよい。むしろ大隈は、それよりずっと前から大隈上奏文で示された考えを伊藤、井上に知らせていたように思われる。何故なら、既に述べたように大隈との関係浅からぬことが公知のこととなっていた福沢が、矢野が主宰する民権派の新聞と見られた郵便報知新聞に、二年近くも前の一八七九年七、八月、「国会論」を連載し、憲法早期制定、国会早期開設、イギリス流の議院内閣制をとるべきことを主張していたのだし、その福沢に、前年一二月に、大隈を通じて、伊藤、井上は接触を持ち、三者の持論を展開するための新聞発行を依頼しているのだから、伊藤、井上は、大隈も当時からこれと同意見であったことを承知していたことは確実である。さらにさらに、前出福沢証言によれば、「一八八一年一月初め、福沢が、お断りしようと思って井上を訪ねたところ、井上は『国会は断然開かれねばならない。薩長藩閥政府はいつまでも維持できない。たとえいかなる政党であっても民心の多数を得たものには政府を渡さなければならない。そういう覚悟で、公明正大に新聞紙上で筆を振るいたい』『他の参議は国会開設に消極的だが、大、伊、井の三者は固く約束している』と語った」とあるから、大隈は上奏文提出以前から上奏文と同趣旨の憲法制定論、国会開設論を井上に、そして伊藤に示していたことは明々白々である。坂本一登の見込みは少しはずれているように思われる。

⑤ 小括

このように見てくると、熱海会議失敗は、確かに伊藤がウィーンで大隈宛にしたためた断簡で示唆する如く、大隈と伊藤、それに井上との決別への分岐点になったことは間違いないようであるが、その意味するところは熱海会議の失敗こそが三者共闘の破綻、伊藤の戦略的転換、伊藤・井上が大隈と距離を置く出発点となったという意味であり、それ以後③で述べた財政問題を媒介項として伊藤のドラスティックな転換、変身が成し遂げられたということなのである。

伊藤にとってはその事に付いて多少なりともこだわり、敢えて言えば懺悔の気持ちが胸中奥深く横たわっており、それが頭をもたげて断簡の文章ににじみ出たのであろう。

(2) 岩倉、憲法制定・国会開設へと転換

左大臣有栖川宮は、岩倉にせかされ、なかなか憲法建議に関する上奏文を提出しない大隈を督促し、ようやく一八八一年三月末ころ、他見しないと約束をしてこれを提出させることに成功した。しかし、有栖川は、これを一読して、あまりにラジカルな意見に驚いて、約束に違えて三条及び岩倉にこれを見せた（と一般に言われている）。岩倉がこれを読み終えたのは五月下旬ころのことであった。彼もまたそのラジカルな見解に驚く。一般に言われているところによれば、岩倉は、伊藤、井上もこのような考えに同調しているのではないかと不安を抱き（これは図星であったのであるが）、ただちに、この見解を批判するとともに政府としての憲法に関する方針を確立する必要があると考え、行動に移した。

まず岩倉は、切れ者として定評のあった太政官大書記官、井上毅に、大隈上奏文を渡し、これを研究し、反駁するように指示した。それが同年の六月初めころのことである。

井上毅は、外務省雇法律顧問ドイツ人ヘルマン・ロエスレルの教示を受けながら、過去蓄積したプロシア（ドイツ帝国）憲法の知見を短時日のうちに深め、プロシア（ドイツ帝国）憲法の精通者になった。もっとも彼の知見の底には、若き日にフランスに留学し、学んできたフランス流或はイギリス流の立憲主義思想も沈殿していたと言うから、話は複雑だ。井上毅は、自由民権派にも一脈通じる

ものを持っていたのだ。そのことは後の憲法草案起草過程を綿密に記録したあの枕にできるほどに分厚い稲田政次『明治憲法成立史　下巻』（有斐閣）の中で印象深くつづられているのであるが、残念ながらこの物語では話はそこまで進むことはない。

井上毅は、勤勉で忠実であったから、自己の思想や想念は脇に置いて、ともかく岩倉の意図するところに応えるべく、大隈上奏文の意見と一つらなりの交詢社私擬憲法案及び「元老院国憲按」を批判し、プロシア（ドイツ帝国）憲法の優位性を説き、これに依拠した憲法案の骨子を明示する作業に専念した。そして早くも同年六月中に、岩倉に対し、意見第一から第三、憲法大綱領などを次々に提出した（稲田『明治憲法成立史　上巻』有斐閣）。

①　意見第一。イギリス立憲制とプロシア立憲制の比較をし、イギリス議会は立法権だけでなく議会で多数派となった政党が内閣を構成し行政権も掌握している、これに対しプロシア立憲制は国王が行政権を掌握し、宰相・執政を任免する（もっとも実際には多くは議会の輿望の人を採用することを認めている。）として、わが国では後者によるべきであると述べる。

②　意見第二。「内閣執政をして天子の選任に属せしめ国会の為に左右せられざらんと欲せば左の三項に依る」として、ｉ．天皇の大臣以下勅任官の任命大権、ⅱ．内閣宰相（各大臣）の責任を、イギリスのように全て連帯責任とはせず、連帯責任の場合を限定し、原則は個別の責任とする、ⅲ．プロシア憲法第一〇九条に倣い、租税は将来にわたり効力を有するとの一条をもうけるべきこと、と述べる。

③ 意見第三。意見第一、二の論点を明示して展開することにより交詢社私擬憲法案と元老院国憲按を批判する。

④ 憲法大綱領。i．欽定憲法、ii．統帥権、宣戦講和条約締結権、貨幣鋳造権、大臣以下文武重臣の任免権、議会開閉解散権などを天皇の大権とする、iii．大臣は天皇に対して責任を負うこととする、iv．法律命令への所管の大臣署名、v．立法機関として元老院及び民撰議院を設ける、vi．民撰議院の議員選挙法は財産の制限を用いる、vii．予算が議会で承認されないときは前年度予算を用いることとする、Ⅷ．臣民一般の権利義務を定める、などと整理されている。

岩倉はこれらを読んで、「感佩の至り」とまで激賞し、井上毅に対する信頼を強めた。国会開設、憲法制定の時流に抵抗していた岩倉も、いよいよ井上毅の提出した憲法大綱領に議院の権限に関する事項、裁判所の権限に関する事項の二項目を加えて岩倉「憲法大綱領」とし、これを大方針として早期憲法制定・国会開設の方向へ踏み出した。

(3) 井上毅の画策と伊藤の豹変

井上毅なる者、なかなかの自信家で、こうと思ったら突っ走るタイプのようである。岩倉の信頼を得たことから、伊藤を大隈から切り離して自己の憲法意見に取り込み、政府の陣頭に立ってプロシア（ドイツ帝国）型の憲法法制定作業を進めさせることを岩倉に献策し、岩倉もそれに賛同し、三条、有栖川にその趣旨のことを申し出た。

こうして井上毅は、伊藤自身への働きかけを開始した。彼は、岩倉に提出した意見第一から第三、憲法大綱領などの趣旨をおごそかな漢文でしたためた書簡を伊藤に送った。井上毅は、その書簡において、プロシア（ドイツ帝国）型の憲法——とりわけ宰相・大臣の進退と徴税・租税の決定権を国会に付与してはならないことが最も重要であると強調——の制定作業を取り仕切り、早期に実現することが喫緊のことだと申し出た。

伊藤は、当初、書記官ふぜいが生意気に生硬なプロシア流の憲法を振り回しているなどと反発を覚えながらも、同人の書簡の内容から、情勢容易ならざることに気付いたようである。伊藤は、まず三条から大隈上奏文を借り受け筆写した。それは六月二七日のことだった。翌二八日には、井上毅の先の書簡に対し、宰相・執権の進退と徴税・租税の決定権を国会に付与せずとの一事は同意するが、早期に憲法制定ということについてはまだ結論を出しかねるとし、腹蔵なく話をしたいのでいつでも来られたし、との返信を送った。早速、三〇日、井上毅が、伊藤を訪れ、内々の話としてこの話は岩倉にも通じていること、自己の憲法案には岩倉も賛同し、早期憲法制定・国会開設の方針を固めていることを伝え、伊藤こそが憲法制定をとりしきるにふさわしい人だとネジを巻いた。

伊藤は、井上毅のこの内々の話を聞いて、心中秘かに期するものがあったであろうが、それをまっすぐに表明しないのが「策略家」伊藤の本領である。表面上表れた変化は、突然の態度豹変、怒り、憤懣の爆発であった。

まず七月一日、三条に書簡を送った。伊藤はその中で、太政大臣、左大臣、右大臣三大臣間で根本方針が定まっていないようではさまざまな意見が湧き出し、収拾がつかなくなると嘆き、大隈上奏文に触れて、これは彼一人の手になるものとは思われない（伊藤は福沢と相通じて書かれたものとの推測していたが、そのことには触れないで）と言って非難し、この先憂えざるを得ないとしつつ、このような状況では、「当官御放免願い奉りそうろうほかなく御座そうろう」と辞職を願い出てみせた。

ついで伊藤は、翌二日、岩倉に書簡を送り、大隈上奏文で建白しているところは想定外の急進論で、実現させることは困難である、私の意見とはあまりにも違いすぎ、とても一緒にやって行くことはできないから「当官御放免を願い奉りそうろうほか幾回熟考仕りそうらいても手段御座なくそうろう」とここでも辞職を申し出てみせた。

筆者にはこのあたりの伊藤の諸行動は、全て戦略的路線転換のためのハッタリ、演技に見える。否、断言しよう。幾度も修羅場をくぐり抜けてきた伊藤ならではのハッタリ、演技である。百歩譲って、ハッタリ、演技とまで言わないとしても、最大の実力者岩倉の根本方針が定まったことがわかったので転進を図り、大隈とは袂を分かち、この根本方針の枠組みの中で行動し、その中で自らの憲法・立憲政体構想を実現する道を模索して、三条、岩倉の出方を探っている状態だと言えば、それほど違和感はないように思える。

同日、井上毅からまたまた憲法起草の任に当たれと檄文が届いたことも符節があっている。

さて、岩倉は、自らが招いた激変、伊藤の権幕の趣は想定外だったのであろうか、政府を束ねる身として政府が空中分解することを恐れたのか、一方で、伊藤を慰留しつつ、他方で、大隈にこの様子を知らせるとともに「憲法大綱領」をもとにプロシア流の憲法を制定することに同意するよう求め、伊藤と話し合うことと勧めた。このあたりは鍛えあげられた伊藤とは役者が違う。伊藤は一応これに従うポーズをとって、伊藤、大隈は七月四日、五日と続けて面談する機会を持った。その面談では大隈はひたすら弁明と陳謝につとめた模様で、両者は和解をし、伊藤は、何事もなかったかのように職務に復帰した。同月二七日には、井上馨もどこからかこういう情勢を聞きつけたのであろうか、伊藤に対し書簡を送り次のように助言をした（稲田前掲書）。

「最早今日かくの如き形勢差し迫りたれば、やむを得ざる場合故、早く独乙の憲法に習いその法制を細密にし、以て早く地方議員中より撰挙して之を下問議討せしめたる上、当時元老院をパースとして、然る上一年または二年の後下院開設を布告するの方しかるべく、さすれば老兄事は法制部を全任し其の事を担当なられそうろう方、当今策の得たる者と存じ奉りそうろう。勿論此の議は老兄自ら方今天下の形勢に付き予案する手段にして建白を公然御差出しこれ有り度きよう祈望す。」

右の文面の趣旨は以下のようなことである。

「ここまで情勢が切迫している以上、早くドイツ憲法に習い、詳細な憲法案を作成し、地方議員の中から選抜して審議させ、元老院を改革し上議院にするなどという悠長な案は引っ込め、一〜

二年の後に下院を開設した方がよい。そうであれば貴兄が法制部を率い、そのことを担当するのが上策だと思う。この件は貴兄が天下の形勢を左右する手段であるから、公然と建白することを希望する。」

さすがは幕末以来の同志の間柄、なかなか察しがよく、時宜を得た助言である。岩倉が、やれやれゴタゴタを処理できたと思い、一安心して病気療養のため京都に引きこもった後、伊藤は、これまでの伊藤・井上・大隈の共同歩調路線を大転換し、黒田を中心とする薩摩閥と協調し、早急に岩倉「憲法大綱領」——これはプロシア（ドイツ帝国）型憲法と言い換えてもいいのだが——をよりどころにして憲法制定、国会開設へ進むという路線に立ち、行動を開始した。井上もその力強い同志として一枚加わったことは言うまでもない。

他方、大隈は、突然の伊藤の変身に驚くほかはなかったが、それでも自己を師と仰ぐ、農商務卿河野敏鎌、駅逓総監前島密、矢野文雄統計院幹事兼太政官大書記官、犬養毅・尾崎行雄統計院権少書記官、小野梓司法省一等書記官、中上川彦次郎外務権大書記官、島田三郎文部権大書記官、牟田口元学農商務省少書記官等々（瀧井一博『伊藤博文　知の政治家』中公新書）の優秀な知的人材が多数輩出しており、これらと連携して憲法制定、国会早期開設に向けて手腕を振るう道が開かれるとたかをくくっていたのかもしれない。或いは七月三〇日以来、大隈は、天皇の東北・北海道巡幸に陪従し、情勢の急転に追いつくことができなかったのかもしれない。大隈が東京を留守にしている間に、世に言う開拓使官有物払い下げ事件なる朝野を揺るがす大事件が勃発し、大隈に一大打撃を与えることになってしまったのである。

(4) 狂騒曲――北海道開拓使官有物払い下げ事件

北海道の開発と統治のため開拓使が置かれたのは一八六九年七月のことであった。以来、一四〇〇万円(例えば一八七七年の国家予算は、歳入、歳出とも五〇〇〇万円前後であるから、いかに巨額であるかがわかるだろう)を投じて官営事業が営まれてきた。それら官営事業の資産は、工場、船舶、倉庫、牧場などの固定資産、人員、技術、販路など人的もしくは無形の資産となって蓄積されている。その開拓使を一八八一年(明治一四年)限りで廃止し、新たに県を置くということになり、北海道開拓使の官営事業とそれら資産を、一括して、開拓使大書記官安田定則外三名が設立した北海社に払い下げることが、七月二八日の閣議で決定され、東北北海道巡幸に出発する当日の同月三〇日に勅裁がなされた。

だが、もともと政府内でも左大臣有栖川宮、参議大隈、大木が反対し、大隈の影響下にあった大蔵省は、大蔵卿佐野をはじめとして払い下げ反対の意向が強かったし、宮中にも不評だったので、この決定は、不安定なものであった。案の定、閣議決定がなされた直後から、激しい反対の嵐に出くわすことになった。

閣議決定がなされた直後、沼間(嚶鳴社)の「東京横浜毎日新聞」、矢野(交詢社)の「郵便報知新聞」が、払い下げの願い出をした安田は鹿児島県出身者で薩摩閥の中堅メンバーであること、北海社の背後には鹿児島県出身の政商五代友厚らが設立した関西貿易社があること、同じく薩摩閥重鎮・開拓使長官黒田が安田らの願い出を許したこと、払い下げ代金が三八万七〇〇〇円、三〇か年分割払い、しかも無利息という破格の好条件であったことなどをスクープし、薩摩閥による国家財産の不当不正な処分だなどとして払い下げに反対する論陣を張り始めた。八月になると、「朝野新聞」、「東京日々新聞」など他の主要新聞も、一斉に、不当不正な払い下げ処分だと断じ、政府を批判するキャンペーンを展開、自由民権運動家も、この問題を格好の攻撃材料として、政府の責任を追及する演説活動を行うようになった。

世論はわきたち、やがてこのような決定がなされるのは、現在の政体の欠陥を露呈するものであり、憲法制定・国会開設を早期に実現する必要があるという声が大きくなってくる。例えば保守派の東京日々新聞でさえ八月一一日付社説で以下のように論じた（稲田前掲書）。

「寡人政治（オルガルスキー）の下においてかかる不祥事の起こるのは当然であり一日も早く君民同治の立憲政体を採用すべし。」

君民同治とは、立憲君主制のことである。天皇の大権に隠れて少数の顕官による有司専制が行われているからこういう不当不正がまかり通ってしまう。憲法を制定し、天皇の大権の行使を憲法で規律する政治体制にしなければならない。当時としてはまさに正論である。もし、世論がこの正論の枠内におさまっていたならば、黒田をはじめ薩摩閥は沈黙を余儀なくされたであろうから、それは長州閥の伊藤、井上にとっても路線の再転換を図る機縁となったかもしれないし、大隈にとっても上奏文非難の声に堪えて自己の持ち場で地道に働いていればやがて波風がおさまり、再浮上できるチャンスがあったかもしれない。しかし、事件は、予想外の展開を示した。

(5) 大隈追放の謀議なる

新聞報道はそれにとどまらず、有栖川宮、大隈らの反対を押し切り、黒田が強引に払い下げ処分案を通してしまったとの決定過程にまで踏み込んでのスキャンダル報道の様相を呈することになってしまった。大隈が北海道巡事に陪従し、東京を不在にしていたために目が行き届かなかったのである。こうなると黒田をはじめ薩摩閥は、非難の声で炎上し、逆に大隈の声望は高まるばかりとなった。しかし、そのことが大隈を奈落の底に落とす転機となったのである。伊藤はすかさず動いた。

伊藤にとっては、大隈の声望が上がり、その威信が高まることは、憲法制定・国会開設に自らが主導権を握ることに黄信号が灯ることになる。財政問題での松方のねじ込みをある。伊藤は、八月末には、黒田ら薩摩閥との提携を強め、大隈を孤立させ、追い落とすための多数派工作を進め、大隈追包囲網を作り上げて行くことになる。伊藤は、八月三〇日、これまた北海道で天皇の巡幸に陪従していた黒田に書簡を送り、次のように巡幸終わり次第帰京することを求めた（稲田前掲書）。

「……新聞演説至る処に北海道官有物払い下げの処分を非として閣下の名誉を汚辱し、併せて政府を転覆し、国会を新設せんと罵詈雑言誹謗至らざる所なき形情に之有り申しそうろう。……

（中略）今日の時機は六年征韓論分裂の秋よりも危急なり。北海道御巡幸相済み次第片時も御猶予なく御帰京これ有り度く一同希望の至りに御座そうろう。……（以下略）」

こうなると薩摩閥にとっては死活問題、黙ってはおれない。伊藤の策略に乗り、長州閥、宮中とも連携して大隈叩きを始めた。大隈配下の大蔵省官員らが大隈の指示で情報を漏らしている、大隈が、配下の者たちを動かし閣議決定をひっくり返そうとしている、在野民権派と結託して自己の影響力の増大を図っている、福沢や三菱の岩崎と組んで陰謀をめぐらしている等々、ありとあらゆる大隈陰謀論が沸騰した。しかもこの大隈陰謀論は、周到な口コミ作戦で、宮中や大隈以外の参議らの間にまで浸透した。

伊藤は、この騒ぎを利用し、黒田、松方、西郷従道ら薩摩閥の人たちと伊藤との間に連携関係を構築した。伊藤は、この騒ぎを利用して、筆頭参議大隈を追い落とし、政府内での威信を高め、国会開設・憲法制定を求める世論をバックに、「憲法大綱領」を押し立て、憲法制定・国会早期開設のイニシアティブを確保して行くことを目指した。それはまた井上毅の思惑通りの事態でもあった。

こうなると、策略家伊藤の本領発揮、その独壇場である。伊藤は、こうした状況のもとで、九月初め、在京の参議の間で、大隈追放の合意を取り付けた。伊藤は、当初は、官有物払い下げ処分については弥縫策で切り抜ける考えであったが、井上毅や宮中の強い反対にあって、白紙還元やむなしと判断、黒田ら薩摩閥も納得させた。

残るのは岩倉の同意を取り付けることだけとなった。そこで、九月一八日、参議山田に病気で京都にひきこもっていた岩倉を訪ねさせた。山田は大隈陰謀説を吹聴し、三条のもとに諸参議団結していることを強調し、岩倉の同意をとりつけようとした。これに対し、岩倉は、さすがに難色を示し、すぐには同意せず、一〇月一一日、天皇が東北北海道巡幸を終えて戻るまでに帰京し、伊藤と相談して決断することとした。岩倉は一〇月六日帰京、七日、伊藤が来訪し数件の証拠を示して説明、大隈追放やむなしと判断するに至った。

かくして一〇月一一日、深更、東北北海道巡幸から帰還して旅装を解く暇もない天皇の親臨のもと大隈欠席のまま開かれた閣議（御前会議）において、大隈追放、九年後の国会開設、開拓使官有物払い下げ中止などを決定した。天皇は、大隈追放には最後まで反対していたが、閣議の状況を見据えて、辞職願い出という形でおさめることを命じたのであった。

同夜、伊藤と西郷従道両参議が大隈を訪ね、罷免決定を伝え辞表の提出を迫ったが、本人は明日陛下に提出すると答えたそうで、両名はそれ以上争わず帰ったとのことである。本人がその模様を語っているので少し長いが耳を傾けてみよう（『大隈公昔日譚』／中村前掲書）。

「丁度明治十四年の十月十一日である。七十幾日間、先帝の供奉で、東北から北海道を巡って帰って来ると、其の間に政府では種々方略を廻らしたものと見えるが、還った日の即夜内閣会議を開いて、我輩を追放することを決し、何でも夜中の一時頃であったと思ふ、参議の伊藤と西郷とが、我輩の所へ遣って来て、唯単純な言葉で容易ならざることだからとだけで、ドウカ辞表を出してくれと云ふ。此方は多くを聞かずとも、其の間の消息は大概分かって居る。『ヨシ明日我輩が内閣に出る、辞表は陛下に拝謁してから出す』と云ったら、これには両人一寸当惑したらしいが、直ぐに是を止める訳にも行かぬ。然し、流石にそれは止めなかったが、我輩が宮中に行ったときには、モウ門衛が厳重に遮って入れさせぬ。有栖川宮・北白川宮とは御巡幸中同行でもあったが、有栖川宮様に行けば、矢張りここにも門衛を置いて固く門を閉ざし、我輩が入るを拒絶すると云ふ始末、昨日までお供申し上げた陛下にも、御同行申し上げた宮様にも、今日は固めの門衛から拒絶されてお会いすることすら出来ないと云ふ、急転して体のい丶罪人扱いとなって了ったんである。ご免の辞令は、司法卿の山田（顕義）が友人として持って来て渡してくれた。」

大隈自身、「体のい、罪人扱い」と言っているが、これは言い得て妙である。そう言えば、松本清張の作品に『象徴の設計』という小説がある。西南の役の翌年一八七八年八月に起きた竹橋事件（西南の役後の処遇に不満を抱いた一部の近衛兵による武装反乱事件）に衝撃を受けた山県有朋が、燎原の火の如く広がる自由民権の思想が帝国陸海軍に浸透することを防ぐべく軍人勅諭を彫琢するなど、帝国陸海軍を絶対主義的天皇制の守り手として強化することにまい進する話であるが、その中に、一八八一年六月二七日に、伊藤が大隈上奏文を読んで間もない時期に、伊藤が山県自慢の邸宅・椿山荘に山県を訪れたときの二人のやりとりのシーンが出てくる。これもまた少し長くなるが以下に抜粋してみよう。

「実は、そのあとから岩倉さんに辞職願を出してな、ずっと参庁しなかった」と伊藤は説明して、

「実に大隈の食言は宥し難い」と本気に怒っていた。

有朋は、相変わらず仙台平の袴の裾をさばいて座ったまま長身を立てて微動だもしない。

「それは困ったもんじゃのう。だが、大隈のような意見でも困る。そりゃ絶対におぬしが大隈に会って彼を面詰する要がある」と有朋はすすめた。

「三条さんもぬしと同じことを言っちょった。そこで、近いうち、三条さんが大隈を呼んで俺と立会いさせると言うちょる」伊藤も有朋の言葉にうなずいてそう言った。

「そりゃええ。ぜひ、そうするがええ」と有朋はそれをひどくすすめた。

「一体、大隈はどねえして、そんな言葉を吐くんじゃろう?」有朋の疑問はそれだった。まさか単純に薩長閥に対しての反感から、彼だけが突飛な意見を提出したとも思われない。

「大隈ちゅう奴は、官吏の若手に自分の相談する勢力を作っちょる。それに新聞社にも金をやっとるようだ」

伊藤は畳の上に座ったり、膝を立てたり、寝転んだりしてひと時も落着かなかったが、突然、むっくり起き上がると、

「狂介、あとはおぬしに頼むよ」と言った。有朋にはなんのことかわからなかったが、伊藤がそれから言いだしたことは悉く彼の胸に響いた。

「今も言うたとおり、大隈は頭の悪い奴じゃが、目先は利いとる。あいつの議論は、みんな若い者から取って来とる。そこで……そこで、俺が考えるには、大隈を台閣に置くと、将来物騒でいけん。いい加減なところであいつを引きずり下ろそうと思っちょる。」

「けんど、下野したら、大隈も板垣と一しょになって自由民権運動に参加するじゃろう。そうなると今でも板垣ひとりで手に余っちょるところへ大隈が合併したら、えらいことになりゃせんかのう?」 有朋はうすい眉に皺をよせた。

「さあ、そこだ。大隈にはそんな危険は十分にあろうのう。ところが、わしにも、二人が一しょになるというより、これを引離す策略がないでもない」と伊藤はその内容にふれずに、

「だが、もし、板垣と大隈とが手を握って、全国的に自由民権の火を大きくしたら、こりゃアもうわしの手に負えぬ。そこで、狂介、おぬしが最後の締め括りをしてくれと頼んだのじゃ。おぬしさえ引き受けてくれたら、わしは安心して下野した大隈を生け捕ることができる。」

「あとを頼むというのは、これのことか?」と山県は坐ったまま腰のサーベルに手を当てる真似をした。

「そうだ。おぬしにそのほうをしっかり頼んでおきたい。そっちさえ引き受けてくれたら、わしはあんな連中の反政府運動ぐらい水をかける自信は十分にある。」


物騒なやりとりである。勿論、これは清張一流のフィクションに過ぎないが、これまで縷々述べた「明治十四年の政変」なる陰謀劇の刺し身のツマとしてこれを添えると、いかにもピッタリではないだろうか。

この閣議後、翌一二日、「国会開設の詔」として知られる勅諭が発せられた。それは以下のとおり

である（稲田前掲書）。この勅諭は、井上毅によって起草され、伊藤が修文してできあがったものであるが、既に、九月一八日、参議山田が京都に岩倉を訪ねた際に、井上毅が起草した勅諭案を持参し、これを示している。大隈追放の謀議がいかに用意周到にめぐらされたかが知れよう。

「朕祖宗二千五百有余年の鴻緒を嗣ぎ、中古紐を解くの乾綱を興覆し、統一の政紀を総覧し、又夙に立憲の基を建て、子孫黎民の為に継ぐべきの業を成さんことを期す。嚮に明治八年に、元老院を設け、十一年に、府県会を開かしむ。此れ皆漸次基を創め、序に従って歩を進むるの道に由る非ざるは莫し。爾有衆、亦朕が心を諒とせん哉。

顧みるに、非常の事業実に軽挙に便ならず。我祖我宗、照臨して上に在り。朕躬を以て重きに任ず。断じて断じて之を行ふ責一人に在り。今、将に明治二十一年を期し、議士員を召集し、議会を開き、以て朕が初志を成さんとす。乃ち在廷臣僚に命じ、仮すに時日を以てし、設備の責に任ぜしむ。其れ撰挙組織の方法、権限章程の詳らかなるに至りては、専ら内閣大臣に委し、審議して上奏せしめ、朕親ら衷を裁し、時に及んで公布する所あらんとす。

朕惟うに、時会進むに急にして人心速かなるを競ふ。私議相推し浮言相動かし、終に大猷を遺る宜しく、今に及んで、謨訓を明徴し、以て朝野臣民の方嚮を提示すべし。特に茲に言明し爾有衆に詔命す」

こうして薩長藩閥政権が確立され、そのもとでフランス、イギリス、アメリカなどの民主主義、自由主義的な立憲主義に立つ憲法は排斥されるとともに絶対君主制のプロシア型外見的立憲主義の憲法制定に進みだし、絶対主義的天皇制国家の地歩を固めることになった。「明治維新という時代」は、ここに終焉した。

(6) 「明治十四年の政変」の後日譚

伊藤の策略、奔走は、実った。しかし、彼が「立憲カリスマ」として明治憲法制定史に名を残すにはまだまだ雌伏の時を要した。一方の大隈は野に下り、共に政府機構から放逐された大隈派の人たち（河野、前島、矢野、小野、犬養、尾崎、島田等々）とともに翌一八八二年四月、立憲改進党を結党し、その党首に就任する。一足先に結成されていた自由党の板垣、後藤らとともにその後長きにわたり、政党政治家、憲政の主要な担い手として活躍し、その名を残すことになったのである。

伊藤は、その少し前の三月、日本を離れ、ヨーロッパ諸国、なかんずくドイツにおいて、憲法の調査・研究にあたることになる。伊藤は、ウィーンで、国家学の権威ローレンツ・フォン・シュタインに師事し、国家統治の基は、君主からも議会からも自立した行政の構築にあるということ学び、憲法論に終始する人たち（自由民権派の知識人たちだけではなく、井上毅も念頭にあったのだろう）を「ヘボクレ書生」と断じるまでに自信を深め行き、やがて「立憲カリスマ」と称されるまでになったが、その言うところの立憲とは残念ながら名ばかり立憲であった。

7 まとめ

「明治維新という時代」の終焉とともにこの物語も終わることになるが、少し附録がついてしまった。最後に、坂本前掲書及び伊藤之雄『伊藤博文　近代日本を創った男』(講談社学術文庫)などを参考に、大急ぎでその後の伊藤の様子を述べ、あわせて明治憲法体制のその後に触れることにより、まとめにかえることにしたい。

伊藤は、翌一八八三年八月三日、帰国したが、そのとき彼の前には、岩倉の姿はなかった。その直前、七月二〇日に死去していたのだ。これは、伊藤にとって人情においては辛く悲しいことであったが、ある意味では幸いなことであった。伊藤は、政府の実質ナンバーワン、今や憲法の権威、「立憲カリスマ」として他の参議からも一目置かれる存在になり、とても有能ではあるが、岩倉の後ろ盾を得て時に手厳しい批判、反対の意見を突き付ける井上毅を誰に遠慮することもなく使いこなせるようになったからだ。

伊藤は、策略の政治家から「知の政治家」に変貌を遂げたとは言え、策略をめぐらす天性の才は依然冴えを見せる。彼は、憲法制定、立憲政体樹立へのアクチュアルのポリティクスを成功させるには、宮中にもしっかりと足場を固め、そこから前進するほかはないと考え、翌一八八四年三月、宮中に制度取調局を設けその長官に就任するとともに、宮内卿にも就任した。そして宮中組織を整備し、官制や服務規律を整え、皇室財産と皇室財政を健全化させる措置を講じた。それは宮中への伊藤系勢力を扶植するという副産物を生み出すとともに、宮中や天皇の彼への信頼度を高めることにもなった。

こうしていよいよ憲法制定、立憲政体樹立の大前提として、元老院改革のために（民選議院を抑制する上院とするために）必要不可欠だと考えた華族制度の創設と内閣制度の創設へと歩みを進め、同年七月七日、華族制度の創設、翌一八八五年一二月二二日内閣制度の創設にこぎつけ、創設と同時に伊藤が初代内閣総理大臣に就任、条約改正問題と憲法制定に邁進するが、奇しくもその条約改正問題で井上外務大臣が挫折し、更迭された後の一八八八年二月、大隈は再び政府に連なり、伊藤内閣の外務大臣として井上が中途で挫折を余儀なくされた条約改正交渉を引き継いだ。一方、憲法制定作業は、伊藤（首相）、井上毅（宮内省図書頭を経て法制局長官）、伊東巳代治（首相秘書官）、金子堅太郎（同上）及びドイツ人顧問ヘルマン・ロエスレルという小人数の体制で進められ、ちょうどそのころ仕上がったいわゆる二月草案をもとに、最終段階における草案の検討作業へと進んでいたが、大隈は部外者として静かにそれを見守るだけであった。

明治維新よりも八〇年ほど前の一七八九年八月二六日、フランス革命下の憲法制定国民議会において人権宣言（人及び市民の権利宣言）が採択された。同宣言は、第一条で自由と平等、第三条で国民主権を定め、第一六条において「権利の保障が確保されず、権力の分立が定められていないすべての社会は、憲法をもたない。」と宣言している。このフランス人権宣言型の憲法に基づく政治体制と政治実践が典型的な近代立憲主義である。

明治維新のなったわが国において自由民権運動が全国津々浦々に広がり、空前の高揚を示したのは、一八八〇年代のことだった。この自由民権運動の高揚期に全国の民権派の人々や団体が、フランス人権宣言、その元祖とも言うべきアメリカ合衆国憲法、あるいは根を一つにしつつ君主制によく適合するようにアレンジされたイギリス流の憲法などをモデルにした私擬憲法案を続々と発表した。政府内においても天皇をいただく国としての限界はあったものの、自由と平等、国民の代表からなる議会による天皇大権の統制、議院内閣制などを定める元老院国憲按が起草されたこともあったし、内閣を構成する参議の中にもそのような憲法をモデルにした意見をあげる者もいた。

「明治維新という時代」が終焉し、薩長藩閥政権のもと絶対主義的天皇制はもはや揺るぎないものとなり、わが国はこれら一切を排除し、プロシア（ドイツ帝国）憲法をモデルに、万世一系の天皇が、天皇大権に基づき統治することを最大限保障し、これに最小限度の手続的・実体的制約を加えるに過ぎない外見的立憲主義の明治憲法を制定した。人権保障制定は置かれたが、それは法律によりいかようにも制限できる「臣民の権利義務」で、名ばかりのものであった。

自由と平等、国民主権、人権保障と三権分立を定める典型的な立憲主義憲法は、絶対主義的天皇制国家の対立物となり、そのような憲法と立憲主義を唱える人々は国家の敵として抑圧された。しかし真の立憲主義憲法制定の理想は、埋火《うずみび》のごとく火を絶やすことなく守り続けられた。それが解き放たれ再び燃え上がったのは、明治憲法のもとで保障された天皇大権を、ほんのわずかな制約さえも無視し、ほしいままにこれを利用し、臣民の上に聳え立った帝国陸海軍が、原爆投下と連合国軍の圧倒的な軍事力を前に敗北し、戦争にあけくれた時代に幕が引かれた後のことであった。

あとがき

本書の「はじめに」の冒頭の一行で「不羈独立という言葉は、明治という時代を通してさまざまな人々に広く使われたとの指摘がある。」と書いた。実のところ、活字でそういう指摘を目にしたのは、佐々木隆『明治人の力量』（講談社学術文庫「日本の歴史21」）においてである。

佐々木氏は、同書の序章「不羈独立を求めて」の中で伊藤博文が第二次伊藤内閣時代の明治二五、六年ころ、条約改正交渉を再開するにあたって起案した上奏案を取り上げている。

蓋し維新中興の宏謨《こうぼ》は鎖国の方針を一変して開国の方嚮《ほうこう》を執り、東洋諸国の旧套覆轍を脱却し、一新機軸を現出して之に依りて進行せんことを定めたり。〔略〕、抑々治外法権を撤去し、彼我対等の条約を締結し東洋諸国の中に於て不羈独立の地位を占め、国力を要請し国威を拡張し以て文明の上班に居らんとするは我中興の国是にして上下《しょうか》一致の希望なり。

ここで用いられている「不羈独立」は、「頑固、傲慢の類」に転化した後のものであり、筆者に言わせれば、もはや「不羈独立」ではない。このような転化を遂げたあと、山県有朋が手塩にかけて育んだ帝国軍隊という暴走車と天皇制絶対主義の専制政治により、わが国国民は一切の自由なる知的営みが抑えつけられてしまったばかりか、幾百万の尊い命を喪失させられ、塗炭の苦しみと幾多の悲哀を味わわされた。のみならずそれらによりアジアの友邦たるべき近隣諸国は蹂躙され、それらの国々の人々は、わが国国民に数倍する被害と犠牲、抑圧に苦しめられ続けたのであった。

二六〇有余年に及ぶ徳川幕府封建体制を打破した直後に、明治維新政府が、上から、矢継ぎ早に民主化・近代化を推し進めた疾風怒濤の時代、「不羈独立」の精神はみずみずしく、鮮烈な光を放った。本書の四つ物語で、そのような「不羈独立」の精神が光を放ち、揺らぎ、光を次第に失い、ついには消失し、やがて「頑固、傲慢の類」に転化して行く様子をみることができた。

わが国には、もう一度まばゆいばかりに「不羈独立」の精神が光を放った時代があった。それは無謀なアジア・太平洋戦争に敗北し、武力で掠め取った海外植民地や侵略した地域から一掃され、一面焼け野原の大都市で、原爆投下で見るも無惨な姿となった広島・長崎で、わが国国民が二度と戦争を起こしてはならないとの決意を固めたあの戦後の一時期である。筆者は、戦後まもなく生を受けたので輝く光を直接目にすることはできず、物ごころついたころ一番に覚えた感覚は空腹であった。子供の頃最も頻繁に使った言葉は「腹減った」ではないだろうか。しかし空腹、貧困に押しひしがれながらも、未来に夢を持てた時代でもあった。

戦後「不羈独立」の精神が光を放った時代の申し子である憲法九条は、産み落とされて間もなくのころから現在に至るまで、一貫してアメリカ政府と日本政府という大人たちにいじめられ、踏みつけにされてきた。

筆者が、常々考えていることは、そのような大人たちのえげつない行為をやめさせ、まだまだ辛うじて生きながらえている九条を救い、立派に育てるにはどうしたよいだろうかということである。「明治維新という時代」を語りながらも現在の在日米軍と沖縄の問題、自衛隊と九条の問題等に言及したのは、そのこと故の成り行きでもあった。

筆者が、九条にかかわって最近特に感じていることは、九条をまるで宝物ででもあるかのように観念論的、抽象的にそれを守ることを説くだけでは、多くの人たちの共感を得ることができないということである。

九条は、人類とわが国国民の平和への営みが作り出したものであり、九条が実効力ある規範として存立するためには国際社会の変革が必要である。筆者はそのことを、「戦争と平和に関する国際法」及び「正義と秩序を基調とする国際平和」の維持、前進、発展というふうに説いている。その立場からすれば、九条護憲勢力の中に、ロシアによるウクライナ侵略を弾劾し、ロシアに即時停戦と軍の撤収を求めることに消極的、否むしろウクライナやウクライナを支援する側を非難する人たちがいることは信じられないことで、大きなショックを受けた。それが二年前に『9条とウクライナ問題　試練に立つ護憲派の混迷を乗り超えるために』（あけび書房）を書かせた原動力となった。この書はウクライナ問題に関してそれなりの一石を投ずることができたと思う。これは願望に過ぎないが、今日的に見て、この書には不十分さが目立つので、本書刊行後、折を見て改訂したいと思っている。そのときには、イスラエルのガザ攻撃にも右の二つの観点から言及したい。そのときには、ここでも筆者とは多くの点で共通項を持つ人たちの一部に、イスラエルの残虐行為を弾劾するかたわら、それに口実を与えたハマスの蛮行を抵抗権の行使だと称して免責する論調もあるので、その点にも言及したいものだ。

本書原稿は、最初、老舗大手出版社に持ち込んだのであるが、同出版社として、歴史分野の書籍は、①学術研究書、②フィクション、③ドキュメンタリー以外は出さないというのが社の方針である、本稿は歴史評論というジャンルであり同社の出版方針から出版できないとの結論となったとの回答を得た。確かに、筆者も同社に送った時の本書原稿では「はじめに」の中で「言うまでもなく本書の各物語は研究論文として書かれたものではなく、勿論フィクションやドキュメンタリーの類でもない。敢えて言うならば歴史評論というところであろうか。ただ、多くの研究論文や専門書、公刊の定評ある書物をもとに考察を進めたものであるから見当違いの独自の主張を吹聴するものではないことを附言しておきたい。」と書いていた。おそらく多忙な編集者は全文を読まず、そこを見ただけで、断りの理由としたのではないだろうか。これは邪推であったのかもしれないが、早期出版にこぎつけるにはこういう不注意なことは書かない方がよいと思い、この一文はすぐ削除した。我ながら姑息だなと、にがにがしく不快な思いを余儀なくされたものである。

はてどうしたものかと思案した結果、以前にお世話になった花伝社社長の平田勝さんを思い出し、目次、「はじめに」、参考文献のみデータでメール送信し、全文読んで検討してやろうということならペーパーで送りたい旨申し出をした。もちろんあの一文は削除した後のものである。平田さんから、是非読みたいので全文送れとのご返事を頂き、すぐにペーパーを送ったところ、全文一九万字超、本にすると三五〇頁程度になる原稿を、多忙な中僅か五日で読み通し、ご返事を頂いた。「読み出したら面白くて一気に読んでしまった、是非花伝社で出版させて欲しい」と。筆者は、出版社、編集者はこうでなければ、といたく感激した次第である。というわけで、本書を花伝社から出版させて頂くことに決した次第である。本書の編集を担当していただいたのは家入祐輔さん、平田さんの紹介によれば、「九州大学法学部から、一橋大学大学院を修了して（社会学）、花伝社のスタッフとなった若い編集者」とのことで、読みにくい原稿を整理していただき、本のタイトル、帯のキャッチコピーなど的確な助言を頂くことができた。そのキャッチコピーの中には、「過去との対話から未来を思考する批判的歴史評論集」と銘打たれることになっている。本書の装幀も気に入った。西郷隆盛の絵が透けて見える。奥付に装幀者の名前が書かれている。「北原　舟」とあるが、実は家入さんである。ひとこと感謝申し上げたい。

美しく装幀された本書が歴史、とりわけ明治維新史に興味のある人たちだけではなく、九条に関心を持つ人たちにも広く読まれることを期待して。

二〇二四年四月八日、初校を終えて　著者

参考文献

（基礎的史料）
大西郷全集刊行會『大西郷全集』第二巻・第三巻（平凡社）
大山梓『山県有朋意見書』（原書房）
円城寺清『大隈伯昔日譚』（富山房）
松枝保二『大隈侯昔日譚』（報知新聞社出版部）
稲田政次『明治憲法成立史（上・下巻）』（有斐閣）
奈良本辰也『吉田松陰著作選』（講談社学術文庫）
伊藤博文『憲法義解』岩波文庫

（「明治維新という時代」を考えるための概説書）
遠山茂樹『明治維新』（岩波現代文庫）
三谷博『明治維新を考える』（岩波現代文庫）
服部之総全集３『明治維新』（福村出版）
羽仁五郎『明治維新――現代日本の起源』（岩波新書）
井上清『明治維新』（中公文庫『日本の歴史』20）
田中彰『明治維新』（講談社学術文庫）

鈴木敦『維新の構想と展開』（講談社学術文庫『日本の歴史』20）
岩波新書『シリーズ日本近現代史』①井上勝生『幕末・維新』
岡義武『明治政治史（上）』（岩波文庫）
佐々木隆『明治人の力量』（講談社学術文庫『日本の歴史』21）
色川大吉『近代国家の出発』（中公文庫『日本の歴史』22）
宮地正人『幕末維新変革史（下）』（岩波現代文庫）

（第一章から第三章通して、頻繁に参照した文献）
萩原延壽『遠い崖――アーネスト・サトウ日記抄』（朝日文庫全一四冊）
アーネスト・サトウ『一外交官の見た明治維新（上・下）』（岩波文庫）
田中彰『岩倉使節団「米欧回覧実記」』（岩波現代文庫）

（主に第一章で参照した主要文献）
落合弘樹『秩禄処分』（講談社学術文庫）
坂野潤治『西郷隆盛と明治維新』（講談社現代新書）
毛利敏彦『明治六年の政変』（中公新書）
猪飼隆明『西郷隆盛―西南戦争への道―』（岩波新書）
姜範錫『征韓論政変　明治六年の権力闘争』（サイマル出版会）

高橋秀直「征韓論政変の政治過程」（『史林』第七六巻大五号）
川道麟太郎『「征韓論政変」の真相　歴史家の史料批判を問う』（勉誠出版）
中島岳志編『橋川文三セレクション』（岩波現代文庫）

（主に第二章で参照した主要文献）

石塚裕道『明治維新と横浜居留地　英仏駐屯軍をめぐる国際関係』（吉川弘文館）
横浜対外関係史研究会・横浜港湾資料館編『横浜英仏駐屯軍と外国人居留地』（東京堂出版）
井上清『条約改正』（岩波新書）
五百旗頭薫『条約改正史　法権回復への展望とナショナリズム』（有斐閣）
明田川融『日米行政協定の政治史　日米地位協定研究序説』（法政大学出版会）
同『日米地位協定　その歴史と現在』（みすず書房）
琉球新報社編『外務省機密文書「日米地位協定の考え方」増補版』（高文研）
吉田敏浩『「日米合同委員会」の研究』（創元社）
山本章子『日米地位協定　在日米軍と「同盟」の七〇年』（中公新書）
梅林宏道『在日米軍　変貌する日米安保体制』（岩波新書）
日本弁護士連合会「日米地位協定の改定とこれを運用する制度の改善を求める意見書」（２０２２年八月一八日）

（主に第三章で参照した主要文献）
大江志乃夫『徴兵制』（岩波新書）
同『日本の参謀本部』（吉川弘文館）
阪田雅裕『政府の憲法解釈』（有斐閣）
古関彰一『日本国憲法の誕生　増補改訂版』（岩波現代文庫）
田畑茂二郎『国際法　第二版』（岩波全書）
田岡良一『国際法上の自衛権』（勁草書房）
森肇志『自衛権の基層　国連憲章に至る歴史的展開』（東京大学出版会）
岩沢雄司『国際法［第2版］』（東京大学出版会）

（主に第四章で参照した主要文献）
坂本一登『伊藤博文と明治国家形成　「宮中」の制度化と立憲制の導入』（講談社学術文庫）
同「明治憲法体制の成立」（岩波講座『日本歴史』第一六巻）
瀧井一博『文明史のなかの明治憲法　この国のかたちと西洋体験』（講談社）
同『伊藤博文　知の政治家』（中公新書）
伊藤之雄『伊藤博文　近代日本を創った男』（講談社学術文庫）
中村尚美『大隈重信』（吉川弘文館）
姜範錫『明治十四の政変　大隈一派の挑んだもの』（朝日選書）

深草 徹（ふかくさ・とおる）
1946年6月28日生。1965年愛知県立旭丘高等学校、1969年東京大学法学部各卒業。鉄鋼会社勤務を経て1977年弁護士登録（兵庫県弁護士会）。国道43号線道路裁判、尼崎公害裁判、三菱重工職業性難聴集団裁判、市立尼崎高校障害者入学拒否裁判など多くの事件を担当。2018年弁護士リタイア。
深草憲法問題研究室。「九条の会．ひがしなだ」共同代表世話人。
著書『学術会議問題　科学を政治に従わせてはならない』（あけび書房）、『9条とウクライナ問題　試練に立つ護憲派の混迷を乗り超えて』（あけび書房）、『「慰安婦」問題の解決　戦後補償への法的視座から』（花伝社）、『戦後最悪の日韓関係　その責任は安倍政権にある』（かもがわ出版）

カバー写真：大蘇芳年「鹿児島暴徒省像略伝」（国立国会図書館所蔵、https://dl.ndl.go.jp/pid/1307880 を基にして作成）

明治維新という時代——不羈独立の精神はどこへ消えたのか

2024年5月25日　初版第1刷発行

著者 ——深草　徹
発行者 —平田　勝
発行 ——花伝社
発売 ——共栄書房
〒101-0065　東京都千代田区西神田2-5-11出版輸送ビル2F
電話　03-3263-3813
FAX　03-3239-8272
E-mail　info@kadensha.net
URL　https://www.kadensha.net
振替 ——00140-6-59661
装幀 ——北原　舟
印刷・製本—中央精版印刷株式会社

ISBN978-4-7634-2118-0 C0021